2017年度国家社会科学基金项目"政府分权、公共治理与隐性经济研究"（17BJY231)资助

WTO《政府采购协议》框架下中国政府采购安全问题研究

Research on the Safety of Chinese Government Procurement
under the Framework of WTO Government Procurement Agreement

张堂云/著

中国财经出版传媒集团

经济科学出版社
Economic Science Press

图书在版编目（CIP）数据

WTO《政府采购协议》框架下中国政府采购安全问题研究／张堂云著.—北京：经济科学出版社，2020.10
ISBN 978 - 7 - 5218 - 2037 - 9

Ⅰ.①W… Ⅱ.①张… Ⅲ.①世界贸易组织 - 政府采购法 - 贸易协定 - 研究②政府采购制度 - 研究 - 中国 Ⅳ.①F744②D996.2

中国版本图书馆 CIP 数据核字（2020）第 213584 号

责任编辑：孙怡虹　刘　博
责任校对：靳玉环
责任印制：王世伟

WTO《政府采购协议》框架下中国政府采购安全问题研究

张堂云　著

经济科学出版社出版、发行　新华书店经销

社址：北京市海淀区阜成路甲 28 号　邮编：100142

总编部电话：010 - 88191217　发行部电话：010 - 88191522

网址：www. esp. com. cn

电子邮箱：esp@ esp. com. cn

天猫网店：经济科学出版社旗舰店

网址：http://jjkxcbs. tmall. com

北京季蜂印刷有限公司印装

710×1000　16 开　17.75 印张　364000 字

2020 年 10 月第 1 版　2020 年 10 月第 1 次印刷

ISBN 978 - 7 - 5218 - 2037 - 9　定价：76.00 元

（图书出现印装问题，本社负责调换。电话：010 - 88191510）

（版权所有　侵权必究　打击盗版　举报热线：010 - 88191661

QQ：2242791300　营销中心电话：010 - 88191537

电子邮箱：dbts@ esp. com. cn）

序

  1996 年，我国开始政府采购制度改革工作试点，2003 年《中华人民共和国政府采购法》正式实施。近 30 年来，政府采购范围和规模不断扩大，相关制度改革取得显著成效，经济效益和社会效益日益显现，逐渐引起了学术界的兴趣与重视，纷纷从不同角度对政府采购及其制度进行了多维探讨。我一直持续关注政府采购领域的学术动态，并主持完成多项聚焦制度改革和实践问题的项目，包括国家社会科学基金项目《完善政府采购制度研究》（05BJY092）、财政部财政改革与发展重大问题研究课题《政府采购问题研究》和《政府采购的范围、规模及比重研究》等。

  国家主席习近平在博鳌亚洲论坛 2018 年年会开幕式上郑重提出，要加快加入世界贸易组织《政府采购协议》进程，这意味着我国政府采购国际化历程迈入了新阶段。我十分赞同张堂云博士在《WTO〈政府采购协议〉框架下中国政府采购安全问题研究》这本书中所提出的判断，"加入《政府采购协议》（GPA）对中国而言将是一把'双刃剑'，在为中国企业进入国际政府采购市场提供入场券的同时，也意味着会面临政府采购信息泄密、政府采购市场被瓜分和政府采购功能削弱等安全威胁"。新时代提出新课题，学术研究必须及时回应时代之声、解实践之"渴"。政府采购实践面临新挑战，相关学术研究也应紧跟时代步伐，探索新问题。在《政府采购协议》框架下，深入研究我国政府采购安全问题，探讨有效应对之策，正是现实之亟需。从这个层面来看，张堂云博士的这部著作选题颇具时代感和现实意义。

  在书稿中，张堂云博士按照"理论阐释—实证检验—对策探索"这一基本思路，以习近平总书记的"总体国家安全观"为指导，综合运用文献分析法、法律文本比较、调研访谈、案例分析、多元回归分析等方法，对《政府采购协议》框架下中国政府采购安全问题展开系统研究，深入阐释了政府采购安全内涵和政府采购安全的主要维度，设计出了《政府采购协议》框架下政府采购安全测度指标体系，剖析了政府采购安全的影响机理，并在借鉴《政府采购协议》缔约方先进经验的基础上，从制度层面、市场层面、政策功能层面和引进、培育国际化的政府采购专业人才等方面建议构建集制度、市场和功能为一体的政府采购安全保障体系。总体来看，研究思路清晰，结构合理，论证严谨，对策建议有一定创新性。

当前，聚焦政府采购安全的研究并不多，特别是能够站在国际视野探讨政府采购安全的著作就更鲜见了。张堂云博士的这部著作是目前相对系统和全面的一个成果总结，恰好充实了这个领域的相关研究。在著作中，她尝试立足《政府采购协议》框架对政府采购安全本质进行阐释，强调"政府采购安全的本质是对政府采购相关主体利益的维护，这种相关利益的多维诉求属性决定了政府采购安全必须是一个涵盖多维目标的体系结构"，并基于此将政府采购安全划分为三大维度：政府采购制度安全、政府采购市场安全和政府采购功能安全。在此基础上，她还设计了一套评价指标体系，来对政府采购安全冲击程度进行定量刻画，并着手建立了政府采购安全影响因素理论模型，利用微观调研数据对模型进行实证检验。这些探索性的研究工作，进一步丰富了当前政府采购的理论研究成果，拓展了政府采购的学术研究边界，特别是围绕政府采购安全本质的理论阐释和影响机理的实证研究，为我们构造了一个难能可贵、可供借鉴的政府采购安全分析框架，具有较好的前沿意义和实践价值。毫无疑问，这在一定程度上显示出了张堂云博士的学术眼光和科研勇气。

我与张堂云博士的师生情谊，可以从2012年她来中南财经政法大学访学选我做导师算起。不少人做国内访问学者都是带着休息的念头来的，刚开始她也是这么想的。不过，在学校待了一段时间之后，可能是被身边的学习氛围所感染，她就一门心思要考博士，并付出了艰辛的努力。读博士期间，她给我留下的最深刻印象就是学习踏实、意志坚定、肯下苦功夫。她还曾专门把孩子带到中南财经政法大学幼儿园上了一年学，当时学业、孩子、家庭"一肩扛"，求学的坎坷程度可想而知。不过，她都承受住了，也熬出来了，并且博士学位论文还被评为校级优秀论文，我倍感欣慰。这本著作正是她对博士期间学术志向的延续与升华，也是对她辛勤汗水和艰辛付出的一丝慰藉。

衷心祝贺张堂云博士的学术成果付梓出版。希望她未来的事业人生一切顺利，永远葆有在中南财经政法大学求学期间涵养的那股坚忍不拔、勤奋刻苦精神，把学问锤炼成为这辈子最好的气质。

是为序。

2020 年 9 月 30 日

前 言

　　《政府采购协议》（GPA）是世界贸易组织（WTO）管辖的一项诸边贸易协议，由各缔约方自愿签署，旨在促进政府采购自由化和国际化。加入 GPA 是为了履行中国对 WTO 的承诺，自 2007 年底向 WTO 提交加入 GPA 申请书以来，中国已提交了 7 份出价清单。习近平在博鳌亚洲论坛 2018 年年会开幕式上更是向世界宣告要加快加入世界贸易组织《政府采购协议》进程。政府采购作为财政支出的重要组成部分，一直以来被作为一种非关税贸易壁垒用于保护国内经济。加入 GPA 将是一把"双刃剑"，在为中国企业进入国际政府采购市场提供入场券的同时，也意味着会面临政府采购信息泄密、政府采购市场被瓜分和政府采购功能削弱等安全威胁。伴随着加入 GPA 进程的加快，确保政府采购安全的重要性日益凸显。然而，国内外现有政府采购安全研究略显单一，缺乏系统性，围绕加入 GPA 对现有政府采购安全的影响亟待展开深入研究。为此，本书以习近平提出的"总体国家安全观"为指导，在深入阐释政府采购安全内涵以及政府采购安全维度、设计 GPA 框架下政府采购安全测度指标体系、剖析政府采购安全的影响机理的基础上，尝试基于系统视角构建 GPA 框架下中国政府采购安全保障机制。

　　遵循"理论阐释—实证检验—对策探索"的基本思路，利用"GPA 框架下中国政府采购安全运行"的自行调研数据、全国层面、省层面及产业层面的宏观统计数据、WTO 官方网站数据、经济合作与发展组织（OECD）国民账户数据、中国企业联合会和中国企业家协会发布的"中国 100 大跨国公司及跨国指数"数据、联合国世界知识产权组织（WIPO）数据，以及中国政府采购网站发布的资料等，综合运用文献分析法、法律文本比较法、调研访谈法、案例分析法、多元回归分析和联立方程模型等方法，对 GPA 框架下中国政府采购安全问题展开系统研究，主要内容和结论如下：

第一，界定了政府采购安全的内涵，阐释了政府采购安全构成及内在逻辑。在缕析安全和政府采购概念的基础上，探索性地把政府采购安全界定为"在政府采购市场开放的条件下，政府采购主体在实施政府采购行为的过程中能够有效消除和化解潜在风险、抵抗外来冲击，以确保政府采购功能目标能够不受侵害，并得以最大程度实现的客观状态"。政府采购安全的本质是对政府采购相关主体利益的维护，相关利益的多维诉求属性决定了政府采购安全必须是一个涵盖多维目标的体系结构，在综合归纳现有研究的基础上，把政府采购安全细分为政府采购制度安全、市场安全和政策功能安全，并对这种细分进行了理论阐释。

第二，对中国政府采购发展脉络进行了系统梳理，试图全面考察中国政府采购的客观状态。在制度层面，政府采购法律法规体系、采管分离的政府采购管理体制、全链条采购监管体系初步建立；在市场层面，采购总规模持续增长，货物、服务和工程三类项目的采购总量呈上升的趋势，采购结构日趋合理，已初步形成了集中采购和分散采购相结合的采购模式，建立了以招投标为主，包含竞争性谈判、询价等多元化的采购方式；在实践中，构建了反腐倡廉、保护环境、扶持不发达地区和少数民族地区、促进中小企业发展的政府采购政策功能体系，并取得一定成效。

第三，构建了政府采购安全评价指标体系，并运用该指标对 GPA 框架下中国政府采购面临的安全冲击程度进行了刻画，还分析了冲击形成的原因。政府采购安全评价在加入 GPA 前和加入 GPA 后是不一样的，加入 GPA 前是对政府采购面临安全冲击的预测性评价，而加入 GPA 后是对政府采购安全度的监测。在加入 GPA 前，政府采购制度安全主要通过国内政府采购制度与 GPA 规制在核心条款上的差异甚至是冲突进行刻画；政府采购市场安全从名义开放程度、"本土偏好"程度和国际竞争力 3 个二级指标和 10 个三级指标进行衡量；政府采购功能安全主要是通过 GPA 规制的政策空间与中国出价清单中政府采购政策功能的排除来刻画。据此对加入 GPA 前政府采购面临的安全冲击进行预测性评价发现，中国政府采购制度与 GPA 在价值目标、基本原则、适应范围、采购方式和救济制度等方面存在很大的差异；政府采购名义开放程度高、"本土偏好"程度低、产业国际竞争力尤其是服务业国际竞争力与 GPA 缔约方相差甚远。造成上述安全冲击的原因主要在于：中国政府采购制度与 GPA 存在差距、市场开放机会不均等、政府采购政策功能发挥空间受限、政府采购专业人才匮乏等。针对加入 GPA 后政府采购安全度的监测，本书构建了一套指标体系，包括 3 个二级指标和"国外供应商投诉率"等在内的 13 个三级指标，并根据专家评定基于层次分析法（AHP）对各指标进行赋权。

第四，探索性构建了政府采购安全影响因素理论模型，并利用微观调研数据进行了实证检验。在梳理、归纳国内外现有研究成果的基础上，阐述了政府采购制度安全、市场安全和功能安全影响因素，以及三种安全内在的逻辑关系，创新性构建了政府采购安全影响因素模型。囿于数据的限制，本书利用自行调研的微观数据，构建多元回归和联立方程模型，对政府采购安全的影响因素、机制及政府采购安全各维度的交互影响进行实证分析。结果显示：（1）完善的政府采购法律法规、明晰的政府采购主体责任、健全的供应商约束机制和规范的政府采购流程，有利于提高政府采购制度安全度；（2）企业国际竞争力、政府采购电子化水平、政府采购政策功能体系、中国自主创新能力，以及掌握 GPA 缔约方政府采购情况的详细程度，对政府采购市场安全具有正向影响；（3）政府采购功能目标、实施细则、政策功能的责任部门设置及政策功能绩效评价体系，均对政府采购政策功能安全产生明显正向影响；（4）政府采购市场安全与制度安全、制度安全与功能安全、市场安全和政策功能安全均存在双向联动关系，除了政策功能安全对市场安全存在负向影响外，其他均为正向影响；（5）三种安全的交互影响关系在不同区域差异明显；东、中、西三个区域制度安全与政策功能安全存在双向正影响，但中部地区的影响要大于东西部地区；东、中、西部三个区域市场安全对政策功能安全有正向影响，均不显著；西部地区政策功能安全对市场安全存在正向影响，而东、中部地区政策功能安全对市场安全存在负向影响；（6）针对是否列入 GPA 出价清单而言，列入 GPA 出价清单对制度安全、市场安全和功能安全三者调节效应大于未列入 GPA 出价清单的地区。

第五，构建集制度、市场和功能"三位一体"的政府采购安全保障体系。以习近平"总体国家安全观"为指导,针对加入 GPA 中国政府采购面临的安全冲击,结合政府采购安全影响因素的实证结论,在借鉴 GPA 缔约方先进经验的基础上,为了实现政府采购安全总目标,建议在制度层面,需要树立"物有所值"的政府采购制度目标理念,完善政府采购法律法规,规范政府采购管理流程,争取参与国际采购规制制定的话语权;在市场层面,需要调整出价策略,谨慎设定国有企业出价范围,积极参与国际政府采购市场竞争,积累国际采购经验,提升企业跨国经营能力;在政策功能层面,坚持以问题为导向调整政策功能,完善政府采购实施细则,恢复政府采购技术创新政策功能。除此之外,政府采购安全保障还离不开国际化的政府采购专业人才。

张堂云

2019 年 12 月 31 日

目 录

导　　论

一、研究背景与意义

（一）研究背景

1. 政府采购国际规制的诞生与发展

根据经济合作与发展组织（Organization for Economic Co-operation and Development，OECD）的数据显示，在一些经济体中，支出对国内生产总值（gross domestic product，GDP）的影响程度不容忽视，如法国（57%）、意大利（50%）、德国（44%）、英国（42%）、以色列（40%）和美国（37%）。[①] 政府支出很大一部分用于社会政策和再分配（如转移支付）；还有很大一部分资金通过政府采购的方式为社会公众提供公共产品和服务——教育、国防、公用事业、基础设施和公共卫生等。OECD 成员国政府采购占政府支出比重为 28.4%，发达国家政府采购约占 GDP 的 10%~15%。[②] 2019 年我国政府采购规模达 33 067.0 亿元，占全国财政支出和 GDP 的比重分别为 10.0% 和 3.3%。[③] 如此庞大的政府采购规模对一国经济的意义是显而易见的。埃文内特和霍克曼（Evenett & Hoekman，2005）认为，政府采购不仅能有效推动政府有效运转，而且已成为政府政策实施的一个重要杠杆，可以支持和推动更广泛政策目标的实现，政府采购制度自诞生起就一直被视为一种非关税贸易壁垒用于保护国内经济。随着世界贸易自由化和经济全球化的发展，政府采购规模持续扩大，相关歧视行为对国际贸易发展的障碍越来越大。于是，以美国为首的西方发达国家极力倡导政府采购贸易自由化，各种以规范政府采购行为、促进政府采购市场开放的国际政府采购制度、规制也相应建立起来。其中，最为典型、也最有影响力的为"四大国际采购规制"，即

[①]　OECD. Government at a Glance 2017 ［EB/OL］. https：//doi. org/10. 1787/gov _ glance – 2017 – en （2019 – 03 – 02）

[②]　OECD. Government at a Glance 2015，OECD，Paris：2015.

[③]　中国政府采购网，http：//www. ccgp. gov. cn/news/202008/t20200827_14908130. htm.

世界贸易组织制定的《政府采购协议》（The Government Procurement Agreement，GPA）、联合国国际贸易法委员会制定的《货物、工程和服务采购示范法》（简称《联合国示范法》）、欧盟制定的六个公共采购指令（简称《欧盟采购指令》）和世界银行制定的《国际复兴开发银行贷款和国际开发协会贷款采购指南》（简称《世界银行采购指南》），它们成为国际政府采购的标准规范。在这"四大国际采购规制"中，随着主要发达国家和部分发展中国家的加入，GPA 逐渐演变为多边化国际法制度，在国际和区域组织政府采购规制中最具法律影响力。

2. 加入 GPA 是我国全新开放格局下的必然选择

1982 年，我国第一个国际竞争性招标项目以响应《大阪行动议程》、缩小与亚太经济合作组织（Asia-Paicfic Economic Cooperation，APEC）成员方的差距，倡导新的贸易方式的产物。2001 年加入 WTO 时，我国承诺尽快启动《政府采购协议》谈判，2007 年底，我国向世界贸易组织（World Trade Organization，WTO）提交了加入 GPA 申请和初步出价清单。党的十九大报告确立"主动参与和推动经济全球化进程，发展更高层次的开放型经济"对外开放方略。2017 年，国务院对 GPA 谈判工作做出部署，要求扩大开放范围。2018 年 4 月，习近平主席在博鳌亚洲论坛开幕式上明确承诺"继续扩大开放、加强合作"，提出了包括主动扩大进口在内的 4 项重大举措，并特别强调要加快加入世界贸易组织《政府采购协议》进程。2019 年 3 月 15 日，《中华人民共和国外商投资法》（以下简称《外商投资法》）允许"外商投资企业依法通过公平竞争参与政府采购活动"，同年 12 月 20 日，我国向 WTO 提交加入 GPA 的第七份出价清单，标志着自 2007 年以来，我国在政府采购国际化历程中迈入了新的阶段。加入 GPA 不仅是我国加入 WTO 时的承诺，而且是我国全新开放格局下的必然选择。

3. GPA 框架下我国政府采购安全问题亟待深入研究

加入 GPA 对中国而言将是一把"双刃剑"，在为中国企业进入国际政府采购市场提供入场券的同时，也意味着会面临政府采购信息泄密、政府采购市场被瓜分和政府采购功能削弱等安全威胁。例如，在中国加入 GPA 谈判的进程中，财政部于 2011 年不得不对政府采购促进自主创新的政策进行了重大调整：从当年 7 月 1 日起停止执行有关政府采购促进自主创新的三个文件①。中国加入 GPA 出价清单和政府采购实践均表明，与谈判前相比，中国政府采购政策功能正在被削弱。伴随着加入 GPA 进程的加快，亟待深入研究加入 GPA 对中国政府采购安全

---

① 这三个文件分别为《自主创新产品政府采购合同管理办法》《自主创新产品政府采购预算管理办法》《自主创新产品政府采购评审办法》。

的影响，探究有效应对之策。

党和国家高度重视当前面临的各种安全隐患，党的十八届三中全会特别强调，国家安全和社会稳定是改革发展的前提。为此，中国必须坚持总体国家安全观，构建集政治安全、国土安全、军事安全、经济安全、文化安全、社会安全、科技安全、信息安全等于一体的国家安全体系。政府采购与国家安全息息相关，是维护国家安全的有效工具，也应成为国家安全体系的重要一环。早在 2014 年 5 月，微软 Windows 8 操作系统便被禁止在中央国家机关采购中安装；同时首批千余台军用红旗 H7 轿车顺利交付，"合资车"逐步退出军队公务用车市场，充分释放出了中国政府对政府采购安全问题高度关注的信号。2018 年的"中兴事件"暴露出中国自主创新能力不足，曾经被欧美钳制的政府采购促进自主创新政策功能也再次引发广泛关注。

基于这样的背景，在逆全球化和中美贸易摩擦日益升级的当下，对中国政府采购安全问题进行探索性研究，显然具有很强的针对性和较好的现实意义。

（二）选题意义

关于政府采购的学术研究，刘慧（2014）指出："政府采购改革是一场发生在政府部门但波及全社会的变革，它给中国社会带来的思想意识以及行为方式的变化，变化最终的结果可能是改革设计者没有完全预料到的；它所形成的新的社会观念和秩序，不但值得我们这一代人为之研究，还将促使新一代探索者做更深入的思考。"[①] 本书的选题是基于 GPA 框架对政府采购改革研究的具体化，它既属于应用经济学的研究范畴，又是对中国进一步深化实施改革开放进程中，围绕如何理解掌握和有效应对，诸如 GPA 等国际经济运行规及相关法律规制这一类现实问题，进行前瞻性、探索性研究。开展本研究，同时具备了一定的理论价值和较强的现实意义。

1. 理论意义

（1）丰富了政府采购理论。政府采购理论包括政府采购内涵及特征、政府采购制度理论、政府采购功能理论、政府采购市场理论、政府采购绩效评价等理论。尽管有学者提到 GPA 框架下政府采购安全的概念（沃晨亮，2014），但尚未展开对政府采购安全理论的研究。本书在归纳借鉴现有理论的基础上，探索性界定了政府采购安全的内涵，对政府采购制度安全、市场安全和功能安全三个维度进行了理论阐释，构建了加入 GPA 前政府采购安全预警评价指标，以及加入 GPA 后政府采购安全度的监测指标体系，阐述了政府采购安全影响机理。本书中对政府采购安全理

[①]　刘慧. 国家安全蓝皮书：中国国家安全研究报告（2014）（第一版）［M］. 北京：社会科学文献出版社，2014.

论的探索不仅丰富了当前政府采购理论，而且为后续相关研究起到铺垫作用。

（2）进一步完善政府采购体系。政府采购体系主要由政府采购运行体系、政府采购法律和法规体系、政府采购行政体系、政府采购监督机制、政府采购绩效评价、政府采购电子化建设体系等构成。随着中国加入 GPA 进程的推进，国内学者开始关注政府采购安全问题，但仅停留在政府采购信息安全和产业安全层面，鲜有学者从整体上研究政府采购安全问题。笔者在缕析现有成果和深入政府采购实践部门调研的基础上，从政府采购安全内涵、构成，政府采购安全冲击及影响因素、安全保障措施等方面构建了比较完善的政府采购安全体系。

（3）拓展了 GPA 研究的范畴。西方发达国家大多具备较完善的政府采购制度和发达的市场体系，国外有关 GPA 的研究主要聚焦在 GPA 文本阐释、GPA 与国际贸易、GPA 的效应等领域，侧重于从全球治理与国家合作等视角研究如何提高 GPA 的效应。国内有关政府采购研究主要基于法学、经济学和国际比较视角。法学视角基于遵从 GPA 与国内政府采购制度的比较，探讨如何趋利避害实现中国政府采购制度与国际规制有效接轨；经济学视角主要研究加入 GPA 对国际贸易、国内政府采购市场、产业发展及次中央实体的影响。国际借鉴主要比较欧盟等 GPA 成员方出价清单及政府采购市场保护的举措，从而为中国加入 GPA 提供参考。本书在归纳总结现有研究成果的基础上，结合中国政府采购实践，研究 GPA 框架下中国政府采购面临的安全威胁、安全构成、评价与预警及安全的保障体系，把 GPA 的研究范畴拓展到发展中国家政府采购安全领域。

2. 现实意义

（1）政府采购安全是国家安全战略的重要组成部分。2014 年 4 月 15 日，习近平总书记在中央国家安全委员会第一次全体会议上首次正式提出"总体国家安全观"，"总体国家安全观"意味着中国应"以人民安全为宗旨，以政治安全为根本，以经济安全为基础，以军事、文化、社会安全为保障，以促进国际安全为依托，走出一条中国特色国家安全道路。"2014 年 5 月 21 日，亚洲相互协作与信任措施会议第四次峰会的召开使国家安全问题备受关注。国家安全需要多种方式共同维护，而政府采购就是保障国家安全的一种重要途径，政府采购安全是国家安全战略的一个重要组成部分。虽然中国还没有完善的政府采购安全立法，但实践表明政府采购已成为实现国家安全的重要举措。例如，2014 年 5 月，为确保国家信息安全，微软 Windows 8 操作系统被禁止在中央国家机关采购的计算机中安装。政府采购已成为西方发达国家维护其国家安全的有力武器。以美国为例，美国通过一整套完善的政府采购国家安全相关立法阻止其他国家的企业进入其政府采购市场。近十年来，在中国企业进军美国政府采购市场的过程中，美国政府屡次干预采购过程，排斥中国多家知名企业（尤其是电信企业）参与美国政府采购当中。例如，2006 年联想"安全门"事件，2010 年美国第三大移动运营商斯普林特 Nextel 公司（Sprint Nextel）禁止华为和中兴通讯参与竞标事件等。时任美国总统奥巴马于 2013 年 3 月 26 日签署了一项新开支法案，该法案明文禁止美国政府机构购买中国政府有关公司信息技术。

（2）确保政府采购安全是中国加入 GPA 的前提。目前中国正在积极参与加入 GPA 谈判。加入 GPA，一方面为中国企业进入国际政府采购市场提供了入场券；另一方面也对保障政府采购安全提出了更高的要求。中国在开放的政府采购市场中很可能会出现"安全门槛"的缺失，面临以下安全隐患：机密信息处于被泄露当中；中国企业不但不能分享 GPA 成员方的市场份额，甚至现有的市场份额都会被瓜分；中国政府采购功能无法得到有效发挥等。因此，构建政府采购安全保障体系刻不容缓。

（3）加强政府采购安全立法是贯彻中国依法治国理念的需要。自 1995 年政府采购试点以来，中国政府采购取得了突破性发展，以 2019 年为例，政府采购规模已经达到了 33067.0 亿元，占财政支出的 10.0%，占 GDP 约为 3.3%。[①] 与中国政府采购实践相比，中国政府采购法律法规还存在立法相对滞后、现有的法律法规不健全、《中华人民共和国政府采购法》（以下简称《政府采购法》）和《中华人民共和国招标投标法》（以下简称《指标投标法》）存在法律冲突、国内法律与 GPA 规制缺乏衔接、政府采购安全立法缺位等问题。中国现有法律中唯一涉及国家安全和秘密的政府采购规定，即《政府采购法》第八十五条"对因自然灾害和其他不可抗力事件所实施的紧急采购和涉及国家安全和秘密的采购"，这一规定远远不能满足 GPA 框架下维护中国政府采购安全的法律需要。党的十八届四中全会提出了全面推进依法治国的理念。维护政府采购安全、完善政府采购法律体系及加强政府采购安全立法正是贯彻党的依法治国理念。

（4）本书的研究成果为中国加入 GPA 提供了决策参考。本书在梳理现有研究成果的基础上，界定了政府采购安全的内涵和维度，分析了 GPA 框架下中国政府采购面临的安全冲击及原因，并利用调研的微观数据实证检验了政府采购安全影响因素以及政府采购制度安全、市场安全和功能安全三者之间的互动效应，在此基础上构建了制度、市场和功能三位一体的政府采购安全保障体系。因此，本书的研究成果对中国加入 GPA 谈判以及加入 GPA 后政府采购安全防范都有一定的决策参考价值。

[①] 中国政府采购网，http://www.ccgp.gov.cn/news/202008/t20200827_14908130.htm.

二、国内外研究现状

(一) 政府采购相关研究

在汇聚财政学、国际经济学和安全学等一系列理论基础上,政府采购研究日益丰富。然而,弗林和戴维斯 (Flynn & Davis, 2014) 等学者认为政府采购理论研究缺乏高效度和实用性。纵观国内外现有研究成果,有关政府采购的研究主要聚焦在政府采购制度、政府采购市场和政府采购功能三个方面。

1. 有关政府采购制度的研究

政府采购制度的研究不外乎政府采购制度执行的影响因素、政府采购制度与腐败的关系、政府采购制度效应以及政府采购制度国际化等问题。第一,政府采购制度的影响因素。布莱恩和林德尔 (Brian & Lindle, 2019) 基于对美国 45 个州和 2 个地区的首席采购官 (chief procurement officers, CPOs) 及其团队成员进行的一系列定性和定量访谈的独特数据集,探讨了影响州一级政府采购的制度关键因素。研究表明,独特而动态的利益相关者、完善的法律、采购规模,采购部门的范围和结构以及采购技术成为影响美国政府采购制度的关键因素。为了保持问责制和透明度,各国政府使用复杂的合同制度,以便在购买商品和服务时保护公共利益。① 第二,政府采购制度与腐败的关系。乌玛克里希南·科兰帕拉米 (Umakrishnan Kollamparambil, 2014) 认为,由于委托人和代理人之间的距离导致信息不对称程度高,因此实施有效监督所涉及的成本很高,而且效率很低。正如 2012 年联合国贸易和发展会议 (United Nations Conference on Trade and Development, UNCTAD) 秘书处指出,公众竞争的理想水平合同在实践中并不总是能够实现,原因可能在与公共采购监管框架、市场特征、投标人的串通行为以及其他因素有关,公众竞争可能导致了政府采购的高水平。② 尽管各国的腐败程度不同,但腐败本身可以说是普遍存在的。③ 第三,政府采购制度的效应研究。政府采购制度规范了公共机构、管理当局或部门在使用公共资金进行采购工作或服务时应遵循的流程和程序。法律制度规定了公共实体应使用公共采购而非私人采购的门槛。波斯皮西尔等 (Pospisil et al., 2019) 对 130 名公共采购官员、私人投资者和公众的抽样调查研

① 张睿君. 中国加入 WTO《政府采购协议》谈判的国家利益分析 [J]. 上海对外经贸大学学报, 2017, 24 (5): 14 - 24.

② UNCTAD. Competition Policy and Public Procurement: Intergovernmental Group of Experts on Competition Law and Policy [C]. Geneva: UNCTAD 2012.

③ Bardhan P. Corruption and development: a review of issues [J]. Journal of Economic Literature, 1997, 35 (3): 1320 - 1346.

究表明，公共采购法增加了政府支出，从而导致私营部门挤出而非挤入。为项目提供资金的需要常常迫使政府增加税收，而由于缺乏足够的资金，又导致预算赤字。然而，公共采购法加强了财务规划和控制。第四，政府采购制度国际化问题研究。李旻（2019）在比较中国政府采购制度与 GPA 差异的基础上，提出了政府采购制度化进程中不能全盘照抄 GPA 规制，应坚持本国的立法目的，以现行的法律法规为基础，参照 GPA 基本要求，确定合理、客观的市场准入清单。

2. 有关政府采购市场的研究

政府采购市场开放与保护一直是国内外学者争论的焦点。竞争力低和主代理问题是政府采购市场区别于其他商品和服务市场的两个主要特征。从国际视角看，低竞争性主要体现在"本土偏好"，即政府采购合同倾向于授予给国内供应商，以便保护政府采购市场不受外国竞争的影响，其原因是纳税人的钱应该花在国家身上。根据凯恩斯主义的观点，如果国内经济之外没有财政支出的外泄，货币乘数的效用是最大的。贸易理论家克鲁格曼（Krugman，1979）和梅利茨（Melitz，2003）也持类似保护观点，他们认为，鉴于不完全的竞争和不断增长的规模经济，在企业的幼稚期为其提供保护是明智的，使其能够成长并有国际合作能力。布兰科（Branco，1994）认为国内企业的利润进入了政府的目标职能，而国外企业的利润没有进入政府的目标职能。伍尔科克（Woolcock，2013）认为政府采购在发展中国家的作用更大，占公共支出的很大份额。并非所有的采购都会受到竞争的影响。大部分支出用于卫生和社会计划、教育、能源（燃料）和国防，虽然理论上开放于竞争，但这些支出在很大程度上还是作为公共职能保留。因此，只有约3%的总采购市场属于欧盟或 GPA 制度的范围。

然而，新古典贸易理论家对这一论点持反对态度，舒纳和尤金斯（Schooner & Yukins，2009）等认为，通过遵循保护主义政策，政府最终支付更多费用，因此必须限制其购买或产生更高的财政赤字。一般均衡分析的结论显示，具有"本土偏见"的行业企业所享有的异常利润反过来导致资源配置不当，并推高要素价格，使其他经济部门也失去竞争力；根据可竞争市场理论，潜在竞争和实际竞争将影响市场表现，企业进入和退出的自由，价格灵活性和竞争对手的平等获取可能会改善过去的严格监管做法。虽然在没有完全竞争的情况下无法做到这一点，但作为一种信息，市场过程中的政策干预在可竞争市场中是不必要的，原则上，在没有竞争性的情况下，监管成本更高。①

① Martin S. The theory of contestable markets ［M/OL］. 2000：1 - 46. ［2019 - 08 - 09］. http：//www. krannert. purdue. edu/faculty/smartin/aie2/contestbk. pdf.

3. 有关政府采购政策的研究

除了满足公共行政部门和社会公众的需求外，政府采购日益成为决策者扶持经济社会发展的重要政策工具，如技术创新、绿色和可持续采购，支持中小企业（small and medium-sized enterprises，SME）。超过 90% 的经合组织成员国已启动了实施此类举措的政策或战略,[①] 尤其在金融危机时期，政府采购更成为决策者青睐的政策工具。在众多的政府采购政策功能目标中，学术界对政府采购技术创新的研究如火如荼，菲利普斯等（Phillips et al.，2011）认为，政府采购越来越被视为具有推动创新的重要潜力。然而，随着政府采购自由化，政府采购技术创新功能也成为发展中国家加入 GPA 的主要障碍。本书重点梳理政府采购促进技术创新政策功能文献。

玛丽亚等（María et al.，2019）认为政府创新采购是一种重要的需求侧创新政策工具，它被定义为公共组织为履行某种职能订购一种尚不存在的新产品，这种新产品的发展和扩散影响技术革命和其他创新的方向和速度。相对于研发等其他创新工具，政府采购促进创新政策功能具有以下优势：一是公共部门作为第一消费者，市场需求稳定，能降低创新的风险；二是不仅为创新提供了一个实验场所，而且有助于开拓新市场；三是对私人需求具有示范效应和扩散效应；四是有利于扩大企业的知名度，获得社会更高的评价。[②] 由于创新市场被定义为动态复杂系统，其功能是随着时间的推移而产生和协调知识。梅赛德斯和朱利安（Mercedes & Julien，2018）建议运用进化分析框架，基于采购周期不同阶段实施促进创新的政策和方法。乌亚拉等（Uyarra et al.，2014）揭示公共采购过程、能力、程序和关系方面的障碍会影响供应商的创新能力。欧盟采购规则长期以来抑制了政府创新采购流程创新的合作和互动。最大化竞争的政策在很大程度上控制着规则的设计，而不是加强创新的政策（如通过互动学习）。欧盟严格的竞争法规已成为使用该工具的主要障碍。[③] 创新与政府采购存在双向互动关系，格奥尔基乌等（Georghiou et al.，2014）研究表明具备创新性的公司更有可能在德国获得公共采购合同。

（二）加入 GPA 的效应

GPA 的目标在于促进世界贸易自由化和扩大国际贸易。实现该目标须消除对

---

① OECD, 2015. Government at a Glance 2015 ［EB/OL］. http：//dx. doi. org/10. 1787/gov_glance - 2015 - en. （2019 - 03 - 02）

② Edquist C. The Swedish National Innovation Council：Innovation policy governance to replace linearity with holism ［J］. Papers in Innovation Studies, 2016.

③ Edquist C, Hammarqvist P, Hommen L. Public technology procurement in Sweden：The X2000 high speed train ［M］// Edquist C, Hommen L, Tsipouri L. Public Technology Procurement and Innovation. Dordrecht：Kluwer Academic Pub-lishers, 2000：79 - 98.

国外产品、服务和供应商的歧视，增强法律法规的透明度，并确保政府采购国际规制得到公平、及时、有效实施。国内外有关 GPA 的研究主要聚焦在 GPA 文本研究、加入 GPA 的成本收益分析、加入 GPA 的效应以及影响因素四个方面。

1. GPA 文本研究

国内外主要从两个维度对 GPA 相关文本进行研究，一是深入阐释 GPA 的修订条款，譬如减少腐败、社会治理、发展中国家发展条款等；二是剖析 GPA 文本的不足和改进空间。

GPA 是一项能提高社会福利、减少腐败和形成良好社会治理的国际规制。玛图（Mattoo，1996）认为非歧视性的政府采购协议能最大限度地提高全球福利，GPA 最大的好处就是通过多边力量创造互惠的国际监督机制，从而帮助克服政府采购中的国际代理问题；安德森和米勒（Anderson & Müller，2017）对全球采购政策演变进行分析后认为 GPA 将会就重要的国家利益问题进行深入磋商；GPA 成员活力还体现在其成员数量持续增长；舍费尔和沃尔德森贝特（Schefer & Woldesenbet，2013）审查了 GPA 中直接或间接提及的减少腐败的责任，以及这些条款在全球努力预防腐败中的实践价值；GPA 文本融合了贸易和良好治理问题，与其他国际协定在减少参与障碍和加强政府采购治理方面将可能产生显著的协同作用，更好地实现"物有所值"的目标；GPA 使用电子采购工具，对投资政策和国内经济改革也有直接影响。

当然，GPA 还存在不少改进空间。首先，GPA 涵盖范畴不明确。尽管 GPA 第 2 条第 2 款和第 3 款中给出了政府采购定义，但并没有澄清 GPA 对具体采购活动，尤其是对特许合同和内部采购等的影响。其次，GPA 未能帮助政府采购合同的投标者规避贸易限制，导致政府采购真正的竞争关键依赖于贸易自由化。再次，GPA 的执行机制还存在缺陷，包括较低的补偿贸易水平。尽管在国际贸易中补偿是被禁止的，但鉴于采购政策的敏感性以及刺激当地经济的必要性，政府为确保公共采购合同的安全而对供应商实施国内要求，即"补偿贸易"，亚洲国家尤其不愿在其国际协议中取消补偿。与此同时，GPA 还缺乏审查纾困的规定等。最后，GPA 有关发展中国家发展条款是非强制性条款，最终取决于谈判的结果。①

2. 加入 GPA 的成本收益分析

GPA 作为 WTO 的一项诸边协议，并不是 WTO 的一揽子协议，由其成员自愿

---

① 宋雅琴. 中国加入 WTO《政府采购协议》问题研究：站在国家的角度重新审视国际制度 [M]. 北京：经济科学出版社，2011：82－87.

加入。一个国家选择是否加入 GPA 取决于加入 GPA 付出的成本与可能获得收益之间的权衡。霍克曼（Hoekman，1996）利用 1983 年至 1992 年 GPA 成员方提交的数据，从发展中国家的视角评估了 GPA，结果显示：大国没有被诱导改变政府采购模式，而小的国家似乎已经变得越来越开放。大多数发展中国家都比较小，加入 GPA 可能存在潜在的巨大福利收益。林晶（2008）比较了美国、澳大利亚、加拿大、新加坡、韩国等 GPA 缔约方政府采购市场开放的实践，并从专业化分工、政府采购市场规模和全球化三个方面分析了发展中国家为什么不愿加入 GPA。白志远和王平（2013）认为中国加入 GPA "马拉松" 式的谈判主要在于中国加入 GPA 收益的不确定、政策功能受限和法律调整等成本的增加。尽管 GPA 成员身份带来的收益具有不确定性，但是从长期看，加入 GPA 有利于增加社会福利、有利于反腐倡廉、有利于国内市场统一。

3. 加入 GPA 的效应

GPA 的效应分析必须回归到 GPA 的宗旨。国内外有关加入 GPA 的效应分析主要聚焦在三个方面：一是 GPA 是否促进并扩大了国际贸易范围；二是 GPA 是否减少了歧视性政府采购行为；三是 GPA 是否提高了全球的福利水平，实现了 "物有所值" 的价值目标。

（1）GPA 的国际贸易效应。国内外对 GPA 是否促进国际贸易，扩大国际贸易总量的研究存在截然相反的两种结论。一种观念认为加入 GPA 后成员方之间的贸易额不仅没有增加反而呈下降趋势。埃文内特和辛加尔（Evenett & Shingal，2006）研究表明，1999 年日本低于 GPA 门槛的合同比前几年要多，1998～1999 年授予外国供应商的份额比 1990～1991 年要少；辛加尔（2011）根据日本和瑞士的样本得出了同样的结论，两国授予外国人的服务合同份额都在下降，公共部门购买服务的进口普及率相对于私营部门购买同类服务的进口普及率有所下降。伍尔科克（2013）认为，贸易协定不支持自由采购制度的真正扩散，因为它们重点关注的是互惠市场准入，而不是出于效率方面的考虑。另一种研究表明，加入 GPA 有利于扩大国际贸易自由化。古日瓦·伊戈尔（Guzhva Igor，2015）从全球价值链的形成入手分析乌克兰加入 GPA 后，发现国内出口商的对外贸易潜力进一步增强；弗罗恩克（Fronk，2015）通过使用联邦层面的美国数据估计发现，2007 年以前外国公司获得的采购合同不到采购合同的 1%，而到 2010 年后，外国公司几乎获得了所有合同的 3% 和所有支出的 4%;[①] 陈和沃利（Chen & Whal-ley，2011）利用 1996～2008 年商品贸易和 1999～2008 年服务贸易的 20 个经合

---

① 以合同的总价衡量。

组织成员的专家组数据集，运用重力模型评估了 GPA 对成员方之间商品和服务贸易的影响，认为巨大的政府服务市场对服务贸易和商品贸易均存在溢出效应；古尔登和墨森特（Gourdon & Messent，2017）使用跨境采购的奖励级数据［基于《招标电子日报》（*Tenders Electronic Daily*）数据集］研究发现，在中央和次中央层面，跨境合同的份额占比为每年 1.5% ~2% 不等，而直接跨境合同价值的份额明显更高，从 2009 年的 2.5% 增长到 2015 年的 3.5%。然而，签署《政府采购协议》增加了签署方之间的采购贸易，但不一定会增加总体采购贸易。

（2）GPA 减少"本土偏好"效应。政府在购买商品和服务时经常歧视外国供应商，而倾向于国内供应商，导致政府采购成为国际贸易领域的非关税壁垒，GPA 以追求降低市场准入门槛为驱动目标，对于解决政府采购中"本土偏好"的实践效果喜忧参半。古尔登和墨森特（Gourdon & Messent，2017）研究表明，GPA 能减少政府采购歧视性行为，谈判采购协议的成员方放宽投资壁垒，可以提高 GPA 减少歧视行为的能力，同时从谈判投资协定中获益。辛加尔（2011）研究显示，GPA 对政府采购行为没有独立的影响的确存在许多成员方的这种"本土偏好"正在下降，但这与各成员方是否同意在贸易协定中约束政府采购规制无关，通过互惠谈判达成的市场准入承诺，在诱使各成员方政府从外国供应商购买更多产品方面的效果并不十分明显。

（3）GPA 的福利水平效应。国内外有关加入 GPA 是否提高国家福利看法不一。麦克菲和麦克米兰（McAfee & McMillan，1989）利用拍卖模型的研究表明，排除外国公司可能会增强国内公司之间的竞争，从而提高福利，这意味着增强政府采购领域的国际竞争不利于提高国家的福利水平。埃文内特和辛加尔（Evenett & Shingal，2006）在多哈回合采购改革以及区域一体化协定的国际背景下，分析讨论了两个重要的公共采购政策（歧视和不透明度）对国家福利和市场准入的影响，认为提高国内竞争和透明度机制的福利回报有可能比禁止国际歧视的回报更大。朗格和斯塔勒（Long & Staehler，2009）则指出，本国的福利水平不一定与外国公司的能力成比例，同时由于国外的广告支出大于其产生的效益，所以本国开放的贸易政策不一定有利于全球福利水平的提高。然而，藤原等（Fujiwara et al.，2012）实证研究得出截然相反的结论，GPA 的福利效应水平与企业利润成正相关，与"本土偏好"程度负相关。即当企业利润率高，"本土偏好"程度低，贸易自由化不仅能提高本国的福利水平还能提高全球人民的福祉，反之亦然。吕汉阳和肖寒（2013）认为，尽管 GPA 中的非歧视条款是接近实现全球福利最大化的国际政府采购规制安排，但为了使其程序和执行规制能被全世界更广泛接受，以及考虑贸易保护的持久愿望，GPA 需要在其非歧视性原则上妥协。

4. GPA 效应的影响因素

GPA 是在互惠基础上谈判市场准入开放的工具，国际采购合作的目标集中在减少对外国公司的歧视以及确定更好的政策目标。然而，现有的研究表明，GPA 的市场准入重点在减少"本土偏见"和事实上的歧视方面并没有取得预期的效果。一方面，GPA 成员方出于国家利益的考虑，通过各种手段逃避了 GPA 的义务，这些措施包括使用非竞争性采购程序，如单次招标，并将大型合同拆分为较小的批次，从而低于 GPA 阈值（Mattoo，2010）。另一方面，GPA 的效应除了取决于市场准入机会外，还受技术、经济治理改进、贸易和投资开放程度，以及采购流程设计和公共产品与服务供应方面的学习和创新等因素影响。这意味着将国际合作重点放在采购法规、确定良好做法和更广泛地改进经济政策上可能会获得更高的回报，而不是贸易协定的市场准入。因此，政策不应过分强调通过贸易协定实现具体的市场准入互惠，而应更多地注重学习良好的采购做法和原则，并加以加强透明度和问责制，以及更多地推行有利于竞争的一般政策（Hoekman，2018）。为了使加入《政府采购协议》的收益最大化，一个国家还应实行投资自由化（Gourdon & Messent，2017）。

（三）政府采购安全问题研究

作为政府采购领域的一个新研究课题，国内外鲜有学者对政府采购安全进行系统研究。在国外，由于现有大部分 GPA 成员方是政府采购国际制度的制定者，拥有比较完善的政府采购安全立法，产业国际竞争优势明显，有关政府采购的研究主要集中在如何参与国际分工和分享国际政府采购市场。在国内，政府采购安全是随着中国加入 GPA 谈判的深入才开始被少数学者关注，部分学者对政府采购安全的理论依据、安全范畴和安全的保障机制进行了尝试性研究。

1. 政府采购安全的理论分析

沃晨亮（2014）根据凯恩斯理论，国家对经济的干预存在市场失灵。市场失灵的表现之一就是经济行为的外部性，外部性造成了私人边际成本与社会边际成本不相等，进而导致资源配置的低效率。政府采购资金来源的公共性决定了政府采购必须从国家的角度进行"成本—收益"分析，必须将外部性内部化。因此，政府采购中应考虑国家安全问题。

2. 政府采购安全范畴研究

目前学术界把政府采购安全界定为政府采购信息安全（倪光南，2006；邓利华，2010）。政府采购信息是指"与政府采购制度和实践活动有关的所有规定、决定、公告等，包括有关政府采购法律、法规、政策、招标公告及各类采购方式的中标公告、供应商资格预审、投诉处理决定、司法裁决决定、统计资料等"（白志远，2007）。黎明等（2011）认为，政府采购信息安全是信息安全在政府采购活动中的体现，它由政府采购信息本身安全、政府采购信息处理安全和信息传输安全三个方面构成。国家安全是政府采购信息安全的根基，政府采购信息安全是国家利益和经济主权不受侵害的重要保障。刘慧（2014）认为政府采购信息安全涉及政府采购信息产品安全可靠性问题、政府采购信息服务项目的信息流安全和网络的可控性问题以及政府采购项目本身涉及的信息保密和安全问题三个方面。

3. 政府采购安全的保障机制

国内学者主要是在借鉴美国等 GPA 成员方有关政府采购信息安全保障措施的基础上，提出了中国维护政府采购信息安全的举措。首先，协调法律法规之间的矛盾，确立评估和测评认证信息安全技术法律制度（孟晔，2014）；其次，建立政府采购信息安全管理机构；再次，强化政府采购国货的工作、加强政府采购安全保护意识、构建安全批准机制、加强供应商的资格审查和政府采购信息安全监测等举措（肖志宏和杨倩雯，2009）；最后，加强扶持信息产业的政策功能（孟晔，2014）。

（四）研究述评

政府采购占 GDP 达到 20%，无论对一国经济社会发展，还是对国际贸易和全球治理均会产生重大影响。在政府采购自由化的进程中，梳理和归纳政府采购制度影响因素、政府采购制度与腐败、政府采购制度执行效应，政府采购市场开放与保护理论，GPA 文本研究、加入 GPA 的成本收益分析以及加入 GPA 的效应等相关理论是研究政府采购国际化问题的前提，现有研究成果对本书研究起到了铺垫性作用，是本书研究的理论基石。尤为重要的是，现有研究已经关注到 GPA 框架下政府采购信息安全、政府采购与国家安全的关系，这些研究在为本书研究起到了启示作用的同时，预留了广阔的研究空间。

1. 已有研究成果足以证明政府采购安全问题正被关注

第一，关注到政府采购信息安全问题。尽管政府采购实务部门对政府采购安全进行了相关的研究，但研究成果主要是为了 GPA 谈判的需要，且处于保密状态。在国内理论界，政府采购安全还是一个比较新的研究领域。部分学者对政府采购安全信息的内涵、政府采购信息安全理论基础、政府采购信息安全保障机制、政府采购与国家安全的关系进行了相关研究。第二，关注到了 GPA 框架下政府采购制度面临风险的冲击，现有研究主要比较中国政府采购制度与 GPA 规制的差异，在此基础上，提出中国加入 GPA 的策略。第三，关注到开放市场条件下产业安全问题。国外侧重于政府采购市场开放与保护的理论阐释，与国外研究不同的是，国内学者更多关注政府采购市场开放风险（章辉，2014）和开放中产业安全问题。第四，GPA对政府采购政策功能自由裁量权受限，但并未深入研究政府采购功能受限的原因以及政府采购政策功能与GPA的契合问题。

2. 已有研究存在以下不足及进一步研究空间

尽管众多学者专注于政府采购和GPA的研究，并且取得了丰富的成果，但是政府采购安全作为一个新的研究领域，其研究远远落后于政府采购实践，且现有的成果零零散散，不成体系，很难真正指导政府采购实践工作。

（1）研究范围略显单一，缺乏系统性。有关政府采购安全内涵研究，国内学者主要从政府采购与国家安全、政府采购与经济安全的关系出发，分析了政府采购安全要素。也有学者提到网络政府采购安全中包括技术安全、信用安全和法律安全（胡伟和程亚萍，2007）。这些研究成果为本书对政府采购安全进行系统研究提供了铺垫。但是，目前学术界并没有给政府采购安全一个完整的定义，更谈不上构建一个集政府采购安全内涵、安全维度、安全评价指标体系、安全影响因素以及安全保障机制的政府采购安全体系。

（2）侧重概念性分析，缺乏对政府采购安全的客观测度和评价。尽管现有研究从法律条款的角度比较了中国政府采购制度与GPA的差异，但没有深入研究制度冲击的刻画指标以及冲击的原因；尽管关注到政府采购市场面临风险冲击，但并没有构建一套刻画市场冲击的指标体系，也没有深入探究安全冲击的影响因素；尽管研究发现GPA框架下政府采购功能实施空间严格受限，但并未深入研究政府采购功能受限的原因以及政府采购政策功能与GPA的契合问题，尤其是对中国政府采购在GPA框架下促进自主创新和中小企业发展政策功能所面临的国际性冲击考量不足，导致不少有关中国政府采购促进自主创新和中小企业发展的路径选择与制度设计与最新的国际形势不吻合，指导性不够强。尽管关注到GPA框架下政府采购制度、市场、功能面临安全冲击，但并没有从理论上阐释三种安全冲击的内在联系，更缺乏对三种安全冲击关系的实证检验。

（3）囿于数据的限制，实证研究匮乏。无论国际上还是国内，政府采购数据都很少公开，中国政府采购统计年鉴从2014年开始停止出版，每年仅仅公布国家层面的政府采购总额、政府采购政策等少数几个指标数据，省一级政府很少公开数据，企业交易尤其是与国外公司签订政府采购合同的数据几乎无法获取，政府采购实证研究变成无米之炊。本书迫于数据限制的困境，采用调研数据和案例进行实证分析，以克服数据上的困难。

三、研究目标、内容、思路与方法

（一）研究目标

1. 理论层面

基于财政学、安全学、管理学、产业经济学等多学科的交叉研究，构建本书的理论框架，具体回答以下问题：（1）GPA 框架下政府采购安全内涵，特别是根据现有的研究并结合中国加入 GPA 的实情清晰界定政府采购安全，并在理论上确定政府采购安全的维度。这是本书立论的理论基础，也是必须解决的首要问题；（2）政府采购安全的测度，即构建政府采购安全的评价指标体系；（3）构建政府采购安全影响因素理论模型，对政府采购安全的影响因素进行剖析。

2. 实证层面

综合利用本书开展的"GPA 框架下中国政府采购安全运行"调研所获取的微观数据、国内省级以上层面及产业层面的宏观统计数据、国外的 WTO 官方网站数据、OECD 国民账户数据、联合国世界知识产权组织（World Intellectual Property Organization，WIPO）等数据，以及中国政府采购网站发布的资料等，基于法律文本比较法、案例分析法、多元回归分析、联立方程模型等方法进行实证分析，力求回答以下问题：（1）GPA 框架下中国政府采购制度安全、市场安全和功能安全面临冲击的程度；（2）政府采购制度安全、市场安全和功能安全的影响因素；（3）政府采购制度安全、市场安全和功能安全的内在逻辑关系，以及加入 GPA 清单是否具有调节效应。

3. 政策层面

在以上实证研究结论的基础上，构建集政府采购制度、市场和功能于一体的政府采购安全保障体系，为 GPA 框架下中国政府采购安全运行建言献策。

（二）研究内容

基于以上的研究目标和问题设定，本书内容和框架设定如下：

1. 理论研究部分

理论研究部分主要包括导论和第一章，此部分是本书的理论基础，对整个研究的开展具有提纲挈领的作用。导论部分主要是介绍选题背景，阐述研究意义，梳理国内外研究现状，设计研究思路和方法，归纳、凝练本研究的创新点，提出不足之处和未来的研究方向。第一章为 GPA 框架下中国政府采购安全的理论分析。界定了政府采购安全内涵，阐释了政府采购安全的构成，尝试性构建了政府采购安全评价指标体系，阐述了政府采购安全的影响机理，并提出研究假设。

2. 实证研究部分

具体包括第二章、第三章和第四章。实证研究主要是立足中国政府采购现状，归纳总结 GPA 框架下中国政府采购安全面临的主要冲击，探究其原因，并对影响因素进行实证检验。

第二章为中国政府采购现状分析，对中国政府采购发展脉络进行了系统梳理，试图全面考察中国政府采购的客观状态，为后面的实证研究夯实现实基础。首先，从政府采购的演进、法律法规、监管体制等方面介绍中国政府采购制度的现状和发展趋势；其次，通过对中国政府采购市场规模、结构进行统计描述，归纳总结中国政府采购的主要模式、常用方式和开放程度；最后，定量分析中国政府采购的资源配置、购买社会公平、维护国家安全等政策功能的实践效果。

第三章为 GPA 框架下中国政府采购面临的安全冲击及原因分析。重点运用第一章构建的政府采购安全评价指标体系，评估 GPA 框架下中国政府采购安全面临冲击的程度。第一，基于国内政府采购制度与国际规制的差异和冲突，从价值目标、基本原则、适应范围、采购方式和救济制度五个方面比较了中国政府采购制度与 GPA 规制存在的差距与冲突；第二，从名义开放程度、"本土偏好"程度和产业国际竞争力评价中国政府采购市场安全的冲击；第三，通过分析 GPA 有关政府采购政策功能的排除和中国加入 GPA 清单中政府采购政策功能的安排剖析 GPA 框架下中国政府采购政策功能面临的冲击，并以"中兴事件"为例，剖析中国加入 GPA 谈判中自主创新政策功能受阻及影响。在此基础上，探究加入 GPA 对中国政府采购安全产生冲击的主要原因。

第四章为 GPA 框架下中国政府采购安全影响因素的实证检验。基于政府采购数据来源的局限性，本书设计了"GPA 框架下中国政府采购安全运行"的调研问卷并开展了调研工作，实证检验正是基于调研数据进行的。首先，对调研数据进行统计描述，测评问卷的信度和效度；其次，建立多元回归模型分别对政府采购制度安全、市场安全和功能安全的影响因素进行了实证检验，验证理论假说1、假说2和假说3；再次，建立联立方程模型检验政府采购制度安全、市场安全和功能安全内在逻辑关系，验证假说4、假说5、假说6和假说7。最后，归纳总结实证研究结论。

3. 规范研究部分

规范研究主要是借鉴 GPA 缔约方维护政府采购安全的经验，构建维护中国政府采购安全的政策措施体系，具体包括第五章和第六章。第五章为 GPA 缔约方维护政府采购安全的经验借鉴，从政府采购制度、市场维护、政策功能实践等方面系统介绍 GPA 缔约方维护政府采购安全的典型经验。第六章为 GPA 框架下中国政府采购安全的体系构建，针对 GPA 框架下中国政府采购面临的安全冲击，结合实证研究识别影响政府采购安全的主要因素，借鉴 GPA 缔约方的典型经验做法，构建 GPA 框架下维护中国政府采购安全的保障体系。

（三）研究思路

基于上述研究内容设计，本书遵循提出问题、分析问题和解决问题的逻辑思路，具体研究思路如图 1 所示。

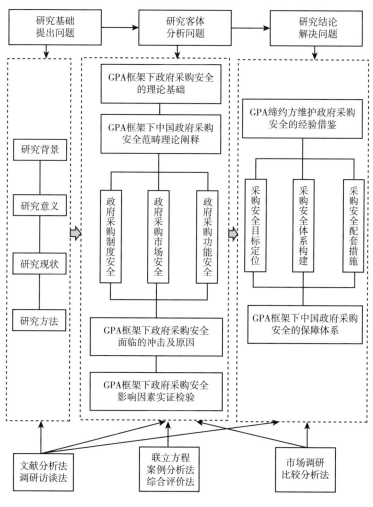

图1　本书研究思路

（四）研究方法

本书涉及的研究方法主要有文献分析法、比较分析法、市场调研与访谈、案例研究和实证分析法，具体运用情况如下：

1. 文献分析法

通过收集、查阅、整理、归纳、总结政府采购与 GPA 相关文献，把握中国政府采购制度及 GPA 的演变脉络，在梳理安全与政府采购概念、GPA 的效应及中国加入 GPA 影响文献的基础上，界定政府采购安全内涵、阐释政府采购安全的构成及内在逻辑，构建政府采购安全影响因素理论模型。

2. 比较分析法

GPA 第 22 条第 4 款要求各参加方对其国内法律进行调整，使其法律、法规、程序和做法等与 GPA 精神、文本要求保持一致。因此，对政府采购安全冲击程度分析主要是建立在中国政府采购制度与 GPA 规制的比较基础上，同时，相对于 GPA 缔约方而言，中国现代化政府采购制度建立较晚，GPA 框架下中国政府采购安全运行还需要借鉴 GPA 缔约方的经验和做法。

3. 市场调研与访谈法

为了突破政府采购数据来源的限制，本书设计了"GPA 框架下中国政府采购安全运行机制调研问卷"，通过 2018 年第九届全球公共采购（武汉）论坛平台、中建政研等机构举办的各种政府采购培训班以及中国政府采购研究所、广东财经大学公共采购研究中心、广西财经学院政府采购协同创新中心等研究平台共发放问卷 620 份，收回问卷 564 份，其中无效问卷 32 份，问卷回收率和有效问卷回收率分别为 90.97% 和 85.80%，政府采购安全影响因素的实证检验就是基于该微观调研数据进行的。同时，采用专家打分法，通过访谈的方式，把设计好的政府采购安全度监测指标发给政府采购领域的专家，听取他们对这些指标权重的研判，并基于层次分析法（analytic hierarchy process，APH）对各指标赋权。

4. 案例研究法

除了市场调研法之外，案例研究是弥补数据缺陷的一种有效的实证分析方法。本书以 2014 年微软 Windows 8 操作系统被禁止在中央国家机关采购中安装，首批千余台军用红旗 H7 轿车顺利交付、替代军用合资或进口车等实例，证明中国政府高度重视政府采购领域的安全问题；缕析"中兴事件"发展历程，深度剖析政府采购自主创新政策功能自由裁量权受限及其后果；以 2017 年 11 种一类疫苗公开招标事件说明政府采购程序复杂，效率较低；以 2019 年 1 月东华软件股份有限公司被投诉一案，分析"国货认定标准缺位"是中国政府采购制度面临冲击的重要原因之一。

5. 实证分析法

在数据上，将宏观数据与微观调查数据相结合，综合运用自行调研微观数据、全国层面和省层面以及产业层面的宏观统计数据、WTO 官方网站数据、OECD 国民账户数据等进行多层次分析。在统计上，对 2003 ~ 2018 年中国政府采购市场规模、市场结构、市场模式等进行了全面统计分析，认识到政府采购市场的现状及未来的趋势；对政府采购资源配置功能效应、购买社会公平的政策功能和维护国家安全政策功能实践效果进行了考察，初步判定中国政府采购政策功能实施效果。在实证分析上，利用世界投入产出数据库（World input-output database，WIOD），通过计算世界上主要国家公共部门进口渗透率来判断中国政府采购的"本土偏好程度"；分别计算中国及 GPA 缔约方货物、服务、工程三大产业国际市场占有率、贸易竞争力指数和显示性比较优势指数，以此来刻画中国产业安全度；利用微观调研数据，通过多元回归分析，实证检验政府采购制度安全、市场安全和功能安全的影响因素以及加入 GPA 清单的调节效应；通过建立联立方程模型，实证检验政府采购三种安全内在的逻辑关系。

四、创新点与不足之处

（一）可能的创新点与边际贡献

1. 拓展了政府采购的理论研究范畴

目前国内外有关 GPA 的研究主要集中在：GPA 本文解读及中国如何利用 GPA 特殊条款参与 GPA 谈判；加入 GPA 对国际贸易、社会福利、政府采购市场、产业安全、次级中央政府的影响；GPA 国际比较研究。有关 GPA 框架下政府采购安全的研究主要局限于政府采购信息安全以及政府采购与国家安全关系的研究。本书基于系统视角，以习近平提出的"总体国家安全观"为指导，从整体上对 GPA 框架下政府采购安全问题进行了探索性研究，主要理论边际贡献如下：

第一，界定了政府采购安全内涵，阐释了政府采购安全构成。在缕析安全和政府采购概念的基础上，探索性把政府采购安全界定为"在政府采购市场开放的条件下，政府采购主体在实施政府采购行为的过程中能够有效消除和化解潜在风险、抵抗外来冲击，以确保政府采购功能目标能够不受侵害，并得以最大程度实现的客观状态"。政府采购安全的本质是对政府采购相关主体利益的维护，这种相关利益的多维诉求属性决定了政府采购安全必须是一个涵盖多维目标的体系结构，在综合归纳现有研究的基础上，对政府采购安全构成维度：政府采购制度安全、政府采购市场安全和政府采购功能安全进行了理论阐释，这一研究丰富和拓展了政府采购基础理论。

第二，构建政府采购安全评价指标体系。现有研究仅仅从产业安全角度评价政府采购安全问题，本书尝试性提出了政府采购安全评价在加入 GPA 前和加入 GPA 后是不一样的，加入 GPA 前对政府采购面临安全冲击的预测性评价，而加入 GPA 后是对政府采购安全度的监测。其一，政府采购安全预测性评价指标。政府采购制度安全主要通过国内政府采购制度与 GPA 规制在核心条款上的差异甚至是冲突进行刻画；政府采购市场安全测度指标包括名义开放程度、"本土偏好"程度和国际竞争力 3 个二级指标和 10 个三级指标；政府采购功能安全主要是通过 GPA 规制的政策空间与中国出价清单中政府采购政策功能的排除来刻画。其二，本书构建了加入 GPA 后政府采购安全度监测指标体系，包括 3 个二级指标和"国外供应商投诉率"等在内的 13 个三级指标，并根据专家评定基于 AHP 法对各指标赋权重。

第三，建立了政府采购安全影响因素理论模型。在梳理、归纳国内外现有研究成果的基础上，阐述了政府采购制度安全、市场安全和功能安全影响因素，以及三种安全内在的逻辑关系，创新性构建了政府采购安全影响因素模型。

2. 刻画了政府采购安全冲击程度，实证检验了政府采购安全影响因素

运用构建的政府采购安全评价指标体系，实证分析表明，中国政府采购制度与 GPA 在价值目标、基本原则、适应范围、采购方式和救济制度等方面存在很大的差异；政府采购名义开放程度高、"本土偏好"程度低、产业国际竞争力尤其是服务产业国际竞争力与 GPA 缔约方相差甚远；GPA 预留的政策空间有限，中国加入 GPA 出价清单中并没有真正体现发展中发展的诉求，政府采购政策功能自由裁量权大大缩减。同时，为了突破数据的限制，本书利用一手调研的微观数据，运用多元回归分析和联立方程模型对该理论模型进行实证检验，实证研究发现，市场安全与制度安全、制度安全与政策功能安全、市场安全和政策功能安全均存在双向联动关系，除了政策功能安全对市场安全存在负向影响，其他均为正向影响。

3. 构建集制度、市场和功能三位一体的政府采购安全保障体系

以习近平总书记提出的"总体国家安全观"为指导，针对 GPA 框架下中国政府采购面临的安全冲击，基于政府采购安全影响因素的实证结论，在借鉴 GPA 缔约方先进经验的基础上，为了实现政府采购安全总目标，在制度层面，需要树立"物有所值"的政府采购制度目标理念，完善政府采购法律法规，规范政府采购管理流程，争取参与国际采购规制制定的话语权；在市场层面，需要调整出价策略，谨慎国有企业出价范围，积极参与国际政府采购市场竞争，积累国际采购经验，提升企业跨国经营能力；在政策功能层面，坚持以问题为导向调整政策功能，完善政府采购实施细则，恢复政府采购技术创新政策功能。当然，政府采购安全保障离不开国际化的政府采购专业人才。在政策措施中，"争取参与国际规制制定的话语权"和"中国政府采购与国际规制的契合"这些观念具有前瞻性。

（二）不足之处

1. 构建的政府采购安全理论框架有待完善

本书从安全的内涵出发，尝试对政府采购安全进行界定。政府采购安全的本质是对政府采购相关利益主体的维护，基于利益主体目标的多维性，本书探索性地把政府采购安全细分为政府采购制度安全、市场安全和功能安全，并基于这三种安全构建了政府采购安全的分析框架。同时，还设计了政府采购安全评价指标体系和政府采购安全影响因素模型。虽然可以找到相关理论支撑，但是现有相关研究鲜有可供直接借鉴参考的成果。由于个人的理论知识局限，难免会思考不全面，导致所提出的政府采购安全概念及体系可能存在不完善之处。

2. 实证研究不够全面和深入

在数据上，《中国政府采购统计年鉴》自2014年就停止了出版，尽管本书采用自行的微观调研数据、多个国际库数据以及多个案例资料，但缺乏中国企业跨国政府采购微观层面的数据。在实证方法上，现有实证研究主要是基于调研微观数据来进行回归分析、联立方程分析，方法相对简单，研究也不够全面和深入。虽然实证结果比较显著，但是缺少多元化的实证方法和数据进行稳健性检验，在一定程度上制约了论证的力度。

3. 政策建议的指导性和实用性可能不足

本书分析加入GPA对产业安全影响时，主要是利用GPA缔约方的数据比较分析它们加入前与加入后对产业安全的影响。不过，这些缔约方大部分是发达国家或地区，尽管也有几个发展中国家或地区，但它们均属于开放型经济，据此分析得出的结果可能对中国政府采购安全维护的针对性和借鉴意义相对有限。再加上个人理论知识和认知上的不足，可能会造成思维的局限，最终也会影响到政策建议的质量和效果。

第 一 章

GPA 框架下中国政府采购安全的理论分析

第一节　基本概念界定

概念既是分析的工具，更是构筑理论体系的基石。离开了对概念的逻辑分析，哲学就无法拿出比常识更高明的见解来。形成概念或掌握概念是人类认识事物、掌握知识的重要环节。准确界定和运用概念被视为开展理论研究的前提，因为任何一门学科的所有定律、定理都是运用概念进行论述、判断和推理得到的结果。人们在理论上的突破往往源于概念上的创新，而理论体系之所以存在缺陷也往往与概念上的混乱有关。基于这样的考虑，在开展 GPA 框架下中国政府采购安全理论分析之前，有必要对相关的基本概念进行具体分析与界定。

一、安全

"安全"已成为人们日常生活中使用最多、最频繁的词语之一。对作为本书的首要概念的"安全"进行准确定义是开展相关研究的必要条件。

（一）安全的常用词义

"安全"是一个复合式的合成词。从造字法来看，"安"和"全"均为会意字。在上古时代，人类面临毒蛇猛兽等诸多天敌的威胁，对于妇女而言，体质和体力普遍弱于男子，只有留在室内才可能更好地免受侵害，于是，便以"女坐室内为安"。后来演变形成的"安"字指的就是"女坐室内"，引申表达不受威胁、没有危险、太平、安全、安适、安逸、安稳、安康、安乐、安心、稳定、习惯、妥善、徐缓等含义。而"全"字本义见于《周礼·考工记·玉人》中的"天子用全，上公用龙"。这里的"全"为入棺陪葬天子的高级纯玉，后用作形容词，主要表达纯粹的、无杂质的、完整的、安好的、完备的等含义。

日常语言表达中的"安全"一词具有多义性。人们常常将没有危险、不出事故和无伤害损失的情势称之为安全，有时还会自觉或不自觉地将安全工作、安全活动、安全措施、安全机构等包括在"安全"概念之中，比如讲到诸如军事安全、科技安全等概念时。在《现代汉语大词典》等中文词典中，安全的解释主要有：（1）平安、无危险；（2）保护、保全。在英语词汇里，"security"被译为"安全"，它源于拉丁文"securitas"，意为从小心、不稳定和自制中解脱出来的状态。以《韦伯国际词典》为代表的英文词典则把安全解释为：没有危险、没有威胁、不出事故和无伤害损失，以及进行防卫和保护的各种措施。可见，不管是中文还是英文，关于安全的字面含义都是比较明确的，并且在内涵上具有一致性，既指一种没有危险、没有恐惧、不受威胁的状态，又指获得安全状态的防卫和保护措施。

（二）安全的学术含义

德国近代著名自由主义政治思想家、教育家威廉·冯·洪堡（Wilhelm von Humboldt，1792）认为，安全即合法自由的可靠性。在他的早期著作《论国家的作用》中，把国家的职能和作用集中表述在安全上："如果一个国家的公民在实施赋予他们的权利中不受外来的干预，我才称他们是安全的，权利可能涉及他们的人身或者他们的财产；因此，安全——如果说这种表述听起来不太过于简单因而也许是含糊不清的话——就是合法自由的可靠性"。① 基于洪堡的论述，现代美国著名学者、安全问题专家阿诺德·沃尔夫斯（Arnold Wolfers，1960）认为安全是"在客观的意义上，表明对所获得价值不存在威胁，在主观意义上，表明不存在这样的价值会受到攻击的恐惧"。这一定义得到了学者的高度认可和赞同，并被发展为"所谓安全，就是客观上不存在威胁，主观上不存在恐惧"，这一概念得到了当前学术界的广泛认可。②

在国内，不同的学者基于不同的认知也对安全进行了解释，使得安全成为一个多义性综合概念。王逸舟（1998）认为，"安全是行为主体（不论是个人或国家或其他集团）在自己生活、工作和对外交往的各个方面能够得到或保持一种不受侵害、免于恐惧、有保障的状态"。李瑛（1998）认为安全在主观上指不存在担心外来攻击的恐惧感，在客观上指不存在外来攻击的状态或现实。王鹰（2003）借鉴和吸收了洪堡的观点，将安全界定为权利的获得和实现不受侵犯和

---

① 威廉·冯·洪堡著. 林荣远，冯兴元译. 论国家的作用 [M]. 北京：中国社会科学出版社，1998：112.

② 李少军. 国际安全警示录 [M]. 北京：金城出版社，1997：27.

危害。李孟刚（2012）也认为安全具有主客观二元属性，不仅是一种客观态势，而且具有相对性，即客观上的安全状态和主观上的安全反应、判断有时是一致的，有时则存在差异。综合上述关于安全的种种定义可以发现，一方面，安全的意义因行为主体存在而存在，离开了主体就无所谓安全了；另一方面，学者们普遍接受安全具有主客观二元属性。

（三）本书对安全的界定

在给"安全"概念予以科学界定时，既不能脱离"安全"一词的基本含义，又不能局限于它的习惯用法，同时还应该对现有"安全"概念定义中不恰当的内容进行修正。

从语义上把"安全"解释为没有危险、没有威胁、不出事故和无伤害损失，在日常表达中已经被普遍接受。不过，这种界定显然存在一定缺陷。首先，在逻辑上以偏概全，将"安全"的充分条件误作为其充分必要条件。在生活日常中，虽然人们把有"危险、威胁、事故和伤害损失"的情形称之为不安全，但并非意味着所有有"危险、威胁、事故和伤害损失"的情形都称之为不安全，也不等同于只有有"危险、威胁、事故和伤害损失"的情况才能称之为不安全。其次，上述解释还错误地将"安全"界定在一个临界点上，缩小甚至忽视了"安全"内涵的范围。量和质是事物发展的两个方面，量的积累或突破才可能产生质的变化。"安全"抑或"不安全"在量上必定有所规定，并且呈现为一个变化区间。而"没有危险、威胁、不出事故和无伤害损失"只能算是维护"安全"之质在量上的一个临界点。此外，在汉语表达中，危险被视为安全的反义词。如果将安全界定为没有危险，那危险是什么呢？难道危险就是不安全？显然，这样解释安全存在循环定义之嫌。

至于学者们强调安全的主客观属性，这是由于混淆了"安全"和"安全感"两个概念导致的。安全是主体对自身所处环境的一种事实判断，是一种客观存在，这种客观存在与人的感觉无关，是主体的客观属性；而安全感则是主体对自身所处环境的一种价值判断，是一种主观感受。只有在事实判断和价值判断相一致的情况下，"安全"和"安全感"才具有一致性；但是，在价值判断和事实判断不一致时，"安全"和"安全感"会出现偏差甚至是截然对立。"客观上不存在威胁"且"主观上没有恐惧感"的安全界定显然是经不起实践检验的。

基于上述讨论，本书将安全界定为：所谓安全，就是主体的权利实现不受或免受超过允许限度侵犯的状态。在此，至少包括以下基本判断。

首先，安全是一种客观的状态。安全作为没有危险的状态描述，无法独立存在，必须与特定主体联系在一起。当安全依附于人时，便是"人的安全"；当安全依附于产业时，便是"产业安全"；当安全依附于信息时，便是"信息安全"。事物属性是一种客观存在，决定了作为主体属性的安全同样具有客观性。因此，安全不仅表达了主体的一种状态，而且表达的是一种不随人的主观感觉——无论是自我感觉还是他人的感觉而转移的客观状态。

其次，安全的本质属性是权利得到保障。安全作为主体的一种客观属性，自身也具有属性特征。要准确理解"安全"的内涵，就必须找到安全的本质属性。不管是洪堡的"合法自由的可靠性"，还是沃尔夫斯强调的"所获得价值不存在威胁"，抑或是"没有危险、没有威胁、不出事故和无伤害损失"的表述，都是对于安全属性的抽象表达。尽管这些表述侧重点不一样，甚至还可能存在一定缺陷，但是，它们最终的目的具有同一指向性，可谓是殊途同归，即让权利"不受外来的干预"，保障主体的权利实现。从这个层面来讲，保障主体权利是安全本质属性的抽象概括。

二、GPA 框架

GPA（Government Procurement Agreement）即《政府采购协议》，是世界贸易组织（WTO）管辖的一项诸边贸易协议，由各缔约方自愿签署，承诺对等开放各自的政府采购市场，以实现政府采购市场自由化和国际化。所谓框架，原本指由梁、柱等构件刚性连接而成的结构体系，其中，"框"强调的是约束性，"架"则指的是支撑性，后来常用来比喻事物的组织、结构。本书的"框架"则主要表达的是约束、规制之意。简而言之，GPA 框架就是 WTO 为推动政府采购市场开放，实现政府采购的国际化、自由化，最终扩大国际贸易，而制定的以 GPA 为核心、用于直接或间接约束和干预缔约方政府采购行为与市场的一系列政策及措施。政府采购之所以会被纳入国际规制，一方面得益于西方发达国家发达的国内政府采购市场、完善的政府采购制度和具有较强国际竞争力的供应商；另一方面得益于国际贸易自由化和国际机构（如联合国组织和世界银行）的推动。

（一）GPA 发展演变

GPA 是在漫长的实践过程中，经过不断丰富完善而形成的。自 20 世纪 40 年代以来，它经历了从无到有，从萌芽、产生到不断完善的演进历程。厘清 GPA 在不同阶段的关注点和拟解决的主要问题，是准确理解 GPA 框架的前提。遵循 GPA 的形成、各文本的修订以及取得的实质性进展，将 GPA 发展分为萌芽阶段、初步形成阶段等 6 个阶段，具体演变历程如表 1-1 所示。

表 1 - 1　　　　　　　　　　　　　GPA 发展演变历程

阶段	GPA 发展及修订的内容
萌芽阶段 （1946 ~ 1979 年）	（1）《哈瓦那宪章》在国民待遇条款中明确排除政府采购[1]； （2）1973 年，OECD 成员国起草了一份有关政府采购的国际规制，并试图启动缔约方之间市场开放的谈判； （3）1976 年，OECD 将政府采购国际规制草稿整理形成《政府采购政策、程序和规则草案》并移交给 GATT[2]
初步形成阶段 （1979 ~ 1981 年）	（1）《政府采购守则》（GPA1979）首次把政府采购纳入国际法制轨道； （2）GPA1979 采购主体范围仅限于中央政府，采购客体范围仅适用于货物，门槛金额为 15 万特别提款权[3]，缺乏保障其实施的争端解决机制，使得 GPA1979 并没有发挥其应有的价值和作用
第一次大幅度修改阶段 （1981 ~ 1988 年）	GPA1988[4] 主要修订内容：在表达上用"采购"（procurement）替换"购买"（purchase）；降低采购合同门槛价至 13 万特别提款权，相比原来降低了 2 万特别提款权；扩展协议管辖范围至租赁合同；增加了信息、交换资料等方面的透明度；将公开招标的结标时间延长了 10 天，变更为从发布招标通知算起的 40 天
基本框架构建阶段 （1988 ~ 1994 年）	（1）GPA1994 由序言、正文和附录组成，奠定了 GPA 基本框架[5]； （2）GPA1994 主要修订内容：采购主体范围从中央政府拓展到地方政府和公共事业实体；采购客体范围从货物采购拓展到工程和服务领域；构建了双层救济机制，即"国内保护机制和 WTO 争端解决机制"，这是 GPA1994 的重大创新
全面修订发展阶段 （1996 ~ 2006 年）	GPA2006[6] 由序言、22 个正文条款和 4 个附录组成，集中反映了政府采购制度国际化和电子化两大趋势的同时，扩大并澄清了发展中成员适应的过渡措施，简化加入 GPA 审查程序，增加了透明度原则
成熟发展阶段 （2007 年 ~）	GPA2012[7] 的内容充分反映了全球经济、社会管理以及科技进步对政府采购的影响，新协议文本更加全面地明确了 GPA 的功能作用

注：①1946 年，美国在其提交的国际贸易组织（International Trade Organization，ITO）宪章草案第 8 条和第 9 条中分别明确规定了最惠国待遇原则和国民待遇原则应适用于政府采购领域。②GATT（General Agreement on Tariffs and Trade），关税及贸易总协定。③特别提款权（special drawing rights，SDR）。一个特别提款权的定值货币及权数分别为美元（44%），欧元（34%），英镑（11%），日元（22%）。④GPA1988 是指 GPA 各缔约方对 GPA1979 进行第一次大规模修订，于 1988 年 2 月 14 日正式生效的新版GPA。⑤GPA 各缔约方于 1994 年 4 月 15 日又开始了新的谈判，并在马拉喀什签署了新的《政府采购协议》（简称 GPA1994），该协议于 1996 年 1 月 1 日正式生效。⑥2006 年 12 月 8 日，WTO 政府采购委员会对GPA1994 进行了全面修订。⑦2011 年 12 月在 WTO 部长级会议上通过了新版的 GPA 文本（即 GPA2012），各缔约方就新轮出价达成一致。

资料来源：笔者根据 WTO 官网资料自行整理。

（二）GPA 缔约方

截至 2019 年 7 月 7 日，GPA2012（以下简称 GPA）[1] 由 20 个缔约方组成，

---

① 后文中如没有特别说明，GPA 均指 GPA2012 版。

涵盖48个WTO成员方（包括欧盟及其28个成员，所有成员均为该协定的一方）（如表1-2所示）。另有34个WTO缔约方和4个国际组织①在该协议下拥有观察员地位，中国、阿尔巴尼亚、格鲁吉亚、约旦、吉尔吉斯斯坦、阿曼、俄罗斯、塔吉克斯坦和马其顿共和国9个国家正在开展加入GPA谈判。另外，阿富汗、哈萨克斯坦、蒙古国、沙特阿拉伯和塞舌尔5个WTO成员已在其加入《世界贸易组织议定书》中承诺加入《政府采购协议》。

表1-2　　　　GPA缔约方及加入时间（截至2019年7月7日）

缔约方		加入/生效日期	
		GPA1994	GPA2012
亚美尼亚		2011年9月15日	2015年6月6日
澳大利亚		2019年5月5日	2019年5月5日
加拿大		1996年1月1日	2014年4月6日
欧盟（28个成员）	法国、德国、意大利、葡萄牙、西班牙、比利时、奥地利、芬兰、丹麦、希腊、爱尔兰、瑞典、卢森堡、荷兰和英国	1996年1月1日	2014年4月6日
	塞浦路斯、捷克、爱沙尼亚、匈牙利、拉脱维亚、立陶宛、马耳他、波兰、斯洛伐克和斯洛文尼亚	2004年5月1日	2014年4月6日
	保加利亚和罗马尼亚	2007年1月1日	2014年4月6日
	克罗地亚	2013年7月1日	2014年4月6日
中国香港		1997年6月19日	2014年4月6日
冰岛		2001年4月28日	2014年4月6日
日本		1996年1月1日	2014年4月16日
以色列		1996年1月1日	2014年4月7日
韩国		1997年1月1日	2016年1月16日
列支敦士登		1997年9月18日	2014年4月6日
摩尔多瓦		2016年7月14日	2016年7月14日
黑山共和国		2015年7月15日	2015年7月16日
荷属阿鲁巴		1996年10月25日	2014年7月4日
新西兰		2015年8月14日	2015年8月15日
挪威		1996年1月1日	2014年4月6日

---

① 4个国际组织指：经济合作与发展组织、国际货币基金组织、联合国贸易和发展会议、国际贸易中心。

续表

缔约方	加入/生效日期	
	GPA1994	GPA2012
瑞士	1996 年 1 月 1 日	未决定
新加坡	1997 年 10 月 20 日	2014 年 4 月 7 日
中国台北	2009 年 7 月 15 日	2014 年 4 月 6 日
乌克兰	2016 年 5 月 18 日	2016 年 5 月 18 日
美国	1996 年 1 月 1 日	2014 年 4 月 7 日

资料来源：WTO 官网，https：//www. wto. org/english/tratop_e/gproc_e/memobs_e. htm#parties。

（三）GPA 对缔约方的权利和义务规定

GPA 的缔约方必须开放政府采购市场，包括各谈判方承诺相互开放的中央、次中央和其他采购实体机构，并在规定的开放清单中开放这些机构的货物、工程和服务采购项目。各缔约方必须针对被纳入开放范围的政府采购项目建立必要的机制，确保非歧视和国民待遇原则、既定的采购方式和程序能够在采购活动中得到贯彻落实。如果成员之间出现了争议，协商解决过程中则应以 WTO 争端处理机制为遵循。另外，在 GPA 中还对加入 GPA、修改开放清单、退出 GPA 的程序，针对不发达国家和发展中国家设定的特殊待遇，以及各缔约方的例外范围等内容做了明确规定。

（四）GPA 未来工作计划

《政府采购协议》的最后一次修订包括同意启动工作计划并就几个主题进行审议：（1）关于支持中小企业参与政府采购的措施和政策的最佳做法；（2）促进可持续采购做法的使用；（3）国际采购中的安全标准；（4）本协议项下各方保险承诺的限制和排除；（5）改进收集和报告与 GPA 有关的统计数据的程序。除这些领域外，GPA 成员同意在公私伙伴关系、其与 GPA 所涵盖的采购的关系以及制定商品和服务通用术语和标准化招标通知的优缺点方面开展今后的工作。[1]

三、政府采购

政府采购最早发轫于 18 世纪末至 19 世纪初的资本主义形成初期，经历了进化、成形和成熟的演变历程。中国现代意义上的政府采购则诞生得晚一些，直到 20 世纪末期才出现，主要是借鉴资本主要国家的经验做法不断发展完善。政府

---

[1] WTO. Agreement on Government Procurement Work Programmes [EB/OL]. [2019 - 02 - 04]. www. wto. org/english/tratop_e/gproc_e/gpa_wk_prog_e. htm.

采购是特定历史的产物，其发展离不开经济社会生活。由于历史发展、文化传统和经济发展态势的差异，导致国内外关于政府采购内涵的看法不尽一致。总体看，政府采购的历史发展遵循了从不平等交易到平等交易的演变规律，实现了从政府采购本质属性到功能属性的拓展与延伸。

（一）政府采购的学术内蕴

政府采购（government procurement），在西方通常称为公共采购（public procurement）。目前，政府采购已成为世界各国政府进行公共支出时普遍采用的方式。不过，关于政府采购的定义，国内外学术界尚未达成一致共识。

福布斯（Forbes，1929）在总结大型工业企业采购经验、借鉴英美等国家政府采购经验做法的基础上，最早科学界定了政府采购内涵，提出了政府采购是采购组织通过在招标过程中采用标准化规范对所需存货进行采购，以达到降低成本、简化采购程序目的而采取的一种经济行为。在此基础上，很多学者从不同的视角对政府采购的概念进行了界定。博维斯（Bovis，1997）认为政府采购是基于公共利益与公众签订的一种合约，而并非完全依靠市场力量进行自由融资的经济工具。费伦（Fearon，1993）认为"采购之根本在于识别所需材料的来源，并在需要的时候以尽可能经济的方式按可接受的质量标准获得这些商品。采购部门必须能够快速有效地满足需求，并且采购政策和程序必须同商业惯例相符合"，强调政府采购与私人采购的根本目标具有一致性。美国学者道布勒和裴季则对政府采购和私人采购的区别进行了最为精辟的论述。道布勒（Donble，1986）在《采购与供应链》一书中指出："两者最重要的区别是公共部门履行是管理人的职能，因为受雇的管理员花费的资金是别人的捐助和税收，雇主依靠这些资金代表他们的客户和捐助人提供服务。因此，非营利机构和政府的采购职能部门就成了一个受管制的、透明的过程，受到无数法律、规制和条例、司法或行政决定以及政策和程序的限定和控制。"[①] 裴季（Page，1998）则归纳出了政府采购和私人采购的七大区别：（1）政府采购所支出的资金是公共资金，与私人采购的公司业主或法人资金不同；（2）公共采购程序实现经过严格的规定，需要通过严格的预算和公共审计来进行约束；（3）政府采购可以并且具有至上的能力；（4）政府采购的对象与私人采购完全不同，通常不采购用于制造或者转售目的的商品；（5）政府采购的过程应当公开，政府部门有义务披露信息，而私人部门没有必要透露采购的来源、规格、要求、招标条款或支付的价款；（6）政府

---

① Donald，W．，Donbler．Purchasing and Supply Management［M］．The McGraw-Hill Companies，INC，1986：63．

采购没有盈利的动机和目的；（7）政府采购主体受到公众和新闻媒介的广泛监督。从国外对政府采购与私人采购区别与联系的分析可以看出，政府采购除了遵循私人采购的商业惯例外，还履行管理者的角色，政府采购是为了社会的整体利益，也就是说，政府采购是以政府目标和意图为根本导向。① 裴季（Page，1998）从采购资金来源、采购物品的用途、采购动机、采购的透明性、采购程序、采购监督、采购的影响力七个方面详尽比较了政府采购与私人采购的不同之处。普雷姆昌（Premchan，1993）认为政府采购的本质是执行预算并向公众提供服务的一种公共支出管理手段。斯托博（Stobo，2005）基于歧视性采购的视角提出政府采购是为了提高本土的福利水平而采用的一种"本土优越性"。霍拉纳和苏布拉曼尼亚（Khorana & Subramanian，2012）认为政府采购涉及国家机构采购供自己使用的产品或服务。这个术语的政府采购包括政府部门政府采购、公用事业采购和国有企业采购。

国内理论界对政府采购内涵的界定主要有以下两种有代表性的观点：政府采购支出论和政府采购制度论。政府采购支出论的学者把政府采购等同于政府购买性支出（曹富国和何景成，1998；马海涛等，2003；杨灿明和李景友，2004）。而政府制度论把政府采购看作是一种综合性的制度安排，即政府采购不仅涵盖采购行为的本身，还涉及与之相关的采购管理、采购程序和采购政策（刘尚希和杨铁山，1998；肖北庚，2004；王金秀等，2006；章辉，2009；刘小川和唐东会，2009；肖建华，2016），学术界代表性观点如表1-3所示。

表1-3　　　　　　　国内学术界有关政府采购内涵代表性观点

代表人物	主要观点
马海涛等（2003）	从广义角度看，无论采购内容是什么，所有由政府使用财政性资金进行的采购活动，都应属于政府采购的范畴，而中国《政府采购法》中界定的政府采购是一种相对狭义的概念，广义概念上的政府采购更加符合政府采购的本质
杨灿明、李景友（2004）	政府采购是公共部门利用财政性资金取得货物、工程和服务的行为，根据该定义，政府采购涵盖了财政支出中的所有购买性支出，采购主体的公共性和采购客体的公共性是政府采购两个根本特征
王金秀（2006）	结合政府采购制度发展的历程，发现政府采购制度从初期以节重效为重点逐步转变为重视政策功能实现，因此，政府采购的内涵不再仅是指具体的采购过程，而且是采购政策、采购程序、采购过程及采购管理的总称，是一项公共采购管理制度

① 白志远. 政府采购政策功能研究 [M]. 武汉：武汉大学出版社，2016：3.

续表

代表人物	主要观点
章辉（2009）	政府采购，是指各级国家机关、实行预算管理的事业单位和团体组织、使用财政性资金采购货物、工程和服务的行为，以及与此相关的采购政策、采购程序和采购管理
肖建华（2016）	政府采购指各级国家机关、事业单位和团体组织未来开展日常政务活动或为公众提供服务的需要，依据一定的原则，以法定的方式和程序，利用国家财政资金和政府贷款、从国内外市场上购买货物、工程和服务的消费行为

（二）政府采购的法律阐释

1. 国际上的法律规定

在美国联邦政府中，"采购"（acquisition）已经是官方或者是通用的术语。美国《2003 年联邦政府服务采购改革法案》将政府采购定义为：行政机构为了履行其职能，运用财政性资金，通过购买合同或租约形式，进行购买的过程。美国政府采购不仅包括购买工程、货物和服务，而且包括购买、出租和管理土地、房产等不动产在内的资产。联合国贸易法委员会制定"采购示范法"把政府采购界定为"从事采购的任何政府部门、机构、机关，或者其他单位，或者其任何下属机构，以任何方式获取货物、工程或服务的行为"。

OECD 认为政府采购指政府和国有企业对商品、服务和工程的采购。OECD 明确了国有企业的采购属于政府采购的范畴。GPA1994 对政府采购仅要求对不低于附录一门槛价的采购项目，包括以合同形式购买及不论是否附带购买选择权的租赁或租购，也包括货物和服务采购项目的规范。GPA2012 在序言第 1 条中并没有对政府采购进行明确定义，只是在第 2 条适应范围中规定了政府采购是为了政府目的而进行的不以商业销售或转售为目的，或用于供应商销售或转售的商品或服务的生产为目的而进行的采购。它对政府采购实体的界定采用"政府目的"和"政府直接控制"的规定。根据有关法理精神，"政府直接控制和影响"既可以理解为对财、物的控制，又可以理解为管理过程的直接参与，客观上为加入方谈判提供了可以自由裁量的空间。① 这一定义的用意不只在于排除市场歧视，维护政府采购市场的公平性，更多的意图是尽可能扩大国际公共采购市场。由于很多发展中国家拥有许多国有企业，《政府采购协议》积极推进发展中国家加入。依据《政府采购协议》的这一定义，就能涵盖加入方的许多国有企业的采购活动。

---

① 肖北庚 . WTO《政府采购协定》及我国因应研究［M］. 北京：知识产权出版社，2010：149.

2. 中国的法律规定

《中华人民共和国政府采购法》（以下简称《政府采购法》）第二条明确规定：政府采购是指国家各级机关、事业单位和团体组织，使用财政性资金采购依法制定的集中采购目录以内或者采购限额标准以上的货物、工程和服务的行为。该法界定的政府采购概念汇总如表1-4所示：

表 1-4 　　　　　　　　　《政府采购法》规范的政府采购概念框架

项目	内容界定
采购目的	规范政府采购行为，提高政府采购资金的使用效益，维护国家利益和社会公共利益，保护政府采购当事人的合法权益，促进廉政建设
采购主体	各级国家机关和事业单位，以及团体性组织，包括国家权力和行政机关、检察和审判机关、政协组织、工青妇组织，以及教育、科研、文化、体育、卫生、医疗等事业单位
采购客体	纳入预算管理的财政性资金，以财政性资金作为还款来源的借贷资金也视同为财政性资金
采购对象	货物：各种形态和种类的物品，包括原材料、燃料、设备、产品等； 工程：建设工程，包括建筑物和构筑物的新建、改建、扩建、装修、拆除、修缮等； 服务：除了货物、工程以外的其他政府采购对象，包括政府提供的公共服务和政府自身需要的服务
采购行为	以合同方式有偿取得货物、工程和服务的行为，包括购买、租赁、委托、雇用等
限制条件	集中采购目录以内的或者采购限额标准以上

资料来源：笔者根据《政府采购法》相关内容编制。

（三）本书对政府采购内涵的再思考

从前面的分析可以看出，GPA规制下的政府采购内涵与国内认知是存在一定差异的。白志远（2016）认为规模小的分散采购和用未来税收偿还的国家贷款项目的采购均对国内分配和市场也有一定的影响，但都不受《政府采购法》的约束。使用捐助和资助资金的政府采购，还有在非正常状态下的强制性政府采购行为也应属政府采购的范畴。此外，中国加入GPA谈判出价清单范围已经超出《政府采购法》的管辖范围。第6份出价清单中首次将部分国有企业列入其中，而国有企业并不受《政府采购法》的约束。在综合国内外政府采购概念的基础上，结合国际政府采购的发展趋势，以及考虑设定解决的问题，本书所指的政府采购是集政府采购行为、政府采购管理、政府采购制度、政府采购市场和政府采购功能于一体的广义的政府采购。

四、政府采购安全

从语义逻辑来看，政府采购安全其实是将安全的内涵与外延在政府采购这一特定活动上进行拓展。既然安全是行为主体利益在主客观上不受侵害和威胁的一种状态，那么，政府采购安全则可以定义为：政府采购安全指在政府采购市场开放的条件下，政府采购主体在实施政府采购行为的过程中能够有效消除和化解潜在风险、抵抗外来冲击，以确保政府采购功能目标不受侵害，并得以最大程度实现的客观状态。在总体国家安全观的指导下，政府采购安全的本质就是政府采购以及与之相关的国家利益处于不受或免受超过允许限度侵犯的状态，并保障安全状态下的可持续采购能力。

这一政府采购安全内涵的界定，明确了政府采购安全的领域和指涉对象，表明了政府采购安全要实现的状态。定义明确了政府采购安全内外两个领域的含义，指出"政府采购安全是政府采购以及与之相关的国家利益处于不受或免受超过允许限度侵犯的状态"，即政府采购安全的威胁可能来自国家内部，也可能来自国际社会，实现政府采购安全既要保证政府采购不受内部因素导致的、超出允许限度的威胁，实现政府采购国内安全，也要保证政府采购不受外部因素导致的、超出允许限度的威胁，实现政府采购在国际社会的安全。不过，本书的研究对象主要指政府采购的外部安全问题，即在中国加入 GPA 框架的前提下，中国政府采购面临的安全威胁以及维护政府采购安全体系的举措。

政府采购安全不仅局限于政府采购行为主体的安全，既包含"政府采购的产品质量、政府采购信息、政府采购功能"，又包含"与政府采购相关的国家利益"，以及"可持续政府采购能力"，是一种内容丰富的非传统的政府采购安全观。定义表明了中国政府采购安全要实现的状态，即"政府采购以及与之相关的国家利益处于不受或免受超过允许限度侵犯的状态"，并具备"保障持续安全状态采购的能力"，这表明政府采购安全不是要实现静态的、绝对不受威胁的状态，而是要在改革开放中寻求动态的平衡。

第二节　政府采购安全的理论依据

纵观国内外理论界，GPA 框架下中国政府采购安全的理论主要包括习近平总体国家安全观、国际贸易自由化中国家利益理论、演化博弈理论、政府干预理论、竞争优势理论等。本节针对中国加入 GPA 这一特征事实，从政府采购市场开放的演化博弈理论，国家安全理论、政府干预理论等视角出发，寻求中国加入 GPA 政府采购面临安全冲击的理论基础，以及用这些理论分析指导 GPA 框架下中国政府采购安全的实证研究，分析面临安全冲击的内外部因素，并剖析影响因素存在的深层次原因，为有针对性地构建政府采购安全体系提供理论依据。

一、总体国家安全观

党的十九大报告明确将"总体国家安全观"作为坚持和发展中国特色社会主义基本方略之一，将"统筹发展和安全，增强忧患意识，做到居安思危"作为我们党治国理政的一个重大原则。至此，总体国家安全观在国家安全内涵、构成要素、保障体系等方面提出一系列理论思想和重要论断，成为新时代中国特色社会主义国家安全体系的根本遵循和核心内容。在"总体国家安全观"指导下颁布实施的《中华人民共和国国家安全法》（以下简称《国家安全法》），明确将国家安全定义为："国家政权、主权、统一和领土完整、人民福祉、经济社会可持续发展和国家其他重大利益相对处于没有危险和不受内外威胁的状态，以及保障持续安全状态的能力。"这一国家安全的内涵界定，明确了国家安全的领域和指涉对象，表明了国家安全要实现的状态。总体国家安全观主张国家安全问题的"多维度"建构，在核心价值、构成要素、安全维度、维护策略上呈现出新时代国家安全理论的"整合"特征。GPA规制下中国政府采购安全集政治安全、经济安全和生态安全于一体，是国家安全体系的重要组成部分，政府采购安全维护必须以习近平总体国家安全观为遵循，同时，维护政府采购安全是实现国家安全的重要保障。

二、国际贸易中国家利益理论

国家利益是一国在国际贸易中自由化程度和保护维度的心里底线，一般商品市场如此，政府采购市场更是如此。正如19世纪英国的帕麦斯顿伯爵（Palmerston）所言，国家利益是一国参与国际贸易中责无旁贷的追求。

（一）贸易自由化理论中的国家利益观

自由贸易中的国家利益思想最早可以追溯到斯密（Adam Smith）的"绝对利益说"和李嘉图（Daivd Ricardo）的"比较利益说"，而第一次详细阐述了自由贸易的"普遍利益"的是约翰·斯图亚特·穆勒（John Stuart Mill）。穆勒分析了自由贸易能为国家带来的三种最重要的利益：直接利益、间接利益以及非经济收入利益，指出贸易对知识和道德的影响远比贸易的经济收益重要。[①] 20世纪80年代兴起的战略性贸易政策理论也包含一定的国家利益思想。该理论以"利润转移论"和"外部经济理论"为核心，强调为了提升本国产品的国际竞争力、实

[①] 约翰·穆勒著. 胡企林，朱泱译. 政治经济学原理及其在社会哲学上的若干应用 [M]. 北京：商务印书馆，1991：122-124.

现经济增长的战略目标，在适当的条件下，针对不完全竞争和规模经济的经济活动，任何国家都有理由制定受政府干预的贸易政策。由"产业内贸易理论"和"需求偏好理论"等新贸易理论发展而形成的当代国际贸易理论均对自由贸易之于国家利益的重要性及其相互关系做出了阐释。由此可见，自由贸易理论中的国家利益思想无不体现国家是自由贸易的"影子主体"，具有自己独立的利益需求，① 正如克鲁格曼和奥伯斯法尔德（Obstfeld）研究得出了"国际贸易涉及的是独立主权国家"的结论。因此，贸易自由化中不仅应坚持国家利益至上的原则，而且应坚持国际经济与国际政治的有机结合。因为在不同发展阶段，不同国家将从贸易自由化中得的利得不同，这导致各国在保护程度和自由维度上具有不同的心理底线，② 中国加入 GPA 长达 12 年的漫长谈判就是最好的佐证。

（二）国际贸易理论中的保护思想

以重商主义和重农主义为代表的古典贸易保护主义主张以贸易保护国内市场，寻求资本的国内留存，促进国内产业的发展，达到夯实资本主义经济基础的目的。新古典保护主义是以关税保护和幼稚工业保护为核心，其主张保护性国家利益观念至少体现在政治和经济两个方面。凯恩斯的超保护理论具有鲜明的时代性和国家主体性。新贸易保护主义的理论更加体现了国家的主权性，贸易保护主义政策开始向系统化的方向发展。从一个国家的角度出发，适当的贸易保护是民族主义的表现，是国家取得贸易利得的有效手段和现实工具。与"自由"一样，"保护"具有动态性和综合性，相对发达国家而言，发展中的国家产业薄弱、经济比较落后，需要适当的保护，尤其需要政府采购从需求侧进行保护和激励。

（三）政府采购贸易自由化理论

在纳入贸易自由规制之前，政府采购偏好本国供应商、歧视外国供应商，被认为是一种普遍存在的现象。③ 因此，政府采购自由化首先在理论上论证政府采购自由化优于歧视性政府采购措施。深受新自由主义理论影响，学者们运用贸易经济理论、贸易政治理论和政策市场理论对歧视性政府采购进行了全面的批判。

1. 政府采购贸易自由化理论

从贸易经济理论层面来看，歧视性采购不仅不能改变贸易结构，而且很难提

① 高伟凯. 贸易自由化的国家利益原则 [J]. 国际贸易，2007，(3)：41-46.

② 陈晨. 国际贸易理论中的"保护"与"自由"——基于国家利益视角的分析 [J]. 求索，2011，(9)：47-48.

③ Brülhart M., Trionfetti F. Public Expenditure, International Specialisation and Agglomeration [J]. European Economic Review, 2004, 48 (4)：851-881.

高本国的福利水平。① 这是因为歧视性采购政策的经济效应受国内市场结构、政府采购规模、企业竞争优势等因素共同制约，而政府并不能够有效甄别这些复杂因素。从贸易政治理论层面来看，歧视性采购政策被新自由主义学派认为是各种政治力量进行博弈之后的结果，与经济福利最大化无关。从贸易政策理论层面来看，由于政府缺乏必要的能力和意愿，很难通过采购行为在辅助经济、社会等领域达到所预期的政策目标。新自由学派认为解决歧视性政府采购诸多困境的根本出路在于精简政府采购的目标追求，将其首要目标回归"采购资金效用最大化"本位，并要求其他次要目标服从或服务于这一首要目标。

2. 政府采购贸易自由化理论缺陷

新自由主义学派从贸易经济、贸易政治和贸易政策层面对歧视性政府采购进行了全面的"围剿"，为 GPA 制定奠定了理论基础。政府采购贸易自由化理论有其积极合理性，但同时存在固有的缺陷。尽管贸易经济理论认识到歧视性政府采购在现实中运行的复杂性，但以"政府无力甄别适用条件"这一简单理由彻底否定歧视性政府采购存在的意义，这显然是一种有失偏颇的态度和做法。其实，大多数国家既不会全盘接受政府采购的政策功能，也不会一揽子否定它，而是会从本国国情出发来讨论和确定政府采购政策功能的具体适用条件。新自由主义学派仅仅局限于歧视性政府采购政策实施效果分析，并没有触及政府采购具有维护国家利益、社会利益及财政的本质属性（肖建华，2016）。

综合来看，贸易政治理论存在两个缺陷：第一，在现有的理论研究框架中对"国家"这一主体视而不见。由于研究并没有注意到国家可以独立于社会进行"自主性"的决策，而只是将其当作利益集团的竞争舞台，因此，无法对发展中国家的贸易政策在工业化进程中发挥的作用进行合理的解释。第二，贸易政治理论作为新古典政治经济学的重要组成部分，最终必然与新自由主义的市场化、自由化和全球化的逻辑保持一致。政府采购国际化必然受到本国利益掣肘，因此，国家是否加入 GPA 以及加入 GPA 的程度的决策不可能完全服从于经济学中的本国福利最大化和全球福利最大化的准则。不仅发达国家做不到这一点，而且发展中国家也没有义务履行这样的准则。就在政府采购被西方这一领域的学者们逐渐固化成由单一目标构成的封闭体系的时候，政府采购领域之外的学者却竞相将其作为促进科技创新等相关领域发展的政策工具展开研究，并取得了丰富成果。其中，埃德奎斯特和赫曼（Edquist & Hommen，1999）、考德威尔（Caldwell，

---

① Mcafee R. P., Mcmillan J. Government Procurement and International Trade [J]. Journal of International-al Economics，1989，26（3-4）：291-308.

2005）认为，政府采购是有助于提升供应商的创新意愿。为了应对全球经济危机，各国政府在采购政策中增加了本土偏见的使用，以避免其财政刺激计划的漏洞（OECD，2013）。

三、演化博弈理论

由于政府采购具有"国家属性"，与私人市场相比，政府采购具有一定的保密性和复杂性，其信息具有典型的不对称性。即使在政府采购市场开放的条件下，《政府采购协议》第16条第4款明确要求缔约方向政府采购委员会提交与采购有关的资料，但事实上，只有加拿大、欧盟、日本、挪威、美国等国自乌拉圭回合以来定期提交这些数据。在信息不完全的情况下，中国政府加入GPA很难做到完全理性决策，只能在不断试错和学习中有限理性决策，最终选择满意的选择，政府采购自由化有限理性决策的过程实际上是一个演化博弈的演化过程。史密斯和普莱斯（Smith & Pric）于1973年发表在《自然》（Nature）上的"动物冲突的逻辑"[1]一文中开创性的将博弈理论引入演化生物学中，这篇文章奠定了演化博弈理论基础。史密斯在1982年出版的经典著作《演化与博弈论》中，对演化博弈进行了系统化的阐述，该研究率先突破完全理性的假设，研究群体的惯性、近视眼等有限理性行为。随后，肖特（Andrew Schotter）、萨格登（Robert Sugden）、宾默尔（Ken Binmore）等博弈论经济学家将演化博弈思想运用到经济分析过程。尤其在20世纪90年代后，演化博弈的研究范畴拓展到制度变迁、社会规范与习俗等问题。该类研究从演化视角出发，基于有限理性假设，为进化过程中的竞争性行为和选择问题提供了新的理论视角。与传统经典博弈论一样，演化博弈模型包含有参与者、策略以及收益等几个基本要素，每种策略对应相关的适应度函数。其中，参与者只会基于自身收益最大化做出行为，即属于有限理性行为，使得行为策略呈现出不同比例的分布。由于这些分布在动态模仿过程中又是动态变化的，因此，可以按照参与者的理性水平差异来划分不同的动态演化过程。最后根据不同比例分布的动态演化方程分析博弈演化过程的稳定性。

四、政府干预经济理论

市场不是万能的，市场机制内在的缺陷，发展中国家不健全的市场体系，以及加快发展的愿望，构成了政府干预经济的理由。

---

[1]　Smith J. M., Price G R. The Logic of Animal Conflict [J]. Nature, 1973, 246 (5427): 15 – 18.

（一）市场失灵理论

市场失灵是市场经济的一种客观存在，狭义的市场失灵是指市场运行的结果未能满足帕累托最优状态，造成效率损失的状况；广义的市场失灵除包括狭义的市场失灵外，还包括市场机制在解决收入分配等社会分配问题时的无能为力。本书所指的市场失灵是广义的概念。导致市场失灵的根源主要有以下几个方面：

1. 公共物品

公共产品是相对私人物品而言的，具有非排他性和非竞争性。所谓非竞争性指一个人对产品的消费并不妨碍其他任何人对的它消费，即增加一个消费者的边际成本为零。所谓非排他性是指增加一个人消费某种公共物品并不会减少其他人对该产品消费的数量和质量，而要排除某个人的消费在技术上不可能或成本太高。显然，出于自身利益的考虑，人人都希望由别人提供公共物品自己来免费使用，公共市场常常出现"免费搭车者"，"免费搭车者"的存在使得市场很难或者不可能提供公共产品，公共产品的有效提供必须由政府干预。因此，出于维护公众利益的考虑，政府通常向生产者"购买"公共产品来确保供给。

2. 外部性

外部性是经济主体对其经济行为产生的不反映在市场价格中的间接影响，主要表现为私人边际成本（收益）与社会边际成本（收益）不相等，包括正外部性和负外部性两类，前者社会边际成本小于私人边际成本，或者社会边际收益大于私人边际收益的差额。后者指社会边际成本大于私人边际成本，或者社会边际收益小于私人边际收益的差额。政府采购资金来源的公共属性决定了政府采购不仅是一种财政支出手段，更是国家对市场经济进行干预的重要政策工具。在政府采购活动中，私人边际成本是指采购人采购标的所花费的货币资本的金额，而社会边际成本则是从国家利益角度出发，指政府采购追求政策目标过程中所耗费的"政策成本"，包括维护国家安全的成本等。因此，政府采购必须从国家利益的角度进行"收益—成本"分析，将外部性内部化。

3. 垄断

无论是人为垄断力量还是经济活动中存在规模报酬递增，市场会自然导致垄断。从静态角度看，垄断条件下的市场是无效率的，因为垄断厂商按照利润最大化原则制定生产决策，这将使垄断产量少于该行业在完全竞争状态下的总产量，而垄断价格高于完全竞争的价格，从而使消费者的福利受到损害。从动态角度看，由于缺乏竞争，垄断企业缺乏创新的内在动力，显然不利于经济的发展。[①]

---

① 齐良书. 发展经济学 [M]. 北京：高等教育出版社，2007：255.

在政府采购市场即将开放的背景下，一方面，中国跨国经营的企业较少，事实上进入国外政府采购市场的份额很少；另一方面，中国企业主要处于价值链的低端，价值链高端几乎被欧美日等发达国家或地区垄断，2018 年"中兴事件"就暴露出中国价值链安全问题，同时也反映出在开放条件下短期内中国政府采购高端市场由欧美等发达国家把控。

4. 信息不对称

信息不对称是指交易各方拥有的信息不同。信息不对称会导致逆向选择和道德风险。所谓逆向选择是指由于交易一方无法观测而使其得以在交易之前隐瞒成本的情况。在政府采购市场开放条件下，缺乏对国外供应商信息的全面准备了解，政府采购中常常存在信息安全威胁，这些安全问题甚至威胁到国家的安全战略。

近十年来，美国常常以国家安全为由，对中国企业进入其政府采购市场进行干预，排斥中国多家知名企业（尤其是电信企业）参与美国政府采购市场。例如，2006 年联想"安全门"事件、2010 年美国第三大移动运营商斯普林特 Nextel 公司（Sprint Nextel）禁止中兴通讯和华为参与竞标事件等。所谓道德风险，是指由于交易一方的行为无法观测而其得以在签订合同之后向另一方转嫁成本的情况。

5. 分配不公

公共产品、外部性、垄断和信息不对称仅仅是分析市场失灵效率损失的一个方面。即使市场能实现有效配置，它仍然有可能"失灵"，因为效率和公平往往不会同时发生，而"公平"的分配有时候比"效率"更能满足人民的需要，相应增加社会福利。公平和效率是评判资源是否合理、资源配置状况好坏的重要标准，而市场本身无法自动实现经济公平是毋庸置疑的，这为政府干预提供了合适的理由。在公共政策实践中，政府采购在追求"物有所值"经济效益目标的同时，还应承担更多的社会责任。

（二）市场不完善

市场失灵理论表明市场本身的局限，是政府干预一切市场经济的理论依据。但发展中国家和发达国家的情况还存在差异，除了市场失灵理论外，发展中国家干预经济更重要的原因是市场不完善。

一方面，市场体制不健全。市场体系由产品市场和要素市场组成，其中要素市场又包括了资本、技术、劳动力、土地和信息市场。这些各种各样的市场基于一定秩序和规制构成有机整体，形成一个健全的市场体系。相对发达国家而言，中国政府采购市场起步较晚，政府采购市场种类不全，各类市场发育程度参差不齐;政府采购规模小,尚未形成一整套严密的政府采购组织管理机构;国内立法滞后,且与国家规制还存在一定的差距;信息渠道不畅通,且对 GPA 缔约方的情况掌握不够,加大了评估加入 GPA 的实际效果的难度;国际化综合型政府采购人才缺乏,据预测,中国专业采购人才未来 3 ~ 5 年需求量约为 100 万 ~ 150 万人,政府采购师成为全国 12 种紧缺人才之一。另一方面,市场分割严重。资源有效配置的前提是在统一的市场内进行充分竞争,而在发展中国家普遍存在因市场分割而导致的经济分割现象。目前,中国的政府采购市场行业分割和地区保护还比较严重。

(三) 企业型国家理论

市场失灵理论提供的只是一种有关市场与政府关系的静态理论,但在实际的经济发展过程中,由于技术创新特别是重大的技术革命才是经济发展的根本驱动力,而静态的市场失灵理论无法处理这种动态的力量。国家的本来面目并非简单地修补市场失灵,而是新市场的一个强有力的创造者。在对西方经济学的市场失灵理论进行批判性分析的基础上,马祖卡托 (Mariana Mazzucato) 从西方政治经济学的研究传统出发,针对产业政策或国家在经济发展中如何发挥作用的问题,提出了一种新的研究纲领:首先,国家可以在生产和创新中发挥企业家、风险承担者和市场创造者的"企业家型国家"的重要作用。其次,国家可以像投资人那样,通过下注于多样化的"投资组合"挑选赢家。最后,通过新的制度改革解决技术创新中"风险社会化而收益私人化"的机制失调问题,探索一种替代新自由主义的社会积累体制。美国企业家型国家的实践说明,政府具有比修补市场失灵更重要的作用,这就是其企业家职能:政府在生产性投资和创新活动中可以作为创新活动不确定性和风险的承担者,塑造和创造新的市场,引领私人企业的创新浪潮。政府的生产性投资和创新活动往往肩负着重大的使命,这被称作是"任务导向型"的投资和创新活动。[①] 企业型国家理论为政府采购扶持技术创新等政策功能提供了理论依据,即使在开放的条件下,一国仍然有发挥其职能的权利,需要在国家主权的让渡和开放所获得的收益之间进行权衡。

(四) 促进经济发展

对发展中国家而言,促进经济发展是其干预经济的另一个重要理由。分配均等和经济增长是经济发展的两个基本内容,发展经济学家认为市场机制在这两方面存在致命的缺陷。经济增长是一个动态的过程。市场具有公认的静态效率,也就是说在一定的资源条件下配置生产和消费,市场机制是有效的。然而动态效率

---

① 贾根良. 戳穿美国自由市场经济的神话 [N]. 企业家日报, 2018 - 11 - 19 (A02).

就不同了，经济的平稳增长需要总需求和总供给保持平衡。罗森斯坦 – 罗丹（Paul Rosenstein-Rodan）论证说，新古典主义主张的自由放任经济不可能保证总需求和总供给的平衡，这个目标只能靠精心设计的经济政策去完成。

根据凯恩斯宏观经济理论，政府采购对经济增长的影响是通过"乘数效应"传导。政府采购的"乘数效应"值即为：

$$K_G = \lim_{\Delta G \to 0} \frac{\Delta Y}{\Delta G} = \frac{1}{1 - b(1 - t)} \tag{1-1}$$

其中，政府采购变化量，国民收入变化量 b，表示居民的边际消费倾向，t 表示征收的按固定比率税率。由于 $0 < b < 1$，$0 < t < 1$，因此，政府采购的"乘数效应"值大于 1，这意味着在一个封闭的经济环境中，在其他因素不变的条件下，政府采购总量变化 1 个单位，均衡的国民收入变化 $\frac{1}{1 - b(1 - t)}$ 单位。凯恩斯的宏观经济的乘数效应反映了政府采购对国民经济的拉动作用，而这一拉动作用仅限于政府采购支出购买本国供应商的情形，购买外国供应商的政府采购支出不会产生乘数效应。

基于市场本身的缺陷"市场失灵"、国家的创造性属性、发展中国家与发达国家的差异以及发展中国家对发展的诉求，发展中国家干预经济是非常必要的。作为一个强调市场准入机会均等和竞争优先的制度体系，GPA 显然是不利于发展中国家的，因为后者虽然具有强烈的经济发展诉求，但是市场体系不健全，并且产业竞争力薄弱。仅仅强调市场准入机会，忽略公共治理、技术援助和合作学习的开放机制，还不足以吸引发展中国家摒弃政府采购的政策功能、开放本国采购市场的理由。中国作为最大的发展中国家，需要在开放中寻求保护，在保护中追求更高水平的开放。政府采购在全球范围内追求经济效率目标的同时，还需要体现政府采购的"国家利益"属性和"财政本质"属性，发挥政府采购的政策功能。例如，政府采购节能环保产品、支持技术创新产品体现了政府采购行为的正外部性；政府采购通过规范采购程序、实行"阳光采购"和电子化采购等方式规避政府采购活动中腐败和寻租行为是纠正政府采购负外部性的典型做法；解决残疾人就业、扶持妇女企业，协调区域平衡发展等均体现了政府购买社会公平的职责。这些政策功能的实现正是政府干预经济的主要体现，符合发展中国家发展的现实需要，既是政府履行经济职能的职责所在，也是凯恩斯学派的理论核心。

五、竞争优势理论

（一）国家竞争优势理论

迈克尔·波特认为，一国经济由不同的产业构成，国家的竞争优势确切地说是国家在某些产业上的竞争优势，而特定产业的竞争优势主要由六大要素决定，分别是生产要素、企业战略结构和同业竞争、需求条件、相关和支持性产业、政府以及机会，它们之间的复杂互动关系构成了经典的产业国际竞争力钻石模型。[①] 本书根据政府采购自由化特征事实，在此模型中增加了国际规制要素，形成了如图 1－1 所示的新国家竞争力钻石模型。

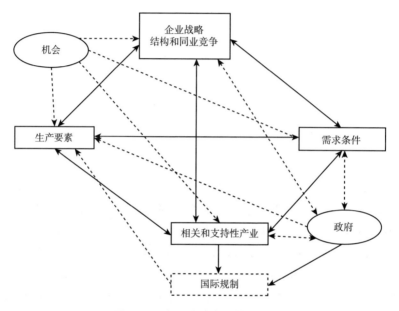

图 1－1　新国家竞争力钻石模型

迈克尔·波特强调政府才是企业最基本的竞争优势，这是因为政府不仅能够影响企业的竞争战略，并且还能够作为创造和延续生产、发展技术的核心，帮助企业培育并保持竞争优势。在 GPA 规制下，中国一方面以积极开放的姿态融入政府采购自由化的浪潮，另一方面还需要综合考虑中国政府采购制度、市场以及中国作为发展中国家的发展特征，充分发挥政府采购的产业政策目标。政府采购的竞争优势不仅表现在产业竞争优势上，而且表现在制度竞争优势和综合国力竞争优势上。根据新的国家竞争力钻石模型，从政府对四大要素的影响来看，政府的作用主要体现在以下几个方面。

（1）提供公共产品和合理配置生产要素。政府通过政府采购、政府与社会资本合作（public-private partnership，PPP）、政府购买服务等方式为社会提供基础设施、教育、社会保障等公共产品，引导生产要素流向重点发展的产业，为产

---

① 迈克尔·波特著. 李明轩，邱如美译. 国家竞争优势 [M]. 北京：中信出版社，2012：114.

业发展提供基本条件和保障。

（2）推动和引领市场需求。政府采购作为连接需求侧和供给侧的纽带，对市场条件产生重要影响，一方面，政府通过制定严格的产品质量标准、节能环保标准、技术创新标准，实现与国际标准接轨，甚至超越国际标准，实现引领国内外政府采购市场需求。另一方面，政府本身就是国内市场最大的客户，对市场需求发展具有一定的推动力。

（3）维护和营造良好的产业发展环境。第一，政府为产业发展营造良好的营商环境，制定竞争规制，保证国内政府采购市场处于有序竞争状态，打破行政区域垄断，避免托拉斯状态；第二，通过对中小企业、幼稚产业的扶持，为产业发展释放空间。尤其是政府采购能为高技术产业或者原创性技术提供试错的机会和市场试验场地，降低了中国产业进入高端价值链的风险。国际产业竞争力的强弱是衡量中国进入 GPA 成员方市场的核心指标，也是中国加入 GPA 后效应的综合体现。

（4）参与国际规制谈判和完善国内政府采购制度。加入 GPA 谈判的实质就是国内政府采购制度与国际规制契合的过程，这需要政府不断完善政府采购制度，缩小与国际规制的差距，避免中国政府采购制度与 GPA 规制的冲突。与此同时，中国作为最大的发展中国家，有责任和义务在国际政府采购规制中，反映发展中国家的利益诉求，确定发展中国家发展的标准，为在 GPA 规制下实施政府采购促进产业发展的政策功能留出空间。

（二）高端价值链创造优势理论

技术赶超理论原本是产业政策制定的基础，不过，由于经济的结构性变化呈现出非连续性质变，后发国家是无法仅仅按照比较优势制定产业政策就可以实现赶超的。相反，后发国家只有前瞻性、创造性介入并占领位于价值链高端位置领域的产业，才可能获得竞争优势，并摆脱对价值链低端产业的依附。这正是新李斯特主义经济学中创造优势观的核心逻辑。

产业政策的选择必须依据长时期的系统性价值来确定，而不是某一时点上是否"划得来"的经济学分析。由于在"新国际分工"中，全球价值链在国与国之间进行分解，发展中国家往往只能处于低附加值、进入壁垒低、缺少创新的价值链低端环节。新李斯特主义主张欠发达国家的经济发展新战略应该调整为从价值链高端进行追赶和蛙跳，包括在进口低端产品的同时，出口高端产品，并采取措施保护所有产业的价值链高端。[1]

---

[1] 贾根良. 新李斯特主义经济学在中国 [M]. 北京：中国人民大学出版社，2015：128.

基于新李斯特主义的产业政策强调切入价值链高端，寻求跨越式创新突破的同时，必须保护好高端。不仅要努力将高端产业的知识外溢效应、技术外溢效应尽可能保留在国内，而且必须要做到高端技术实现自主、自有。这种基于竞争优势创造观形成的发展高端产业政策成为现实中后发国家成功实现赶超的关键秘诀。其实，新李斯特主义的高端保护不仅仅表现为诸如高强度研发投入、关税保护、国内采购等形式的创新和产品扶持，还应当包含对外国直接投资高端领域的抵制。政府采购作为扶持技术创新的一项重要政策工具，不仅能承担创新产品的研发风险，而且能为其留出市场实验根据地，同时为其开拓市场起到示范和引导作用。

（三）歧视性政府采购有效论

1. 歧视性政府采购的影响因素

民族保护主义和贸易保护主义认为，政府采购资金来源的公共属性决定了政府采购资金应该流入本国供应商，不能支付给外国供应商。除了考虑商品和服务的成本和质量，对国内供应商的偏好可能由一系列采购特定和国内政策因素驱动。其中包括正在采购的货物或服务的性质、采购合同的价值、国内竞争的程度、投标的实际考虑、合规成本、监管负担、国内政策环境、国家采购规制及政府目标职能属性等，具体见表1-5。

表1-5　　　　　　　　　　歧视性政府采购的影响因素

影响因素	代表人物	"本土偏好"的主要学术观点
货物或服务的性质	希尔贝利和胡梅尔（Hillberry & Hummels, 2002）	专业化程度低、生产结构以中间投入为主、在国内市场容易购买的商品和服务倾向于"本土偏好"
采购合同的价值	埃文内特和霍克曼（Evenett & Hoekman, 2004）	合同价值，尤其是货物采购合同不足以对外国供应商具有经济吸引力，也不足以保证进行全球招标
国内竞争的程度	罗滕伯格（Rothenberg, 1993）；布列塔尼和萨蒙（Breton & Salmon, 1996）	竞争激烈的国内市场确保了供应商的可用性和通过竞争将成本最小化，然而，在某些情况下，政府可能需要限制竞争以确保合同履行
投标的实际考虑	埃文内特和霍克曼（Evenett & Hoekman, 2004）	投标文件是否需要翻译以及是否有足够的时间对投标书作出反应，这些因素将影响外国公司的成本和他们的参与决策
合规成本	瓦基亚马和昆本（Wakiyama & Kunimoto, 1996）；布列塔尼和萨蒙（Breton & Salmon, 1996）	采购成本可能需要限制潜在供应商的数量；信息不对称也可能促使采购实体选择国内供应商，以降低监测成本；搜索成本和交易成本中的信任因素都不利于外国供应商

续表

影响因素	代表人物	"本土偏好"的主要学术观点
监管负担	霍拉纳和辛加尔（Khorana & Shingal，2008）	烦琐的监管要求可以阻止外国公司参与竞标，与国内企业相比，外国企业也可能面临更严格的质量要求
国内政策环境	埃文内特和霍克曼（Evenett & Hoekman，2004）	进口国的采购和价格优惠以及产品预留对外国供应商构成系统的歧视
肩负其他政策目标	布兰科（Branco，1994）；埃文内特（Evenett，2009）	总需求管理的工具，以刺激经济中的凯恩斯乘数效应，在经济衰退期间，在国内消费的倾向更为明显；外国公司的利润不进入政府的目标职能范围，政府最好选择国内供应商
政治经济强制决定因素	格罗斯曼和埃尔普曼（Grossman & Helpman，1994）；戈尔德曼等（Goldman et al.，2013）	政府在选举前增加开支，政府在选举周期内更有可能与国内公司签订合同，以提高连任的机会
国际采购规制	玛图（Matte，1996）	通过对透明度的规定，提高竞争度，消除对国外供应商的偏见

资料来源：笔者根据相关文献自行编制。

2. 歧视性政府采购有效论的主要观点

米歇尔（Michele，2002）认为歧视性政府采购是有效的。首先，它是有效的贸易保护工具。当国内的产品与国外同质时，如果国内供应商所能够享受的优惠价格额度又足以弥补国内产品与进口产品的价格差距，那么歧视性政府采购就是有效的贸易保护方法，可以大量减少进口。特里翁费蒂（Trionfetti，2000）研究表明，歧视性采购可以减少贸易流量并影响国际专业化，尤其是在公共需求相对于国内产出较大且具有垄断竞争和规模回报递增的部门更为明显。其次，它可以促进组织的集中化。特里翁费蒂（2001）还认为，歧视性政府采购政策在市场处于一体化强趋势时特别有利于促进组织的集中化，效果非常好。当一国的产业集中化程度不高时，正好可以利用歧视性政府采购政策来增强。布鲁哈特和特里翁费蒂（Brülhart & Federico，2004）的实证研究也证明歧视性政府采购政策可以促进本国生产的专业化和组织的集中化水平。最后，它能够降低采购成本。一方面，可以通过供应商之间的有序竞争来降低政府采购成本；另一方面，可以避免过度竞争造成的采购效率损失。在政府采购中，供应商的数量与垄断租金呈反比，这样就会存在一个最优的供应商数量。当供应商数量超出了最优值时，可以利用歧视性采购政策来调整供应商数量，从而控制政府采购超额成本，提高政府采购效率。综上所述，歧视性政府采购是一种有效的政策工具。

第三节　政府采购安全的构成及评价指标体系

一、政府采购安全构成的理论阐释

政府采购与普通购买行为存在较大差异，不能用普通购买行为的安全诉求来界定政府采购安全的具体内容。遗憾的是，现有关于政府采购安全的研究，除了特别指出要保障信息安全、避免在采购过程中泄露国家安全信息外，大多都是基于购买行为的构成要素将政府采购安全细分为政府采购行为安全、标的安全、资金安全等，认为政府采购安全就是要实现购买主体的经济效益和国家安全信息得到保障、不受威胁。[①] 从一般采购的经济属性来讨论政府采购安全问题，未能注意到政府采购的公共属性，是不够充分和完整的。政府采购安全的本质是对政府采购相关主体利益的维护，而相关利益诉求又体现在多个方面，受多种因素的影响，这种相关利益的多维诉求属性决定了政府采购安全必须是一个涵盖多维目标的体系结构。在综合归纳现有研究的基础上，将政府采购安全进一步细分为政府采购制度安全、政府采购市场安全和政府采购功能安全，夯实相关研究的理论基础。

（一）政府采购制度安全的理论阐述

加入 GPA 是中国加入 WTO 的承诺，中国加入 GPA 谈判已取得实质性进展。GPA 第 22 条第 3 款要求缔约方对 GPA 的任何条款不得提出保留，这意味着 GPA 缔约方有义务使国内的法律法规与 GPA 达成一致。根据这一规定，中国的政府采购制度必须与 GPA 规制有效衔接。然而，每个国家历史、文化和发展阶段的差异性决定了制度的形成具有独一无二性。政府采购制度作为适应国家国内环境和经济社会发展阶段的产物，自然也不例外。出于国内政治经济的考虑，中国政府采购制度设计主要目的是规范政府采购体系，构建和完善国内政府采购市场，未能前瞻性地注意到与 GPA 接轨问题，导致政府采购价值取向、基本原则、采购主体、采购对象、采购方式、采购程序、采购限额、供应商资格审查和救济制度等方面，与 GPA 规制还存在很大的不适应，甚至是冲突（刘军民，2013；潘高峰、陈露，2014；章辉，2014；赵勇和史丁莎，2014；胡梅和程亚萍，2015；李亚亚和吕汉阳，2018）。

一方面，长期未能出台科学的国货认定标准或专门的立法（丁芳，2012），

---

① 马海涛，姜爱华. 我国政府采购制度研究［M］. 北京：北京大学出版社，2007：8－21.

立法经验不足、法条前瞻性和包容性缺失一直是制约中国政府采购市场规范化、国际化发展的主要因素（陈向阳和谢争艳，2016）；另一方面，国内现有法律之间相互冲突、缺乏协调性也是重要影响因素。像《中华人民共和国招标投标法》与同样是用于规范中国政府采购行为的同位阶法——《政府采购法》，在采购对象、监管主体、适用条件等诸多方面的规定不尽相同，尤其是在工程采购、国有企业采购领域特别突出（李亚亚和吕汉阳，2018）。

政府采购制度安全则正是源于国际和国内两方面的制约因素而提出。中国政府采购制度自身的缺陷和不足，以及与 GPA 的差异和冲突，将会直接导致中国政府采购制度在 GPA 框架下的可操作性不强、政府采购政策的自由裁量权受限制、政府采购领域贸易摩擦升级等问题出现，最终影响政府采购相关利益人的利益实现，甚至损害国家利益。安全的本质在于持续的利益不受损状态。在实践过程中，政府采购制度设计之初衷、既定之目标，由于受到内外部环境因素的作用，并不一定能够保证稳妥、有效地达成，期待通过制度保障或实现的利益会受到挑战，安全问题应运而生。基于此，本书探索性地提出了政府采购制度安全概念，并尝试性地把政府采购制度安全界定为：在政府采购市场开放的条件下，政府采购主体在实施政府采购的过程中，能避免中国政府采购制度与国际政府采购规制的冲突，保持政府采购制度国际化有效运行的一种客观状态，以达到最大限度维护政府采购相关利益主体的利益不受损目的。

（二）政府采购市场安全的理论阐述

为了确保外国公司有权投标采购合同，避免歧视性采购，市场准入是国际贸易协定有关政府采购谈判的主要目标（Hoekman，2015），这种市场准入机会又取决于各缔约方在协议规定的框架内所做出的承诺，这势必要求 GPA 在充分尊重缔约方主权的基础上，全面考量缔约方政府采购及其市场发育程度的差异（肖北庚，2008）。然而，GPA 是由发达国家倡导和制定的，从诞生之日起就被打上了发达国家利益的烙印。虽然后来几经修订，在 GPA 修订本中适当增加了发展中国家发展条款，但实际上并未完全消除这一印迹。因为这些条款的具体内容都是通过谈判达成的，发展中国家无论是谈判技巧，还是对 GPA 文本的深层次把握往往都处于弱势地位，是很难在谈判桌上获得对等权利的，即使在谈判中出价清单名义上实现了对等，但由于发展中国家与发达国家在产业竞争力上的悬殊，很难实现实际上的对等开放。这样势必会导致发展中国家政府采购市场处于不公平竞争中（Arrowsmith，2003）。经过这么多年的谈判和努力，GPA 成员中发展中国家依然寥寥可数，正好为这一判断提供了现实依据。

其实，一个国家参与政府采购国际贸易竞争的起点和把握市场准入机会的能力取决于其政府采购市场发育程度，后者集中体现了该国各大产业尤其是与政府采购密切相关产业的竞争力，从而又进一步决定了政府采购市场开放程度（刘建琼，2012）。加入 GPA 后，在开放市场环境下，产业的政府采购依赖度和产业自身竞争力的差异化将影响到产业发展和市场准入机会（袁红英，2017）。陈和沃利（Chen & Whalley，2011）实证研究表明，在 GPA 框架下，两相比较的话，政府采购对产业增长的影响更大，产业竞争力则对产业出口量的影响更大，来自国外的冲击随着产业对政府采购依赖程度的提高而提高。这是因为竞争力强的产业即便政府采购依赖度较高，在加入 GPA 后也可以通过扩大出口量和拓展国际市场，在一定程度上抵消所受到的冲击。从产业发展角度看，应暂缓开放对政府采购依赖程度高的产业，除非这些产业竞争力足够强；从产业出口角度看，竞争力较低的产业在加入 GPA 后既不利于产业出口量增加，又不利于市场的拓展，如果政府采购依赖度高，那么所遭受到的冲击则更甚。

作为发展中国家，与高新技术产业发达的 GPA 缔约方相比，中国劳动力密集型产业具有绝对的优势，但是以信息产业、教育装备产业、航空航天产业和科技创新等产业为代表的资本密集型和技术密集型产业则显示出较弱的竞争优势（韩常青和蔡坚，2010；姜爱华，2012），众多处于弱势地位的民族企业在加入 GPA 后将受到极大冲击。中国具有比较优势的劳动密集型产品采购规模相对较少，而 GPA 缔约方又可以凭借其技术上的优势，迅速占领中国政府采购的高科技产品市场。服务业被认为是发展中国家经济最重要的组成部分之一，可是，加入 GPA 并不能解决限制自然人流动这一制约发展中国家服务出口的"瓶颈"问题（Ssennoga，2006）。可以预见，在政府采购国际化的情况下，发展中国家服务出口的严重阻碍会依然存在。GPA 是禁止适用抵偿贸易的，在国际政府采购市场这块"蛋糕"中，中国不仅很难分享 GPA 缔约方的市场份额，还可能会失去部分国内政府采购市场，面临贸易失衡的风险（陈向阳，2013；李慰，2014）。

此外，政府采购行为中还会涉及大量政府行为信息甚至国防安全信息，与国家安全息息相关。在 GPA 框架下，政府采购透明化要求更高、信息公开也更严格，必须高度重视解决好涉及国家安全信息的管理问题，尤其是需要不断强化国防、军事等与国家安全紧密相关的政府采购项目信息的保密工作。因此，政府采购信息安全也是政府采购市场安全体系中不可或缺的一部分。

综上所述，基于 GPA 驱动目标、政府采购信息特征以及政府采购市场准入机会与政府采购市场发育程度的内在逻辑关系，并结合中国政府采购市场发育程度客观状况，本书提出了政府采购市场安全的概念，尝试把政府采购市场安全界定为在政府采购开放的条件下，政府采购主体能分享各缔约方的政府采购市场份额，实现真正意义上的对等开放，避免政府采购市场贸易失衡，以及涉及国家安全的信息外泄，保持政府采购国际国内市场有效运行的一种客观状态。政府采购市场安全是政府采购安全的重要组成部分。

（三）政府采购功能安全的理论阐述

1. 政府采购功能体系

政府采购占 GDP 比重高达 20%（Gourdon & Messent，2017），哈兰德（Harland，2013）、奈特等（Knight et al.，2007）认为政府采购对一国经济具有举足轻重的影响，它已成为政府政策实施的一个重要杠杆，可以支持和推动更广泛政府政策目标的实现。政府采购不能等同于政府购买，政府购买的主要目的在于推动政府运转，是政府采购必不可少的载体。政府采购是在此基础上通过立法来体现国家政治意志和实现执政目标，是政府资源分配中的关键机制（王谦、上官鸣，2018）。政府采购具有市场、社会和国家三重属性。无论是发达国家还是发展中国家，政府采购最初基于规范政府采购行为、节约财政资金、提高效率、反腐倡廉的基本属性；随着政府采购规模的扩大，政府采购的社会属性日益彰显，体现社会公平是政府采购最大的社会属性，包括维护公平的竞争环境、支持弱势群体、促进社会就业、推进社会信用体系等；随着政府采购逐步深入，保护本国产品、鼓励自主创新、应对突发公共事件、维护国家安全等体现国家利益和国家意志的政府采购国家属性提升到重要的位置。政府采购三重属性决定了政府采购功能维度，依据政府采购的市场属性、社会属性和国家属性，本书将政府采购功能界定为政府采购资源配置效率功能、购买社会公平功能和维护国家安全功能，形成了如图 1-2 所示的政府采购功能体系。

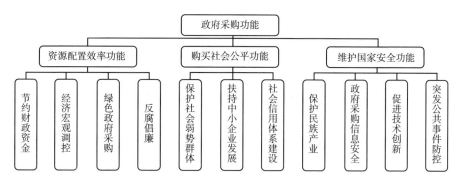

图 1-2 政府采购的功能体系

政府采购的资源配置效率功能是指一国在利用政府采购进行资源配置，调节经济总量和经济结构①、协调区域发展和可持续发展、节约财政资金和反腐倡廉，从而达到促进经济发展、保护民族产业和维护国家经济安全的目标。政府采购的资源配置效率功能是经济宏观调控在财政支出领域的重要体现。不过，政府采购的财政资金属性决定了政府采购在追求资源配置效率的同时，还需要考虑社会公平问题。现代社会赋予了政府采购许多政策职能。政府采购的购买社会公平功能是指政府采购制定货物、服务和工程采购政策时，发挥其保护弱势群体②、防止种族歧视和性别歧视③、引导企业树立社会责任意识等一系列功能，政府采购购买社会功能体现了社会公平与正义④。维护国家安全是一国生存和发展的基础，是一个国家重要的国家职能之一。国家职能与财政职能有着密切的联系，财政职能是体现国家职能的一个重要手段。政府采购作为财政职能的重要组成部分，在具体财政功能方面承担维护国家安全的重担。政府采购维护国家安全功能是指通过政府采购政策安排，积极引导政府采购活动，实现维护国家主权和国家利益的目的。具体包括政府采购刺激技术创新⑤、扶持民族产业发展、参与国际政府采购规制制定，争取话语权。大多数国家无论经济是否发达、是否加入了GPA，出于维护国家利益的目的，往往会采取国内法律、行政规章和实践做法倾向性地保护本国或本地商品和服务，对参与竞争政府合同的外国供应商进行歧视或设置不利因素。政府采购往往成为国际贸易中最常用的非关税壁垒，也是维护国家利益最常用的手段。

2. GPA 框架下政府采购功能受限

每个国家都有不同的经济政治目标。如前所述，政府采购则是实现国家社会经济政策目标的重要工具之一，如环境保护、小企业保护等，中国作为发展中国家亦然。在中国的《政府采购法》中，特别体现了政府采购扶持欠发达地区、支持环境保护和促进中小企业发展等政策意图。然而，加入 GPA 后，原有的政府采购自由裁量权将会被严格限制，导致赋予的功能目标受到挑战。这是因为：

第一，发展中国家对政府采购促进经济社会发展的强烈诉求并没有引起发达

---

① Vecchiato R, Roveda C. Foresight for public procurement and regional innovation policy: The case of Lombardy [J]. Research Policy, 2014, 43: 438 – 450.

② Erridge A. Public procurement, public value and the Northern Ireland unemployment pilot project [J]. Public Administration, 2007, 85: 1023 – 1043.

③ Mccrudden C. Using public procurement to achieve social outcomes [J]. Natural Resources Forum, 2010, 28 (4): 257 – 267.

④ Umakrishnan Kollamparambil. The Amended Government Procurement Agreement: Challenges And Opportunities For South Africa [J]. Law Democracy & Development, 2014, 18: 202 – 223.

⑤ Budak J., Rajh E. The Public Procurement System: A Business Sector Perspective [J]. Working Papers, 2014.

国家关注。[①] 以欧美为代表的发达国家倡导制定的 GPA，遵循非歧视性原则和国民待遇原则，它们与政府采购的政策性功能相悖，使得 GPA 身份确凿地降低了国家实施政府采购政策性功能的能力。第二，GPA 显著地削弱了政府采购政策性功能的效力。这一方面缘于 GPA 成员方直接投资壁垒比较低，另一方面缘于贸易协定中包括投资贸易协定条款。比如，中国在 2019 年初颁布实施的《中华人民共和国外商投资法》（以下简称《外商投资法》）就大大降低了外商进入中国政府采购市场的门槛，明显压缩了政府采购的政策性功能施展空间。第三，发展中国家缺乏执行 GPA 所要求的建立体制环境、提供可靠的统计数据、满足透明度要求等技术资源。

毫无疑问，加入 GPA 将使得政府采购诸多功能的实现变得更加困难。其实，早在 2011 年中国政府被迫取消政府采购促进自主创新的相关文件，就暴露出政府采购功能从 GPA 谈判开始就会遭受到实实在在的冲击和威胁。因此，发展中国家不愿放弃利用政府采购推动工业发展的权利，而一直徘徊在 GPA 的大门之外（Arrowsmith，1998；赵勇和史丁莎，2014）。

3. 政府采购功能安全概念的提出

全球金融危机以来，一些国家尤其是发展中国家纷纷将政府采购政策作为刺激措施的有机组成部分，纳入旨在减轻全球经济危机影响的一揽子计划，政府采购长期作为促进经济社会发展工具的重要地位进一步显现。然而，在 GPA 框架下，政府采购功能的实施环境将会变得复杂，各项功能的实现难度会受到种种限制，特别是促进技术创新等核心政策功能会面临安全冲击，必须引起重视。政府采购功能安全就是强调在政府采购开放的条件下，政府采购主体在实施政府采购活动中，维持政府采购政策功能目标能得以有效实现的一种客观状态。

二、政府采购安全的实现路径

基于政府采购相关利益的多维诉求，本书将政府采购安全细分为政府采购制度安全、政府采购市场安全和政府采购功能安全，并构建得出了实现路径（如图 1-3 所示）。政府采购安全体系是一个有机的整体，三种安全既有相互影响的一面，又有相互独立的一面。首先，政府采购制度安全是政府采购市场安全和功能安全的前提和基础。加入 GPA，最直接的体现是中国政府采购制度与 GPA 协调问题，由于政府采购制度自身的不完善，并且与 GPA 存在较大的差异和冲突，

---

① Deases A J. Developing Countries：Increasing Transparency And Other Methods Of Eliminating Corruption In The Public Procurement Process [J]. Public Contract Law Journal，2005，34（3）：553 – 572.

必然带来政府采购活动规制遵从的困境，影响政府采购效率（章辉，2014），造成政府采购制度面临安全冲击。与此同时，还可能导致政府采购市场主体利益受损，政府采购促进中小企业发展、技术创新等政策功能难以在制度上得到保障。其次，政府采购市场安全是实现政府采购功能安全的重要保障。国内民族产业处于弱势地位，国际竞争力不强，将导致在政府采购市场开放的过程中，不仅不能平等分享 GPA 缔约方的政府采购市场机会，而且会拱手"让出"部分国内政府采购市场，为此，政府采购政策功能失去了市场根基。最后，市场安全最终还是体现在政府采购政策功能得以实现，政府采购市场开放的前提是维护政府采购相对主体的利益，政府采购功能正常发挥是实现利益的保障，也是政府采购制度安全和政府采购市场安全的最终体现。可见，政府采购安全观是一种"整合性政府采购安全观"，强调政府采购安全问题的"多维度"建构，形成了一种整合性政府采购安全理念。

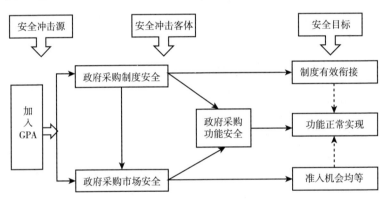

图 1-3 政府采购安全的实现路径

三、政府采购安全的评价指标体系构建

政府采购安全评价在加入 GPA 前和加入 GPA 后是不一样的。加入 GPA 前对政府采购面临安全冲击的预测性评价，是基于加入 GPA 前的数据和法律条款等素材，对中国加入 GPA 面临的安全冲击进行预判性研究。预判性评价并不必然保证加入 GPA 后的中国政府采购会一定处于安全区间，还需要针对中国加入 GPA 后构建一套指标体系，监测政府采购安全状态（即政府采购安全度），动态了解在 GPA 框架下中国政府采购安全的运行情况。在借鉴周庄（2011）和章辉（2014）中国加入 GPA 政府采购市场开放风险预警指标的基础上，结合调研和访谈资料，接下来尝试从加入 GPA 前所面临的安全冲击和加入 GPA 后政府采购安全度两个角度构建了 GPA 框架下中国政府采购安全评价指标体系，并运用层次

分析法对各指标赋予权重。

（一）政府采购安全评价指标的遴选原则

GPA 框架下政府采购安全评价指标的遴选对加入 GPA 前谈判中中国政府采购面临的安全冲击，以及加入 GPA 后政府采购安全度的监测至关重要，直接关系到研究结论的合理性，必须遵循一些客观原则。

第一，科学性原则。即评价指标体系中的每一个指标的设计都应有科学的依据和明确的解释，这样的指标才具备可靠性和可信性，评价结果才具有说服力。设计评价指标体系时，一方面尽量体现政府采购国际化的特征，选取国际上通用的指标；另一方面选择经济意义明确，并充分反映政府采购安全运行程度的评价指标；最后尽量选取客观性指标，以减少主观性评价。

第二，系统性原则。即各项指标相互联系、相互补充，构成一个完整的有机系统，能客观全面反映政府采购安全的变化情况。

第三，实用性原则。不仅要求政府采购安全指标内涵明确，具有可操作性，还要求所需数据容易收集，指标的灵敏度高，能准确反映政府采购安全程度的变化。

第四，层次性原则。层次性是指政府采购安全指标体系自身的多重性。政府采购安全是一个复杂的系统，它可分解为若干较小的子系统，而子系统又可分解为若干更小的子系统。这就要求指标体系能准确反映各层次之间的逻辑关系。因此，评价体系首先应从整体层次上把握评价目标的协调程序，保证评价的全面性和可信度；然后在指标设置上应按照指标间的层次递进关系，尽可能体现层次分明，通过一定的梯度准确反映指标间的逻辑关系。这样既可以消除指标间的相容性，又能保证指标体系的全面性、科学性。

（二）加入 GPA 前政府采购面临的安全冲击评级指标体系

所谓"加入 GPA 前"，从时间节点来看，是指从承诺加入 GPA 开始至正式批准加入这一时期。这个阶段中国已经展开了一系列的谈判工作，并基于 GPA 的门槛条件对政府采购进行调整，已经承受或将要承受来自 GPA 方面的诸多影响和约束。加入 GPA 前政府采购面临的安全冲击评级指标体系就是尝试对这些已然、或然的冲击进行科学刻画。

1. 刻画制度安全冲击的指标体系

根据前文政府采购制度安全的定义可知，政府采购制度安全面临冲击突出表现在中国政府采购制度与 GPA 规制的不适应和冲突，因此，政府采购制度安全冲击大小刻画指标应该能集中反映中国政府采购制度与 GPA 规制不协调之处，本书选取了能刻画政府采购制度和国际政府采购规制核心条款上的冲击，具体包括国内政府采购制度和国际政府采购规制在价值目标冲击、基本原则冲击、适应范围冲击、采购方式冲击和救济制度冲击五个方面的差异（如图 1-4 所示）。通过比较政府采购制度与 GPA 规制在上述方面的差异，预测中国加入 GPA 政府采购制度安全冲击的大小。一般而言，差异越大，面临的制度安全冲击越大。

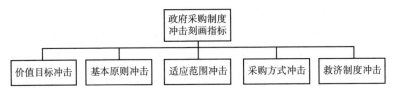

图 1-4　政府采购制度安全冲击刻画指标体系

2. 刻画市场安全冲击的指标体系

加入 GPA 意味着为中国供应商进入国际政府采购市场提供了准入机会，同时，GPA 缔约方可以对等分享中国的政府采购市场。根据 GPA 协议规定，中国政府采购市场开放规模是由中国与 GPA 缔约方谈判决定的并受 GPA 协议管辖的采购市场规模，具体包括出价清单中的门槛价、开放实体、开放项目和例外排除四个方面。原则上，其他 GPA 缔约方供应商均可参与竞争中国加入 GPA 的协议开放规模，政府采购市场协议开放程度与政府采购的市场冲击成正比，即协议开放的范围越宽，冲击的广度就越大。不过，在实践中，除了 GPA 规制符合性措施之外，GPA 缔约方采购市场的实际开放情况还主要取决于两大因素：一是GPA 缔约方的"本土偏好"程度（也称"歧视性"程度）；二是产品或产业的国际竞争力。其中，前者会受到诸如国内法律法规、国内政策环境、采购标的性质、采购时效性、信息透明度和国货意识等影响。本土偏好程度与政府采购市场冲击呈反向变化，即本土偏好越低，实际市场开放度越高，市场冲击就越大。至于 GPA 缔约方产品或产业的国际竞争力，与政府采购市场冲击呈反向关系，即本土产品或产业国际竞争力越强，国外供应商获得合同的机会越小，政府采购市场面临的冲击就会越小。

总之，加入 GPA 对中国政府采购市场的冲击取决于政府采购市场的名义开放程度、"本土偏好"程度以及本国产品或产业的国际竞争力强弱。因此，政府采购市场冲击的指标体系可通过协议开放程度、"本土偏好"程度和产业国际竞争力三类指标来表征。名义开放度可以由开放实体、客体、门槛价和减让排除四个方面进行刻画；"本土偏好"的次级指标通常用名义开放度、进口渗透率以及私营部门（MP）购买的进口份额与政府购买的进口份额（MG）比值计算；产业国际竞争力次级指标包括国际市场占有率（MS）、和贸易竞争力指数（TC）和显示性比较优势指数（RCA）（如图 1-5 所示），就分析加入 GPA 对政府采购市场冲击而言，"本土偏好"程度和产业国际竞争力更具有参考意义。

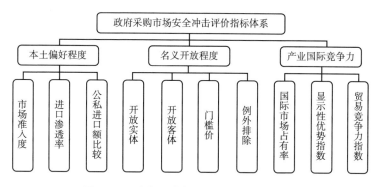

图 1-5　政府采购市场冲击评价指标体系

（1）协议开放程度。GPA 缔约方名义的开放程度是 GPA 各缔约方经过谈判确定的开放实体、开放客体、门槛价和例外排除。

开放实体。采购实体是 GPA 第 1 条第 14 款规定，每一缔约方附录 1 中附件 1、附件 2 和附件 3 所列的实体。可见，GPA 只适应用于各成员在附录 1 中所承诺的采购实体，承诺名单之外的其他政府部门、机构和事业单位均不受 GPA 的约束。其中，附录 1 中的附件 1、附件 2 和附件 3 中分别列举了中央、次中央和其他三类采购实体。附件 1 为中央政府实体，主要包括中央政府的司法、立法、行政、权力机关及其部门等。附件 2 为次中央实体，主要是指中央政府以下的区域性政府实体，比如，联邦制国家的州政府和地方政府，以及单一制国家的地方政府。附件 3 为其他实体，主要为受政府控制或影响、履行公共职能的采购实体，像水、煤气、电力等的生产供应实体。

开放客体。即采购实体权利和义务所指向的对象。根据 GPA 第 2 条的规定，GPA 采购客体涵盖以下几种采购：是否全部或部分使用电子化的采购；为政府采购目的而进行货物、服务或者两者任意组合的采购；不以商业销售或转售为目的，或用于供商业销售或转售的商品或服务的生产为目的而进行的采购；按照合同方式进行的购买、租赁或无论是否享有购买选择权的租购；依据 GPA 相应条款估算价值，发布公告时达到或者超过附录 1 中列明的相关门槛价的采购。其实，GPA 对采购客体的规定并不十分明确，实践中需要根据 GPA 出价来判断。从 GPA 的实践来看，GPA 适应的采购对象，包括货物、服务（除建筑服务外）和工程（建筑服务）。附录 1 中单独设置附件 4、附件 5 和附件 6 分别确定货物、服务和工程的范围。有关采购对象的分类，GPA 缔约方广泛采用联合国组织编写的《联合国暂行中央产品分类》（Central Product Classification，CPC）。

门槛价。列在清单中的货物、工程和服务并不都会受到 GPA 的约束，只有达到一定采购合同金额即门槛价的才受其约束。不过，GPA 并没有为缔约方规定统一的采购限额。总体来说，中央政府的门槛价低于次中央政府，而次中央政府又会低于其他实体；货物和服务采购合同的门槛价会低于工程采购合同。

例外排除。GPA 在第 3 条规定："本协议不得解释为阻止任何缔约方，在涉及武器、弹药或战争物资采购，或者涉及为国家安全或国防目的所需的采购方面，在其认为保护根本安全利益的必要情形下，采取任何行动或者不披露任何信息；本协议不得解释为阻止任何一缔约方采取或者实施以下措施，其条件是这些措施的使用方式，不得在条件相同的缔约方之间构成随意的、不合理的歧视或者构成对国际贸易的隐蔽性限制：为保护公共道德、秩序或安全所必需的措施、为保护人类、动植物的生命或者健康所必需的措施、为保护知识产权所必需的措施；或者涉及残疾人和慈善机构或者监狱囚工提供的货物或者服务的措施。"

（2）"本土偏好"程度。由于"本土偏好"程度受到政府采购文化、采购政策、采购制度等多种因素的影响，因此，"本土偏好"是比较难以衡量的，同时，考虑数据的可获得性，学术界一般采用间接估算法。比较常见的估算方法有三种：第一，市场准入角度反映 GPA 缔约方的"本土偏好"，GPA 缔约方设置的市场准入门槛越高，国外供应商就越难参与国内竞争，"本土偏好"越明显。市场准入度通过下列公式测算：

$$市场准入度 = GPA 开放规模/政府采购总体规模 \times 100\% ① \qquad (1-2)$$

第二，是通过比较私营部门和公共部门进口额估算"本土偏好"程度，其公式为：

$$本土偏好程度 = MP/MG \qquad (1-3)$$

其中，MP 为私营部门购买的进口份额，MG 为政府购买的进口份额。

第三，公共产品进口渗透率计算公式为：

$$进口渗透率 = \frac{M_J}{Q_j^e} \qquad (1-4)$$

其中，M_j 表示某国某年 j 产品（或者 j 产业）的进口数量，Q_j^e 表示该年 j 产品（或者 j 产业）的国内消费数量。进口渗透率反映某国某年 j 产品（或者 j 产业）

---

① 张晓瑞，尹彦，冯永琴. 典型 GPA 缔约方政府采购市场开放度研究［J］. 标准科学，2017（6）：22 - 27.

的进口额占其消费总量的比重，公共产品进口额占消费总量的比重越高，表明公共产品进口渗透程度越高，进口渗透率越高表示"本土偏好"程度越低。

（3）产业国际竞争力。国际市场占有率（MS）用一国某产业出口额占世界该产业出口总额的比重来衡量，其计算公式如下：

$$MS = \frac{x_{it}}{x_{iw}} \qquad (1-5)$$

其中，MS 表示国际市场占有率，x_{it} 表示一国某产业的出口总额，x_{iw} 表示世界某产业出口总额。该指标反映一国某产业的国际竞争地位和国际竞争力的变化，其取值在 0 至 1 之间，MS 值越高，表示该产品或产业国际竞争力就越强，反之则越弱。

显示性比较优势指数（revealed comparative advantage index，RCA）是 1965 年由美国经济学家贝拉·巴拉萨（Bela Balasa）提出，指一个国家某种产品出口额占其出口总额的比重与世界出口总额中该类产品出口额所占比重的比率。计算公式为：

$$RCA_{ij} = \frac{\dfrac{x_{ij}}{x_{it}}}{\dfrac{x_{iw}}{x_{tw}}} \qquad (1-6)$$

其中，x_{ij} 表示 i 国第 j 种产品的出口总额；x_{it} 表示 i 国所有产品的出口总额；x_{iw} 表示全世界第 i 种产品的出口总额；x_{tw} 表示全世界所有产品的出口总额。它旨在定量地描述一个国家内各个产业相对出口的表现，从而揭示一国在国际贸易中的比较优势，是衡量一国产品或产业在国际市场竞争力最具说服力的指标。一般而言，若一产业的 RCA < 0.8，表示该产业的竞争力极弱；0.8 ≤ RCA < 1.25，该产业具有中等竞争力水平；1.25 ≤ RCA < 2.5，该产业的竞争力较强；RCA ≥ 2.5，该产业具有极强的竞争力。贸易竞争指数（trade competition index，TC）用一国或地区进出口贸易的差额占其进出口贸易总额的比重来衡量，计算公式如下：

$TC = \dfrac{s_x - s_m}{s_x + s_m}$，其中 s_x 和 s_m 分别表示一国或地区产业出口额和进口额。该指数取值在 -1 至 1 之间，接近 1 表示竞争力接近最大值，接近于 -1 表示接近竞争力最小值，0 表示竞争力平均水平。TC > 0 表示产业处于竞争优势明显，TC < 0 表示在竞争中处于劣势地位。

3. 刻画功能安全冲击的指标体系

政府采购功能安全是在开放的条件下，政府采购政策功能能有效实现的一种客观状态，可见，政府采购功能安全冲击大小衡量指标应该反映中国政府采购政策功能在 GPA 规制中的实施空间大小，实施空间越小，政策功能安全冲击越大。实施空间大小主要通过中国加入 GPA 出价清单例外排除进行衡量，排除项越大，实施空间越大；当然，也可以根据中国政府采购领域专业人士对具体政策功能冲击的感知或者具体政策功能安全冲击事件进行刻画。为此，选取了体现政策功能的核心条款，即中国加入 GPA 减让表中例外排除项，具体包括采购实体例外、采购客体例外、安全例外、一般例外和发展中国家发展条款，在比较中国加入GPA 的第 6 份出价①与 GPA 规制的基础上，预判 GPA 框架下，中国政府采购政策实施空间的大小。同时，本书设计政府采购政策功能安全冲击调研问卷，根据受访者对 GPA 框架下节约财政资金、促进廉政建设、经济总量调控、促进区域平衡发展、扶持中小企业、可持续采购、民族地区稳定、支持自主创新等具体政策功能面临安全冲击的感知进行预判。此外，个案研究也不失为刻画政府采购安全冲击的一个重要方法。

（三）加入 GPA 后政府采购安全度监测指标体系

在遵循以上原则的基础上，梳理现有研究成果，结合 GPA 框架下中国政府采购面临的安全冲击及影响因素，本书从政府采购制度安全、市场安全和功能安全方面构建了政府采购安全度评价指标体系（见图 1－6）。

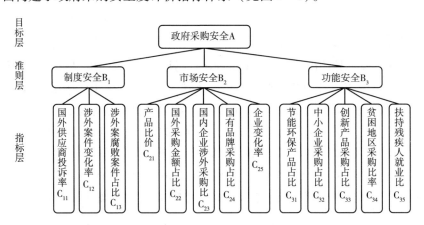

图 1－6 GPA 框架下政府采购安全度评价指标层次结构

1. 制度安全的监测指标

制度安全主要是对国内与国际政府采购运行情况的测度。加入 GPA 后，政

---

① 尽管 2019 年 10 月 20 日，我国向 WTO 提交了加入《政府采购协议》（GPA）第 7 份出价，但是官方并未全部公开第 7 份清单内容，因此，本书以第 6 份清单为主进行分析。

府采购制度安全度一方面可以反映 GPA 规制"国民待遇原则和公平原则"运行情况，即供应商认定违反 GPA 规制的原则而进行投诉或提出行政复议或行政诉讼的频率。另一方面由于政府采购流程或监督机制的漏洞，政府采购腐败蔓延到国际政府采购领域。因此，本书设计"国外供应商投诉率""涉外案件变化率"和"涉外腐败案件数占比"三个指标，通过横向和纵向比较判断制度安全的变化。

（1）国外供应商投诉率用国外供应商投诉占当年供应商投诉总量的比率来衡量。该指标是一个负指标，其取值越大，说明政府采购制度安全度越低；（2）涉外案件变化率指当年的涉外案件数较上一年度的变化情况，如果该指标较上一年度下降，说明安全度在提升；（3）涉外腐败案件数占比是政府采购涉外腐败案件数与总腐败案件数之比，该指标是一个负指标，指标值越小，安全度越高；或者从纵向比较看，该指标与往年的值相比下降了，意味着安全程度提升。

2. 市场安全的测度指标

加入 GPA 后，对政府采购市场安全程度的考察不仅局限于产业国际竞争力，有更直接的指标可以衡量：（1）产品①比价，该指标通过国内价格与国外价格对比，以观察政府采购市场中同一产品的竞争优势程度，该指标是负指标，其数值越小说明国内产品的价格优势越明显，产品中标的机会越大，此时，政府采购市场安全度越高；（2）国外采购金额占比是国外供应商采购与采购总量的比值，该指标反映国外供应商在中国获取政府采购合同的能力，是一个负指标，指标值越大，市场安全度越低；（3）国有品牌采购占比是指国有品牌采购占总采购额的比值，该指标是正指标，比值越大，说明国有品牌越有优势，市场安全度越高；（4）企业变化率指不同时期同一产业中进入政府采购市场的企业数量的变化率，表明该产业政府采购开放性安全程度的大小；（5）国内企业涉外采购占比指国内企业涉外采购额与 GPA 缔约方总涉外采购额的比值，该指标反映中国企业在国际政府采购市场获取采购合同的能力，是一个正指标，该指标值越大，说明中国企业在国际政府采购市场竞争优势明显，市场安全度高。

3. 功能安全的测度指标

政府采购功能包括资源配置功能、购买社会公平功能和维护国家安全功能，功能安全应该也包括这三个方面，但是本书基于中国经济高质量发展的阶段特征

---

① 此处将同种产品、工程和服务，合并简称为"产品"。

以及《中国制造2025》战略的需要，重点选取几个重要功能安全指标，包括节能环保产品占比、中小企业采购占比、创新产品采购占比、贫困地区采购比率、扶持残疾人就业比率，这几个指标均为正指标，即指标值越大，功能安全度越高。

4. 基于层次分析法的政府采购安全度指标权重

层次分析法（AHP）作为一种多因素决策分析方法，通过对决策者的经验判断进行数量化处理，较好地实现了定性分析与定量分析的有机结合，在实践中得到了广泛应用。即使目标因素的结构十分复杂，并且必要数据缺乏，也不影响层次分析法的使用。鉴于政府采购安全度评估指标体系相对复杂，难以进行定量描述表达，而层次分析法恰好擅长对这些难以精确定量描述的决策问题进行量化分析，并且具体的计算过程简单、容易操作，既能够相对客观集中地反映出专家的意见和看法，又实现了数据化处理，而且还可以通过多次主观赋权操作不断提高该方法的客观性，于是，选择基于 AHP 方法来确定政府采购安全度指标的权重。根据调研和专业评判，构建出了如表1-6~表1-9所示的判断矩阵，相关的一致性检验结果附后。

表1-6   判断矩阵 A-B

A	B1	B2	B3	权值
B1	1	1/2	1/5	0.1220
B2	2	1	1/3	0.2297
B3	5	3	1	0.6483

注：$\lambda_{max} = 3.0037$，$CI = 0.00185$，$RI = 0.58$，$CR = 0.0031 < 0.1$；

CI 表示一致性指标，CI 值越小，说明一致性越大，计算公式为：$CI = (\lambda - n)/(n - 1)$；

RI 表示随机一致性指标，一般情况下，矩阵阶数越大，则出现一致性随机偏离的可能性也越大，其公式为：$RI = (CI_1 + CI_2 + \cdots + CI_n)/n$；

CR 表示检验系数，公式为：$CR = CI/RI$，一般情况下，若 $CR < 0.1$，则认为该判断矩阵通过一致性检验，否则就不具有满意一致性。下同。

表1-7   判断矩阵 $B_1 - C$

B_1	C_{11}	C_{12}	C_{13}	权值
C_{11}	1	5	3	0.6118
C_{12}	1/5	1	1/2	0.2092
C_{13}	1/3	2	1	0.1789

注：$\lambda_{max} = 3.0037$，$CI = 0.00185$，$RI = 0.58$，$CR = 0.0031 < 0.1$。

表 1 - 8　　　　　　　　　　判断矩阵 $B_2 - C$

B_2	C_{21}	C_{22}	C_{23}	C_{24}	C_{25}	权值
C_{21}	1	1/2	1/4	1/3	1/2	0.1019
C_{22}	2	1	1/2	1/3	3	0.1545
C_{23}	3	2	1	1/2	2	0.2397
C_{24}	3	5	2	1	3	0.3799
C_{25}	2	1/3	1/2	1/3	1	0.1240

注：$\lambda_{max} = 5.3540$，$CI = 0.0885$，$RI = 1.12$，$CR = 0.0790 < 0.1$。

表 1 - 9　　　　　　　　　　判断矩阵 $B_3 - C$

B_3	C_{31}	C_{32}	C_{33}	C_{34}	C_{35}	权值
C_{31}	1	1/2	1/4	2	2	0.1453
C_{32}	2	1	1/3	2	3	0.2031
C_{33}	4	3	1	5	5	0.4348
C_{34}	1/2	1/2	1/5	1	1/2	0.1053
C_{35}	1/2	1/3	1/5	2	1	0.1115

注：$\lambda_{max} = 5.1510$，$CI = 0.03775$，$RI = 1.12$，$CR = 0.03371 < 0.1$。

由判断矩阵可求得层次单排序为：

$$(b_1, b_2, b_3) = (0.1220, 0.2297, 0.6483)$$
$$c_1 = (0.6118, 0.2092, 0.1789)$$
$$c_2 = (0.1019, 0.1545, 0.2397, 0.3799, 0.1240)$$
$$c_3 = (0.1453, 0.2031, 0.4348, 0.1053, 0.1453)$$

同理，可求得层次总排序及其一致性检验结果为：

$$CI = (0.1220 \times 0.00185 + 0.2297 \times 0.00185 + 0.6483 \times 0.03775 = 0.0251)$$
$$RI = (0.1220 \times 0.58 + 0.2297 \times 1.12 + 0.6483 \times 1.12 = 1.054)$$

$CR = \dfrac{CI}{RI} = 0.02381 < 0.1$，故可认为判断矩阵具有满意的一致性。

最后，可以得到政府采购安全度评价指标层次排序权值（见表 1 - 10）。

表 1-10　　　　　　　政府采购安全度评价指标层次总排序权值

指标	权数 WB_i	子指标	权数 WB_{ij}	W_{ij}
制度安全	0.1220	国外供应商投诉率	0.6118	0.0746
		涉外案件变化率	0.2092	0.0255
		涉外腐败案件数占比	0.1789	0.0218
市场安全	0.2297	产品比价	0.1019	0.0234
		国外采购金额占比	0.1545	0.0355
		国有品牌采购占比	0.2397	0.0551
		国内企业涉外采购占比	0.3799	0.0873
		企业变化率	0.1240	0.0285
功能安全	0.6483	节能环保产品占比	0.1453	0.0942
		中小企业采购占比	0.2031	0.1317
		创新产品采购占比	0.4348	0.2819
		贫困地区采购占比	0.1053	0.0683
		扶持残疾人就业占比	0.1115	0.0723

通过表 1-10 可以看出，政府采购安全相关因素重要性排序结果为：创新产品采购占比、中小企业采购占比、节能环保产品占比、国内企业涉外采购占比、国外供应商投诉率等。

第四节　政府采购安全的作用机理与假说

一、政府采购制度安全的影响因素及假说

内因是事物发展的根本原因，是矛盾的主要方面。为确保 GPA 框架下政府采购制度有效运行，维护政府采购相关主体的利益，GPA 缔约方在加入 GPA 前会尽量完善国内的政府采购制度，各缔约方政府采购法律制度呈现以下共同特征：立法思想上贯彻推进国际贸易自由化、政府采购体系建设目标明确细致、政府采购立法和实操中坚持适度考虑本国利益等（Mattoo，2010；刘锐，2011），力求实现国内政府采购制度与 GPA 规制的协同效应。成功执行 GPA 的关键依赖于政府采购制度规范性和选择适应性，例如国内的救济制度等。正如阿罗史密斯（Arrowsmith，2003）所言：GPA 规制成功的因素是购买者实际遵守规制的程度，而完善的规制是购买者遵守的前提。霍拉纳和苏布拉曼尼亚（Khorana & Subramanian，2012）指出，缺乏连贯的法律框架，缺乏争端解决机制、缺乏可靠统计

数据和存在严重腐败问题是影响印度政府采购制度在 GPA 框架下有效运行的关键因素。

调研访谈和现有研究表明，中国政府采购制度不够健全和完善，成为 GPA 框架下政府采购制度安全的主要影响因素。主要表现为法律制度上功能定位不清、《政府采购法》与《招标投标法》关系尚待理顺、政府采购程序规制和引导功能不足、供应商资格审查不完善、法律供给不足、纠纷解决制度不合理等（于安，2003；肖北庚，2010；刘建琼，2013；陈向阳和谢争艳，2016；屠新泉和史丁莎，2014）；管理体制上，规范流程与提高效率远未实现、高价采购与低价抢标尴尬并存（陈维峰等，2018）；缺乏科学、独立的采购机构和采购执行不规范同在。同时，存在主体责任不明确，监管不到位等问题。中国政府采购制度存在的诸多问题，不仅是中国加入 GPA 谈判中必须考虑的因素，而且是 GPA 框架下中国政府采购制度安全运行的主要障碍。由此提出：

假说 1：协调一致的政府采购法律法规、明晰的政府采购主体责任、规范的政府采购采购管理体系以及完善的供应商约束机制对 GPA 框架下政府采购制度安全产生正向影响。

二、政府采购市场安全的影响因素及假说

一国的国际生产参与程度、国际经济关系和贸易政策等因素都会对其贸易安全产生影响（吴英娜，2008）。政府采购市场安全作为国际贸易公共领域安全的重要组成部分，其实质是市场准入机会的均等，而政府采购市场准入机会受产业竞争力、市场信息等诸多因素的影响。根据刘建琼（2012）的观点，国际政府采购市场竞争起点和把握市场准入机会的能力是由一国产业（或企业）竞争力决定的，一国产业竞争力越强，市场准入能力越强，政府采购市场安全程度越高，反之亦然。朗埃克（Longabc，2009）以企业的竞争优势分析，得出类似的结论，只有在外国公司的生产率大大高于国内公司的生产率的情况下，各国才更有可能同意政府采购市场自由化。由此可知，即企业的相对竞争优势是制约政府采购市场安全的一个重要制约因素。

当然，一个国家的政府采购市场开放水平、发展程度是影响该国政府采购市场开放风险的重要因素（闫世刚，2010；屠新泉，2009；周庄，2011；袁红英，2012）；此外，在国际贸易摩擦升级的背景下，政府采购更应为自主创新提供市场实验场地，并且自主创新能力也是影响政府采购市场开放的关键要素（贾根良，2018）。在调研和访谈中，部分受访者强调 GPA 谈判需要充分掌握 GPA 缔约方政府采购情况，还有部分受访者认为政府采购政策功能发挥越好越有利于政

府采购市场开放。由此提出：

假说 2：较强的产业国际竞争力和自主创新能力、较高政府采购电子化水平、较好发挥政府采购政策功能、详尽掌握 GPA 缔约方政府采购情况对 GPA 框架下政府采购市场安全有正向影响。

三、政府采购功能安全的影响因素及假说

政府采购不仅是一个采购活动，更是一个公共政策的执行过程，政府采购已经作为保护民族产业（Evenett，2010），促进中小企业发展（Ferraz et al.，2014）和技术创新（Blind et al.，2019）的重要政策工具。GPA 身份确实能降低国家实施政府采购政策的效果（Gourdon & Messent，2017），但是，GPA 缔约方凭借其完善的政府采购政策功能法律体系以及 GPA 出价清单中的保留，政府采购仍然是其宏观调控的重要手段，尤其在金融危机时期。然而，中国政府采购政策能力不强，政策执行中功能定位不清晰、实施细则不到位、部门职责不清、绩效考核标准缺位等诸多问题，这些问题成为 GPA 框架下中国发挥政府采购政策功能的障碍（孟晔，2007；沃晨亮，2014）。由此提出：

假说 3：明确的政府采购政策功能目标、完善的政府采购政策功能的操作细则、政府采购结构和规模、清晰的政策功能的职责设置、健全政府采购政策功能的评价体系对 GPA 框架下政府采购功能安全有正向影响。

四、GPA 框架下政府采购安全的内在机理及假说

与 GPA 接轨的政府采购制度是中国政府采购市场国家化的准入门槛，完善的政府采购制度有利于中国企业参与国际政府采购市场竞争，维护供应商的权益；政府采购竞争的核心是政府采购市场主体的竞争，只有具有较强国际竞争力企业才能实现对等开放，才能保障中国政府采购制度在 GPA 框架下正常运行。由此提出：

假说 4：政府采购制度安全与政府采购市场安全存在正的双向影响。

一方面，完善的政府采购制度有利于政府采购政策功能的实施；另一方面，理论上，政府采购政策功能是政府采购制度的重要组成部分，实践中，政府采购政策功能的实施效果是检验政府采购制度效应的一个重要维度。由此提出：

假说 5：政府采购制度安全与政府采购功能安全互为正的双向影响。

GPA 框架下只有具有较强国际竞争力市场主体，政府采购政策功能才能有效实现；即使有健全政府采购政策功能体系，在国际政府采购市场上，如果本国企业的国际竞争力的竞争力没有优势，中国企业难与国外公司同台竞争，政府采购

市场渗透率将会比较低，政府采购政策功能难以发挥。但是，政府采购承载着政府政策职能，往往不利于中国企业参与国际政府采购市场竞争。由此提出：

假说 6：政府采购市场安全与政府采购政策功能安全存在正向影响，政府采购政策功能安全对政府采购市场安全存在负向影响。

政府采购市场开放奉行以"市场换市场"理念，是市场的准入机会与国家利益让渡的权衡。基于安全的考虑，GPA 缔约方均只开放部分政府采购市场。相对而言，列入 GPA 出价清单中的采购实体意味着需要对 GPA 缔约方的供应商实行国民待遇，不能歧视 GPA 缔约方的供应商。考虑到中国东、中、西部三个区域政府采购市场规模、政府采购制度的执行情况存在的差异，在 GPA 出价清单中仅仅列举上海、北京、浙江、重庆等经济相对发达的区域列入了 GPA 清单，而把西藏、青海等经济欠发达地区暂时保留在 GPA 出价清单之外，遵循渐进式开放原则。由此提出：

假说 7：区域差异对政府采购安全存在异质性，东部地区政府采购安全程度高于中西部地区。

根据以上机理分析和假说，本章构建了政府采购制度安全、市场安全和功能安全影响因素及三者交互影响的理论框架，如图 1-7 所示：

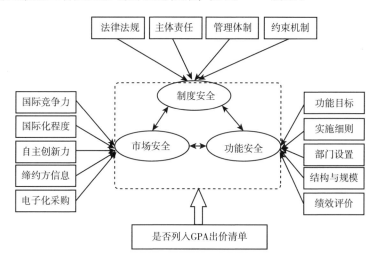

图 1-7　GPA 框架下政府采购安全影响因素理论模型

第二章

中国政府采购现状分析

第一节　中国政府采购制度建立与发展

现代意义的政府采购制度于 18 世纪末 19 世纪初产生于西方资本主义国家，已经有 200 多年的历史。自英国在 1782 年设立了世界上第一个公用品采购机构——文具供应局以来，政府采购制度经历了初步形成（1782 年至 20 世纪 30 年代前）、逐步完善（20 世纪 30 年代至今）和国际化（1946 年至今）的发展历程。中国政府采购制度是在借鉴国际政府采购制度的基础上制定的，经历了一个从无到有、从适应国内到主动融入政府采购全球化的演变历程。经过近 30 多年的发展，政府采购制度框架已基本形成，政府采购法律法规体系已初步建立，采购模式和采购方法体系已逐渐完善、全链条采购监管体系初步构建。

一、中国政府采购制度的演变历程

中国政府采购制度作为财政支出制度的一项重要内容，政府采购领域的改革遵循中国改革的一般规律，即先试点，再推广，最后上升到法律法规制度设计层面。根据制度建设的逻辑思路，本节将政府采购分为制度建设启动、制度框架初步形成、制度国际化和竞合博弈创新发展四个阶段。

（一）制度建设启动阶段

1. 招投标制度引进与实行

中国现代政府采购制度的建立最早可以追溯到招投标制度的引进与探索。中国招投标制度是伴随着改革开放、国际资本、先进生产技术设备和管理经验的引进而设立。1980 年中国首次提出"对一些适用宜承包的生产建设项目和经营项目，可以试行招标、投标的办法"。1982 中国第一个按照国际竞争性招标与项目管理的工程诞生。① 此后，招标投标制度逐渐在中国公共工程、基础建设、科研攻关领域得到运用与实施。

2. 政府采购试点与推广

1995 年，中国率先在上海市进行政府采购试点，开启了中国政府采购制度的先河。1996 年国务院领导指示有关部门研究政府采购制度，中国首次将建立政府采购制度提到议事日程。1997 年，政府采购试点工作拓展到深圳、河北、重庆等地区。到 1998 年底，我国共有 29 个省、自治区、直辖市不同程度地开展了政府采购试点工作，取得了较为明显的成绩，政府采购规模达 31 亿元。②

3. 政府采购制度建设启动与运行

1997 年，财政部把政府采购制度作为财政支出改革的一项重大研究课题，初步完成了政府采购条例的草拟稿，这标志着中国政府采购制度的原型面世。1998 年，中国第一部政府采购地方性法规——《深圳经济特区政府采购条例》经深圳市二届人大常委会第二十七次会议通过；1999 年，中国第一部政府采购全国性部门规章——《政府采购管理暂行办法》问世。为了进一步规范政府采购行为，财政部颁布出台了政府采购合同监督、政府采购招标投标管理、政府采购供应商投诉处理和政府采购信息公告管理等约束政府采购的规章制度和办法。

（二）制度框架初步形成阶段

随着政府采购试点工作全面展开，中国政府采购立法进入了快车道。自中国第一部政府采购领域的法律——《中华人民共和国招标投标法》（以下简称《招标投标法》）2000 年生效至 2019 年，国家和中央层面专门针对政府采购领域出台了各种法律法规、配套规章、实施细则和规范性制度等 90 部（见表 2 - 1），中国已初步形成了《中华人民共和国政府采购法》（以下简称《政府采购法》）为统领，以《中华人民共和国政府采购法实施条例》（以下简称《政府采购法实施条例》）为支撑，以《政府采购评审专家管理办法》《政府采购代理机构管理暂行办法》《节能环保产品政府采购清单数据规范》《政府采购促进中小企业发展暂行办法》《政府采购信息公告管理办法》《政府采购货物和服务招标投标管理办法》等规章办法为依托，以各级指导性文件为补充，涵盖了货物、工程、服

---

① 鲁布革水电站引水系统工程的招标采购人为原水利电力部，投标人大多数是国外大型建筑企业，最终由日本大成建设株式会社以低于标底价 44% 的报价中标。

② 资料来源：《中国政府采购年鉴 2003》。

务三个采购品目，集政府采购体制机制、业务管理、政策执行和监督检查等于一体的较为完善的政府采购法律制度框架。① 地方政府根据辖区发展的实际，参照此框架制定了各自的政府采购规制，截至 2019 年 5 月 1 日，各级地方政府颁布的地方性政府采购规章办法 396 部。② 与《中华人民共和国预算法》（以下简称《预算法》）、《中华人民共和国合同法》（以下简称《合同法》）、《中华人民共和国外商投资法》（以下简称《外商投资法》）等相关的法律法规衔接，这些法律法规制度规范了财政支出行为、维护了政府采购市场秩序，保障了中国政府采购活动能够做到有法可依、有章可循，为中国政府采购国际化奠定了法律基石。

表 2 - 1 　　　　　　　　2000 ~ 2019 年政府采购法律法规体系分类统计

法律法规所属领域	主要作用对象	法律法规数量
政府采购政策功能类	节能产品	4
	环境标志产量	4
	进口产品	2
	信息产品	7
	促进中小企业	3
	支持监狱企业发展	1
	促进残疾人就业	1
	自主创新	4
	其他	13
政府采购业务管理类	品目目录管理	3
	采购方式管理	10
	采购组织形式管理	5
	预算执行管理	4
	信息管理	3
	代理机构管理	2
	专家评审管理	3
综合管理类		11
监督检查类		9
对外开放类		1
合计		90

资料来源：笔者根据中国政府采购网等网站资料自行编制。

---

① 姜爱华. 中国政府采购制度改革：成就、挑战与对策 [J]. 地方财政研究，2018，162（4）：62 - 67.

② 根据中国政府采购网政府采购法规计算，截止时间为 2019 年 5 月 1 日。

（三）制度国际化阶段

对外开放是中国的一项基本国策，政府采购制度国际化不仅意味着中国财政支出管理走向世界，同时也表明中国政府在全球公共采购市场的参与权和话语权增加。其实，中国政府采购制度从诞生起就打上了国际化的烙印，1982 年中国第一个国际竞争性招标项目是倡导新的贸易方式的产物，为了响应《大阪行动议程》、缩小与 APEC 成员方的差距，1996 年中国首次将建立政府采购制度提到议事日程。2001 年加入 WTO 时，中国承诺尽快启动《政府采购协议》。2005 年以来，财政部与欧盟和美国分别建立了政府采购对话机制和政府采购技术性磋商机制，并与新西兰、澳大利亚和韩国在自由贸易区框架下开展政府采购议题的谈判。

2007 年年底，中国向 WTO 提交了加入 GPA 申请和初步出价清单，这是中国政府采购制度首次正式在国际亮相。2008 年 2 月，中国就加入采购协议进行了首次谈判，协商政府采购市场开放后的具体要价。2011 年，为了消除欧美国家认为其企业在华遭受的不公平待遇，中国政府做出了政府采购不予自主创新挂钩的承诺，并于当年 7 月停止执行有关政府采购预算、评审和合同管理三个政策文件，修改《自主创新产品政府首购和订购管理办法》和《政府采购进口产品管理办法》的部分内容，同时停止执行地方出台的政府采购自主创新产品目录。这是中国在加入 GPA 谈判做出的比较大的让步。截至 2014 年年底，中国已提交了六份加入 GPA 出价清单，并提交了《中国政府采购国情报告》，请缔约方对中国政府采购法律制度进行审议。第 6 份出价清单基本达到缔约方出价水平。2017 年，国务院对 GPA 谈判工作做出部署，要求扩大开放范围。2018 年 4 月，习近平总书记在博鳌亚洲论坛开幕式中强调，中国要加快加入世界贸易组织《政府采购协议》进程。2019 年 3 月 15 日，《外商投资法》在第十三届全国人民代表大会第二次会议上获得通过，标志着中国迈进了制度型开放进程，中国政府采购制度的国际化终于向前迈出了实质性的一大步。该法的第二章第十六条明确提出，保障外商投资企业依法、公平竞争参与政府采购活动，平等对待外商投资企业在境内生产提供的产品和服务。

（四）竞合博弈创新发展阶段

2015 年 7 月 31 日，李克强总理召开国务院常务会议，决定整合建立统一的公共资源交易平台，公共资源交易平台整合工作得到各地的响应。尤其是自《国务院办公厅关于印发整合建立统一的公共资源交易平台工作方案的通知》（以下简称《工作方案》）发布以来，工程采购、医药采购和国土交易等各类公共资源交易纷纷被整合到公共资源平台之中，这对于降低交易成本、提高交易透明度、优化资源配置、促进整个公共市场统一规则的形成、服务国民经济发展等方面无疑具有很大的推动作用。

公共资源交易平台的整合意味着在同一领域有着交叉性极强或者同质性特别强的几种制度在同一平台进行运行，比如招标投标、政府采购、公共采购和公共资源交易。这四种制度产生的时间先后不同，内容范围、发展模式和行政监督也不同，各有各的优势和不足。（1）招标投标制度。该制度的优势：第一，主体范围比较广，不仅包括政府，还包括国有企业和民营企业。第二，以工程招标为主，可以做招标收入，也可以做招标支出。该制度的不足：招标投标是一种纯市场化的代理机制，系统分立式的行业监督机制，并且在市场中已经过分强调了招标的作用。（2）政府采购制度。该制度的优势：第一，制度体系比较健全，是在借鉴 WTO《政府采购协议》等国际规制的基础上制定的，涵盖政府采购管理、执行、运行、监督为一体的政府采购制度体系；第二，政府采购制度除了具有招投标制度的纯市场属性外，还强调政府采购的特殊性，即政策功能属性。该制度的不足在于：第一，采购主体是国家机关、事业单位和团体组织，但没有包括国有企业；第二，采购资金来源仅限于财政性资金；第三，集中采购目录以外的采购不受《政府采购法》的管辖；第四，采购对象内部规定不一致，《政府采购法》第三条规定了政府采购的对象为货物、工程和服务，而第四条指出政府采购工程进行的招标投标适用于《招标投标法》，同时，《政府采购法》中未纳入定义的工程内容，在操作时将无所适从。（3）公共采购制度。公共采购的范畴不仅涵盖《招标投标法》和《政府采购法》管辖的范围，还包括军事采购、设备性采购等公共领域的采购，具有公共性。（4）公共资源交易制度。在四种制度中，其范围最大，涵盖面最广，实践的活跃性最强。就中国国内而言，是一个新生事物，也是国家政策鼎力支持来推进的一项工作；基于国际化的角度，公共资源交易制度是体现中国特色的一项制度，是中国在公共采购领域的一项制度创新。该制度的挑战在于把这些既独立又存在矛盾冲突的制度融合到一个平台运作是一项复杂的、系统的、长期性的工程，整合难度比较大。

二、政府采购法律法规运行流程

政府采购运行流程是关于政府采购活动步骤的具体规定。一般地将政府采购的流程划分为采购项目立项、采购合同授予和采购合同履行三个阶段，具体由确定采购需求、确定采购形式、选取采购方式、组织采购活动、采购合同履行与验收以及申请支付资金六个步骤完成。中国《政府采购法》第四章对政府采购预算等十个方面的流程作出了明确规定，具体包括预算编制、邀请招标方式、确定投标时间、废标程序和标准、重新采购招标、竞争性谈判、单一来源采购方式、询价采购方式、政府采购履约验收、采购文件档案管理等。中国《政府采购法》对采购流程详细的规定表明中国政府采购是重程序、轻结果和需求管理的体制。2016 年 7 月，世界银行发布了新的采购体系，并建立了采购发展战略管理制度（project procurement strategy for development，PPSD）。如图 2－1所示，PPSD 不仅把确定和实现政府采购需求贯穿于项目执行的全过程，而且还把注重交易过程的传统采购链条转向更加注重采购需求和合同管理，做到了采购管理、预算执行的完美整合，从而最大限度地保障了政府采购预期目标的实现。PPSD 代表政府采购管理体制改革的方向，为中国政府采购管理体制改革提供了有益的借鉴。

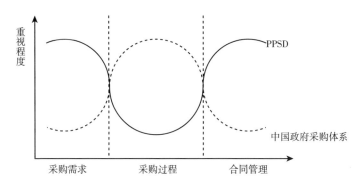

图 2－1　中国政府采购体系与世界银行采购发展战略管理制度

三、采管分离的政府采购管理体制

政府采购管理体制是规范和处理政府采购管理机构、执行机构、采购人、监督机构以及各个参与主体之间关系的制度体系，是政府采购基础性制度框架。中国已初步建立了"采管分离、职能分设、政事分开、相互制衡、规范运作"的管理体制。政府采购管理体制的结构关系如图 2－2 所示。即财政部作为政府采购的监管部门，负责政府采购政策及规章制度的制定，并对政府采购活动进行监管；各级政府采购中心及政府采购代理机构作为政府采购的执行机构组织实施政府采购活动，包括政策执行，参与部门政策制定、人员培训等；国家机关、事业单位和团体组织作为采购人，履行政府采购需求管理、合同管理和履约验收等职责。这种管理体制明确管理机构、采购人、集中采购机构和采购代理机构等机构的工作职责，理顺了三者的工作关系，形成了既相互协调又相互制约的监管工作机制。

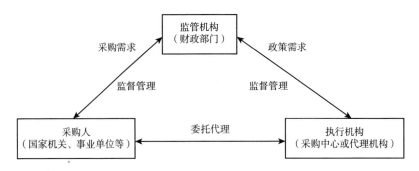

图 2-2　政府采购采管分离管理体制

四、全链条的政府采购监管体制

将监管链条延伸到需求和结果管理。中国政府采购制度建立之初,其主要目标集中在"节支反腐",从而政府采购管理的焦点也主要集中在程序管理上,以期用规范化的程序设计卡住"腐败"的关键点,以程序为导向的管理模式在初期对扭转原来政府采购不规范现象、节约财政资金,起到了积极作用。但随着改革的深入,程序导向管理的弊端日渐显现,由于采购需求管理和采购结果管理缺位,导致采购效率较低,并且"低价恶性竞争""价高质次""超标准需求"等现象时常发生。近年来,采购管理开始向前端的需求管理和后端的结果管理延伸,全链条采购管理体系逐步构建。2015 年《政府采购法实施条例》实施以来,覆盖采购全生命周期过程的采购管理体逐步形成。反腐倡廉是政府采购经济效率功能在政治领域的升华。政府作为买方参与市场交易,因涉及交易规模庞大,如果缺乏行之有效的监督,极易成为滋生腐败的"温床",并最终降低政府采购资金使用效率,甚至毫无效率可言。政府采购作为一种制度安排,可以通过其内在的约束机制和外在的监督机制,最大限度地提高政府采购的透明度,做到尽可能预防腐败现象的发生。

政府采购存在广泛的外部监督机制:法律监督,政府采购主管部门监督,各级纪检、监察、审计等部门的监督,新闻媒体的监督,纳税人的监督,如图 2-3 所示。其中,最主要的监督是法制监督,即实现政府采购法制化。最广泛、最有力的监督是纳税人的监督,因为政府采购资金是纳税人交的税金,政府采购所需资金直接关系到纳税人的税负水平。不过,外部监督效果主要取决于市场经济完善程度和纳税人参与监督公共资金的意识。市场经济越发达、法制化和规范化程度越高,政府采购过程才能更透明,只有透明化的政府采购才能让公众参与监督,才能避免"暗箱操作",才可能实现政府采购反腐倡廉的功能。

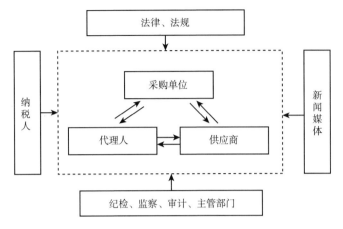

图 2 - 3　政府采购的约束监督机制

第二节　中国政府采购市场发展现状

一、政府采购市场规模

政府采购市场规模通常用总规模、政府采购占 GDP 比重和政府采购占财政支出比重三个指标衡量。自 2003 年 1 月 1 日《政府采购法》生效以来，中国政府采购市场规模、政府采购占 GDP 比重和政府采购占财政支出比重均呈明显增长的趋势，相对 GPA 成员，中国政府采购占 GDP 和政府采购占财政支出的比重偏低，在 GPA 框架下，中国政府采购规模将会持续扩大。

（一）政府采购市场总规模呈逐年增长的趋势

图 2 - 4 显示了 2003 ~ 2017 年中国政府采购市场总规模呈现持续增长的趋势。根据统计，2003 年中国政府采购规模为 1 659.4 亿元，到 2017 年政府采购规模已经达到 32 114.3 亿元，中国政府采购市场总规模在 15 年间增加了 30 454.9 亿元，增幅为 1 835.30%，年均增长率为 23.70%。从政府采购规模占 GDP 比重来看，2003 年为 1.23%，2017 年上升为 3.88%，增加了 2.65 个百分点，增幅为 215.45%，年均增长率为 8.55%。至于政府采购规模占财政支出的比重，2003 年为 4.60%，2017 年达到 15.81%，增加了 11.21 个百分点，增幅为 243.7%，年均增长率为 9.22%。

中国政府采购市场快速发展，一方面反映《政府采购法》生效以来，纳入集中采购目录的货物、服务和工程项目越来越多，政府采购制度的规范作用日益明显。另一方面也反映出中国政府采购对宏观经济的调控效应在不断地增强。尤其在 2008 年金融危机发生后，政府采购对宏观经济的调控力度空间加强，2011 年政府采购金额首次突破万亿大关。2008 年以前政府采购市场规模增长率为 2.61%，2008~2017 年政府采购规模增长率为 4.36%，增加了 1.75 个百分点。

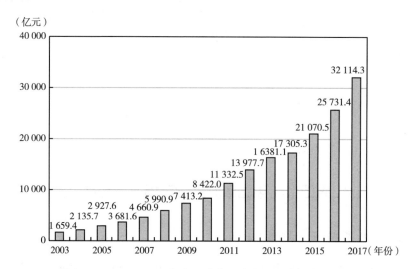

图 2 - 4　2003~2017 年中国政府采购市场总规模变化趋势

资料来源：2003~2012 年政府采购数据来自历年《中国政府采购年鉴》；2013~2017 年的政府采购数据来自财政部网站。

（二）政府采购相对比重偏低

根据表 2 - 2 数据显示，政府采购规模占 GDP、政府采购规模占财政支出的比重均呈现不同程度地增长。中国政府采购占 GDP 和财政支出的份额明显上升，但相对政府制度发达的西方国家而言，中国政府采购的比重偏低。2013 年，OECD 成员政府在公共采购上的支出平均占政府一般支出总额的 28.4%，发达国家公共采购市场占 GDP 的 10%~15%。这种支出水平表明，政府可以通过政府采购对本国市场的结果产生重大影响。[①] 15 年间，中国政府采购占 GDP、占财政支出比重的平均值为分别为 2.32% 和 9.31%，2017 年两个比重达到最大，分别为 3.88% 和 15.8%。统计数据表明，中国政府采购规模与西方发达国家相比还是存在很大的差距。

---

① Gourdon J., Messent J. How Government Procurement Measures can Affect Trade [J]. OECD Trade Policy Papers, 2017, 199: 1 - 41.

表 2 – 2 2003 ~ 2017 年部分年份中国政府采购市场规模变化情况

项目	2003 年	2008 年	2009 年	2013 年	2014 年	2015 年	2016 年	2017 年
总额（亿元）	1 659.4	5 990.9	7 413.2	1 638.1	17 305.3	21 070.5	25 731.4	32 114.3
占 GDP（%）	1.23	1.90	2.18	2.76	2.69	3.07	3.47	3.89
占财政支出（%）	4.60	9.36	9.58	11.12	11.40	11.98	13.70	15.81

资料来源：2003 ~ 2016 年的财政支出数据和 GDP 数据来自《中国统计年鉴》（2017），2003 ~ 2012 年政府采购数据来自历年《中国政府采购年鉴》，2013 ~ 2017 年的政府采购数据来自财政部网站，2017 年财政支出和 GDP 数据来自国家统计局网站。

（三）GPA 框架下中国政府采购规模将会继续扩大

目前，中国正在进行加入 GPA 的谈判，GPA 对政府采购的界定很笼统，以"政府为目的"的采购都包括内在，这给参与 GPA 谈判预留了很大的空间。同时，GPA 成员的政府采购范围比中国政府采购法界定的范围要广泛得多，它基本上涵盖了最低限额以上的所有政府性支出的货物、服务和工程项目。那么，在 GPA 框架下，中国的实际政府采购规模将会大大提升，中国最新出价首次开放国有企业、医院等事业单位已经充分证明了这一点。显然，加入 GPA，对中国正在实行的《政府采购法》是一种挑战，意味着需要修订《政府采购法》，使中国的政府采购制度与国际规制能有效衔接。

二、政府采购市场结构

（一）按采购对象分类

按采购对象分类，政府采购市场结构是指政府采购货物、服务和工程。《政府采购法》明确了货物、服务和工程的范畴。工程是指建设工程，包括建筑物和构筑物的新建、改建、扩建、装修、拆除、修缮等；货物，是指各种形态和种类的物品，包括原材料、燃料、设备、产品等；服务是指除货物和工程以外的其他政府采购对象。商业性货物和服务是指一种在商业性市场上已普遍出售或待售的货物和服务，通常由非政府购买者为非政府目的买入；建筑服务，是指一种根据《联合国暂行中央产品分类》（CPC）第 51 类，以任何土木或者建筑工程手段实现其目的的服务；服务，包括建筑服务，除非另有规定。GPA 有关政府购买商业和服务并没有指明，而只是非政府购买为非政府目的买入的商业性货物和服务之外的货物和服务，体现政府采购"政府目的"特征的货物和服务都属于其管制的范畴。

GPA 缔约方出价中的货物、服务和工程是按照 CPC 分类的，具体开放的采购品目由谈判确定。在政府采购实践中，中国政府采购对象分为货物类、服务类以及工程类政府采购项目,三类项目的采购规模统计数据如表 2 - 3 所示。统计数据显示,中国《政府采购法》实施以来,货物类、服务类和工程类三类项目的采购总量呈上升的趋势,货物类采购比重逐年下降,工程类采购比重基本保持不变,服务类采购比重逐年上升,三类项目的采购比例日趋合理,经济效应逐渐彰显,具体特征如下:

表 2 - 3 　　　　　2003～2017 年按采购对象分类中国政府采购结构情况

年份	工程		货物		服务	
	金额（亿元）	占比（%）	金额（亿元）	占比（%）	金额（亿元）	占比（%）
2003	647. 18	39. 00	902. 73	54. 40	109. 52	6. 60
2004	939. 72	44. 00	1 046. 50	49. 00	149. 50	7. 00
2006	1 763. 91	47. 91	1 647. 39	44. 75	270. 30	7. 34
2009	3 858. 40	52. 05	3 010. 60	40. 61	544. 20	7. 34
2010	4 536. 60	53. 87	3 176. 30	37. 71	709. 10	8. 42
2011	6 614. 30	58. 37	3 829. 60	33. 79	888. 60	7. 84
2012	8 373. 50	59. 91	4 390. 60	31. 41	1 214. 00	8. 68
2013	9 925. 60	60. 59	4 921. 90	30. 04	1 534. 40	9. 37
2014	10 141. 11	58. 60	5 230. 04	30. 20	1 934. 25	11. 20
2015	11 155. 20	52. 90	6 571. 40	31. 20	3 343. 90	15. 90
2016	13 630. 40	53. 00	7 240. 00	28. 10	4 860. 80	18. 90
2017	15 210. 90	47. 40	8 001. 80	24. 90	8 901. 60	27. 70

　　资料来源:2004～2013 年数据来自历年《中国政府采购统计年鉴》,2013～2017 年数据来自中国政府采购网。

　　第一,三类项目采购规模绝对量呈明显增长。2003～2017 年,工程类项目采购从 647. 18 亿元增加到 15 210. 90 亿元,增幅为 2 250. 34%,年均增长率 25. 30%。货物类项目从 902. 73 亿元增加到 8 001. 80 亿元,增幅为 786. 4%,年均增长率为 16. 87%;服务类项目从 109. 52 亿元增加到 8 901. 60 亿元,增幅为 8 027. 83%,年均增长率为 36. 91%;从相对量看在实行现代政府采购制度的初期,服务类采购规模最小、工程类采购规模较大、货物类采购规模最大。随着政府采购制度不断健全以及产业结构的调整,根据 GPA 的相关规定,明确了货物、工程和服务采购项目的统计口径。一方面,越来越多的工程项目纳入政府采购范围,尤其是 2008 年以后,工程采购规模逐渐成为主导;另一方面,服务采购增速最快,2017 年首次超过货物采购规模。这主要得益中国服务业本身的快速发展，与此同时，中国《国家基本公共服务体系"十二五"规划》鼓励政府购买社会公共服务，各级政府也重视社会公共服务职能，不断完善优化服务类政府采购目录，增加了社会公共采购服务领域的投资。

第二，三类采购项目结构日趋合理。如图 2 – 5 和图 2 – 6 所示，从相对量看，中国货物类政府采购规模占政府采购总规模的比重呈现明显下降的趋势，从 2003 年货物类占总采购规模的比重从 54.4%（当时占比最大的政府采购项目）下降到 2017 年的 24.9%，下降了 29.5 个百分点，平均占比为 37.95%。工程类占总采购规模的比重从 2003 年 39.0% 上升到 2017 年 47%，增加了 8.4 个百分点，平均占比为 51.5%。由表 2 – 3 可知，从 2006 年开始，工程类采购比重首次超过货物类采购比重，尤其是金融危机后，工程类采购比重逐年攀升，2013 年达到峰值，比重为 60.59%。服务类政府采购规模占总采购规模比重从 2003 年从 6.60% 上升 2017 年到 27.70%，增加了 21.10 个百分点，无论总量还是相对量，服务类政府采购在 2017 年超过货物类政府采购项目。

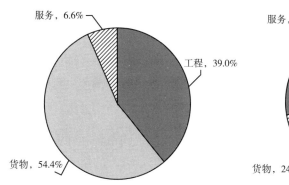

图 2 – 5　2003 年三类采购占比

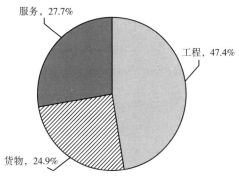

图 2 – 6　2017 年三类采购占比

（二）按采购主体分类

根据中国《政府采购法》的规定，政府采购主体主要包括各级国家机关、事业单位以及团体组织等三大类。图 2 – 7 显示了近几年三类采购主体的采购规模变化情况。从整体上看，三类采购主体的采购规模都呈逐渐增长的趋势。其中，国家机关的采购规模从 2 397.24 亿元增加到 8 094.65 亿元，增长了 237.67%；事业单位的采购规模从 2 045.54 亿元增加到 6 967.13 亿元，增长了 240.60%；团体组织的采购规模从 218.08 亿元增加到 1 319.32 亿元，增长了 504.97%。国家机关、事业单位和团体组织占政府采购总规模的比重基本保持不变，分别为 50%、44% 和 6%。虽然团体组织政府采购增速最快，但其比重远远低于国家机关和事业单位。以 2013 年为例，国家机关和事业单位的政府采购金额分别是团体组织采购金额的6.14倍和5.28倍。这说明国家机关和事业单位是中国政府采购市场的重要主体，也是中国政府采购市场开放的重点领域。

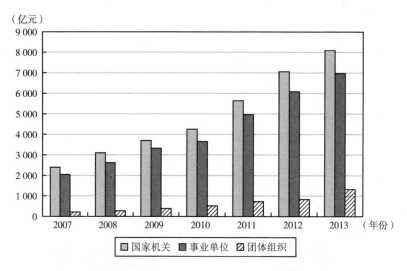

图2-7 按采购主体分类的政府采购市场规模

资料来源：2007～2013年的数据来自历年《中国政府采购统计年鉴》，其他年份没有公开的数据。

（三）按采购的行政区域分类

按政府行政级次，政府采购市场结构分为中央级政府采购市场和地方级政府采购市场，为了分析的需要，在此基础上，本书根据加入GPA的第6份出价清单，把地方级政府采购市场细分为加入GPA政府采购市场和未加入GPA政府采购市场，加入GPA政府采购市场是指第6份出价清单中列举的包括北京、上海等在内19个次中央采购实体，主要是政府采购市场相对比较完善的地方政府采购市场。图2-8显示了按行政区域划分的政府采购的变化趋势。2003～2013年，地方政府采购规模和中央政府采购规模逐渐增长，地方政府采购规模一直大于中央政府采购规模，而且随着时间的推移两者之间的差距越来越明显，两者差距从2003年的5.31倍扩大到2013年的17.84倍，由此可见，中国的地方政府采购市场占有绝对主导地位，以2013年为例，地方政府采购市场占中国总市场规模的94.69%，这是GPA缔约方为什么要求中国政府全部开放次中央实体的根源所在。列入GPA出价清单的19个次中央采购实体的采购规模和未列入GPA出价清单的次中央采购实体采购规模两者均呈增长的发展趋势，尽管两者的差距有缩小的趋势，但是列入GPA的采购规模仍然占据绝对的市场份额，2013年占政府采购市场总规模的 71.39%，尽管这个数据与 GPA 出价清单中不完全一致[1]，但至少反映出一旦加入 GPA，中国的政府采购市场开放程度将会非常高。

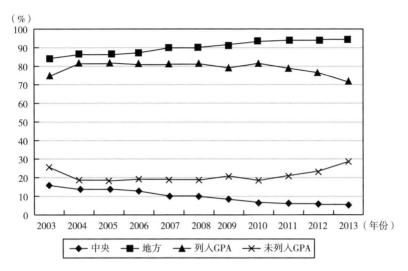

图 2 - 8　按行政区域分类的政府采购规模比重变化趋势

资料来源：笔者根据《中国政府采购统计年鉴》（2003～2014 年）的数据整理计算。

三、政府采购的主要模式

政府采购模式，即政府采购组织形式。中国采取了集中采购和分散采购相结合的方式，即列入集中采购目录以内的实行集中采购，不在集中采购目录以内的但达到限额标准以上的实行分散采购，其中，集中采购包括"政府集中采购"和"部门集中采购"两类，表 2 - 4 列示了中国自实施《政府采购法》以来，不同采购模式的采购金额及占比重情况。从整体看，2003～2017 年，政府集中采购、部门集中采购和分散采购三种模式的采购规模均呈现持续增长的趋势，其中，政府集中采购从 2003 年的 1 024.95 亿元增加到 2017 年的 15 286.60 亿元，增幅为 1 391%；部门集中采购从 2003 年的 283.24 亿元增加到 2017 年的 5 492.00 亿元，增加了 1 839%；分散采购从 2003 年的 351.25 亿元增加到 2017 年的 11 335.70 亿元，增加了 3 127%。统计分析表明，集中政府采购已成为中国最主要的采购组织模式，但随着时间推移，两种采购组织模式的比重稍有变化。具体而言，在《政府采购法》实施初期，以强调节约财政资金为目的，依托

---

① 中国加入 GPA 出价清单中只列举开放 19 个次中央实体的 588 个机构，而不是所有机构，现有的统计数据并没有包括国有企业的采购数据，所以 71.39% 只能大致反映市场的开放规模。

"政府采购中心"这类集中采购代理机构的相对更加规范的集中采购模式被大范围推广，因此，集中采购占总采购规模的比重呈逐渐上升的趋势，从2003年的78.83%上升到2012年的87.6%（2012年达到峰值）。但是随着中国"放管服"改革的推进，各地政府清理规范和优化集中采购目录，减少集中采购项目，扩大了采购人分散采购的范围和采购自主权，分散采购的比重逐步提高。2017年中国分散采购的比重为35.30%，较2016年提高了7.9个百分点。即便如此，集中采购的主导地位仍然没有改变。

表2-4   不同政府采购组织形式的政府采购规模

年份	政府集中采购		部门集中采购		分散采购	
	规模（亿元）	占比（%）	规模（亿元）	占比（%）	规模（亿元）	占比（%）
2003	1 024.95	61.76	283.24	17.07	351.25	21.17
2005	1 747.70	59.70	611.72	20.90	568.15	19.41
2006	2 187.47	59.42	798.17	21.70	695.97	18.90
2007	3 053.70	65.52	909.53	19.51	697.64	14.97
2009	5 106.42	68.88	1 340.51	18.08	966.24	13.03
2010	5 744.41	68.21	1 539.79	18.28	1 137.77	13.51
2011	7 535.65	66.50	2 250.49	19.86	1 546.33	13.65
2012	9 113.10	65.20	3 131.10	22.40	1 733.60	12.40
2013	10 750.18	65.62	3 336.47	20.37	2 294.46	14.00
2014	11 734.50	67.81	2 940.42	16.99	2 630.42	15.20
2015	—	—	—	—	4 365.00	20.70
2016	16 446.00	63.91	6 132.90	19.70	8 510.80	27.40
2017	15 286.60	47.60	5 492.00	17.10	11 335.70	35.30

资料来源：笔者根据《中国政府采购统计年鉴》（2003～2014年）和《全国政府采购简要情况》（2014～2017年）整理计算。2015年的集中采购比重为79.3%，但没有找到政府集中采购和部门集中采购的数据。

四、政府采购的常用方式

《政府采购法》规定了公开招标、邀请招标、竞争性谈判、单一来源以及询价五种具体的采购方式，同时，法律也规定政府采购监管部门可以规定除此之外的政府采购方式。为了规范公开招标方式，2004年财政部颁布了《政府采购货物和服务招标投标管理办法》，专门对货物和服务招标投标方式进行规范。针对中国非公开招标方式中不规范的现象，2013年底，财政部发布了《政府采购非招标采购方式管理办法》，专门规范非招标采购方式。2014 年底，为了适应政府购买服务以及政府和社会资本合作改革的需要，财政部新增加了"竞争性磋商"的采购方式。2017 年，财政部修订了《政府采购货物和服务招标投标管理办法》。总之，中国建立了适应政府采购实践需要的、比较健全的政府采购方式体系，规范了政府采购市场行为。表 2 - 5 和图 2 - 9 均显示，中国已形成了以公开招标方式为主导，竞争性谈判、邀请招标、询价和单一来源等非公开招标方式为辅助的政府采购方式体系。与"集中采购"变化趋势一致，中国的公开招标方式所占份额也经历一个先升后降的过程。在政府采购制度实施初期，中国政府采购实践中强调公开、透明的原则，公共招标的方式备受青睐，公开招标占比从2003 年的 57.23% 上升至 2013 年的 83.3% （峰值），10 年间上升了 26 个百分点，而非公开招标从 2003 年的 42.77% 下降到 2013 年的 16.70%。自 2014 年以来，按照"简政放权"的改革要求，不仅我国各级政府采购主体纷纷提高了公开招标的标准，各个预算单位在采购方式的选择上也更加强调根据采购项目的特点灵活选择，于是，公开招标项目数量呈现迅速减少趋势。据统计，2015 年和2016 年我国公开招标金额依次为 16 413.5 亿元和 19 935.3 亿元，占当年全国政府采购规模的 77.9% 和 64.5%，虽然仍然占据绝对的主导地位，但是结构占比却持续下降，与 2014 相比分别下降了 6.6 个百分点和 20 个百分点。随着"简政放权"改革的继续推进，公开招标的比重可能还将下降，而非公开招标方式的比重会相应上升。

表 2 - 5　　　　　2003 ~ 2013 年不同采购方式占总采购规模比重　　　　单位:%

年份	公开招标	邀请招标	竞争性谈判	询价	单一来源
2003	57.23	13.44	9.28	14.40	4.79
2004	59.55	10.97	10.56	13.17	5.75
2005	65.47	7.76	10.61	11.36	4.79
2006	67.62	6.56	11.46	9.96	4.40
2007	70.14	6.31	9.91	8.97	4.66
2008	71.60	4.82	9.39	8.71	5.48
2009	75.23	4.28	8.60	7.42	4.47
2010	76.97	3.48	7.56	7.04	4.95
2011	80.72	2.91	6.35	5.94	4.08
2012	83.75	2.76	5.17	4.85	3.46
2013	83.30	4.24	4.37	4.65	3.45

资料来源：笔者根据《中国政府采购统计年鉴》（2004 ~ 2014 年）计算整理。

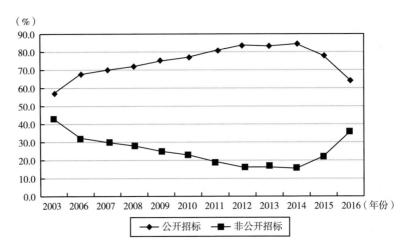

图 2 - 9　2003 ~ 2016 年公开招标和非公开招标占全部采购金额比重

资料来源: 笔者根据《中国政府采购统计年鉴》(2004 ~ 2014 年)和《中国政府采购统计公告》
(2015 ~ 2017 年)计算整理。

五、中国政府采购市场开放程度

中国还没有正式加入 GPA, 尽管从国际法的角度讲, 还没有正式开放政府采购市场, 但是, 在相关谈判活动的推动下, 其实已经通过引进外资、国际金融组织资助等方式间接开放了中国政府采购市场, 具体表现在:

第一, 通过引进外资间接开放了政府采购市场。改革开放之后, 中国采取"超国民待遇"的优惠政策安排, 吸引了大量外资, 成为世界第一大外资流入国。2018 年, 中国实际使用外资 8 856.1 亿元, 在汽车、手机和家电等消费品领域的外资品牌和进口产品占据了 65% 以上份额。这些外资的进入不仅给我国带来了先进技术, 而且还给国内市场运行机制和产品市场供求关系带来了显著改变, 相当于间接开放了部分政府采购市场。不过, 出于应对跨国公司带来的溢出负效应的需要, 我国政府及时取消了外资的"超国民待遇", 并提出了政府采购促进"自主创新"的政策目标。这些措施遭受到了欧美国家的施压, 并要求中国尽快加入 GPA。

第二, 受国际金融组织资助项目的政府采购已经对外开放。作为发展中国家, 中国多次接受世界银行和亚洲开发银行等国际金融组织通过项目方式提供的资助。根据国际惯例, 受这些国际组织资助的项目需要按照国际性竞争招投标的方式进行采购。如世界银行就规定, 资助我国的项目中, 对于 500 万美元以上土建工程、单个合同价在 50 万美元以上的货物项目或者合同在 30 万美元以上的咨询服务都必须面向全球供应商进行国际招标。目前，我国受世界银行资助的贷款项目中，贷款采购总金额的 70% 以上是国际竞争性招标采购金额。这样毫无疑问为国外企业进入中国政府采购市场提供了便捷通道。[①]

第三，已经搭建了世界招投标网络平台，为政府采购市场开放提供了物质条件。早在 2006 年，我国就在北京开通了国际招投标信息门户网站——全球招标投标网站，这是我国首家面向全球供应商发布采购需求和招投标信息的专业网站。在帮助国内采购主体从全球范围搜寻供应商的同时，该网站也为国内企业捕获国外商机、进入国际市场提供了平台。

第三节　中国政府采购功能现状及实践效果

《政府采购法》立法宗旨体现了政府采购的政策功能的意图。节约财政资金和提高资金使用效益是政府采购采购作为市场行为对资源进行有效配置的功能呈现，而促进廉政建设则是政府采购资源配置功能在政治领域的迁移和升华。从《政府采购法》的具体条款来看，第九条规定"政府采购应当有助于实现国家的经济和社会发展的政策目标，包括环境保护，扶持不发达地区和少数民族地区发展，促进中小企业发展等"；第十条要求"政府采购应当采购本国货物、工程和服务"，包含了对政府采购资源配置之外功能的界定。其实，将政府采购作为宏观经济调控手段，与财税手段、金融手段并列，的最早提法来自《中华人民共和国国民经济和社会发展第十一个五年规划纲要》。在这份文件中，政府采购不再仅仅被作为单纯的财政支出管理手段，而是被上升为一种助力实现宏观经济和社会目标的公共政策工具，这一功能在《政府采购法实施条例》中被进一步明确化。综合来看，目前中国已经建立起涵盖支持绿色产业、支持中小企业、支持残疾人就业等内容的政府采购政策支持体系（见图 2 – 10）。

关于政府采购应该具有哪些政策功能，本书开展的相关调查结果如表 2 – 6 所示。以"非常同意"的评价等级为例，63.35% 的被调查者认为政府采购应该具备"促进廉政建设"的政策功能；62.22% 的被调查者认为"节约财政资金"应成为政府采购政策功能；56.20% 的被调查者认为政府采购应具备"支持自主创新"的政策功能。还有 18.80% 的被调查者对政府采购"扶持中小企业发展"，发展弱势产业给予"不确定"的评价。调研数据表明：第一，中国政府采购功

① 马晓雪. WTO《政府采购协议》框架下中国政府采购市场开放策略研究［D］. 东北财经大学，2015.

能功能具有层次性,即有主要政策功能和次要政策功能之分;第二,被调查者普遍接受《政府采购法》立法初期强调"节资"和"反腐"功能,而对其他功能的认可程度明显要低,比如对"促进区域平衡发展"和"扶持中小企业发展"和"绿色政府采购"等政策功能认识不足。

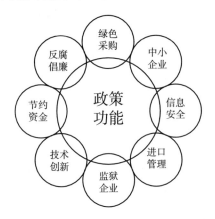

图2-10 中国现行法律法规中政府采购政策功能体系

表2-6　　　　　　　　　政府采购应具有政策功能评价　　　　单位:%

功能	评　价				
	完全不同意	不同意	不确定	同意	非常同意
节约财政资金	0.19	4.32	9.77	23.50	62.22
促进廉政建设	0.00	1.32	7.71	27.63	63.35
经济总量调控	0.56	5.83	14.47	33.27	45.86
促进区域平衡发展	0.56	6.02	16.17	29.70	47.56
扶持中小企业发展	2.44	8.46	18.80	31.77	38.53
绿色政府采购	0.94	2.07	14.10	33.46	49.44
支持自主创新	0.75	4.51	12.78	25.75	56.20

资料来源:笔者根据问卷调研整理。

一、政府采购资源配置功能效应

基于理论部分阐释,目前中国实施的政府采购资源配置功能主要有节约财政资金、促进廉政建设和绿色政府采购。调查结果显示(见表2-7):对中国政府采购较好地实现了节约财政资金功能、促进廉政建设和绿色政府采购给予"非常同意"评价的受访者比重分别为29.70%、25.94%和24.44%，近30%的受访者不确定以上三个政策功能是否有效发挥作用，这表明目前政府采购领域对政府采购政策实施效果的认可程度偏低，政策效果不明显。

表 2 - 7　　　　　　　　　　政府采购资源配置功能效应评价

功能	人数及占比	评价				
		完全不同意	不同意	不确定	同意	非常同意
节约财政资金	人数	18	39	162	155	158
	占比（%）	3.38	7.33	30.45	29.14	29.70
促进廉政建设	人数	14	49	159	172	138
	占比（%）	2.63	9.21	29.89	32.33	25.94
绿色政府采购	人数	11	46	161	184	130
	占比（%）	2.07	8.65	30.26	34.59	24.44

资料来源：笔者根据问卷调研整理。

（一）政府采购节约财政资金效应

政府采购资金效应通常用节约金额和节约率两个指标衡量，政府采购节约资金是政府采购预算金额与实际政府采购支出金额之差，节约率为节约资金与政府采购预算金额之比，这两个指标值是否能真实反映政府采购资金节约情况，取决于政府采购预算的科学程度。

1. 不同行政区域资金节约情况

2003～2013年不同行政区域结构的政府采购资金节约金额和节约率，如表2-8所示：（1）以全国范围为统计口径，2003年，节约金额196.53亿元，资金节约率为10.59%；到2013年，节约金额1 922.82亿元，资金节约率为10.00%，11年间，累计节约预算资金10 295.83亿元，资金平均节约率为11.4%。（2）以列入GPA出价情况的省、直辖市为统计口径，2003年，节约金额134.02亿元，资金节约率为10.42%；到2013年，节约金额1 440.63亿元，资金节约率为10.72%，11年间，累计节约预算资金7 410.86亿元，资金平均节约率为11.1%。（3）以未列入GPA出价情况的省、直辖市为统计口径，2003年，节约金额33.90亿元，资金节约率为9.20%；到2013年，节约金额181.90亿元，资金节约率为8.44%，11年间，累计节约预算资金1 221.55亿元，资金平均节约率为9.45%。从行政区域看，中国列入GPA出价清单的19个次级政府的资金节约效益高于未列入GPA清单的次级政府，前者的平均资金节约率比后着高出1.63个百分点。

表2-8   2003～2013年不同行政区域资金节约情况

年份	全国		列入 GPA		未列入 GPA	
	节约金额（亿元）	节约率（%）	节约金额（亿元）	节约率（%）	节约金额（亿元）	节约率（%）
2003	196.53	10.59	134.02	10.42	33.90	9.20
2004	271.14	11.27	240.45	10.71	44.66	10.25
2005	380.15	11.49	279.07	10.83	57.33	9.69
2006	440.57	10.69	327.93	10.61	72.02	9.70
2007	574.78	10.98	434.27	11.42	84.34	9.83
2008	758.56	11.24	560.81	12.61	96.71	9.59
2009	924.20	11.08	743.07	10.41	129.84	9.23
2010	1 410.28	14.34	905.00	12.34	153.97	10.72
2011	1 566.00	12.10	1 047.11	10.92	170.91	9.03
2012	1 850.80	11.70	1 298.49	11.07	195.98	8.45
2013	1 922.82	10.00	1 440.63	10.72	181.90	8.44

资料来源：笔者根据《中国政府采购统计年鉴》（2003～2014年）计算整理。部分省份的缺失值采用利用均值或者平均增长率推算，由于西藏的数据缺失较多，统计口径中没有包括西藏。

2. 不同产品结构的资金节约情况

为了进一步了解政府采购资金节约情况，本书分析了不同产品结构政府采购资金节约率，如图2-11所示，2003～2006年，资金节约率从高到低依次是服务类、工程类和货物类；2007～2013年，节约率有所变化，工程类采购资金节约率最高，货物类和服务类次之；11年间，中国货物类、工程类和服务类的政府采购平均资金节约率为11.20%、11.95%和13.16%，服务类采购资金节约率最高；货物类、工程类和服务类采购资金节约率呈现同步变化的趋势，2010年三类采购的节约率达到最大，分别为14.3%、16.6%和26.6%，2010年后呈逐渐下降的趋势。

分析表明，自《政府采购法》实施以来，政府采购资金使用总体效果较好，均达到了10%以上的节约水平，说明完善机制并加强对政府采购的管理力度，能够节约一定的国家财政资金，提升财政支出的绩效水平。另外，当中国加入GPA之后，中国政府可以在GPA成员方进行采购，竞争程度不断增加，政府采购资金效益将会得到进一步彰显。

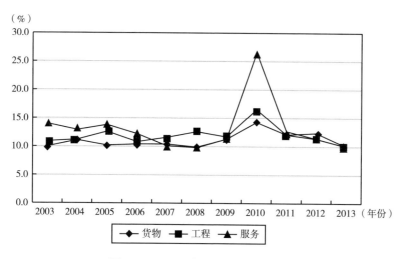

图 2 - 11　不同产品结构资金节约率

（二）绿色政府采购功能

1. 绿色政府采购的法律

自《政府采购法》明确绿色政府采购政策功能以来，中国政府相继出台了一系列政府绿色采购的政策法规和采购标准，包括《中华人民共和国清洁生产促进法》《节能产品政府采购清单》《环境标志产品政府采购清单》等在内的 11 部法律法规。首批《节能产品政府采购实施意见》和《节能产品政府采购清单》要求"各级国家机关、事业单位和团体组织用财政性资金进行采购的，应当优先采购节能产品，逐步淘汰低能效产品"，并指出"采购人或其委托的采购代理机构未按上述要求采购的，有关部门要按照有关法律、法规和规章予以处理，财政部门视情况可拒付采购资金"；首批《环境标志产品政府采购清单》和《关于环境标志产品政府采购实施的意见》要求采购人在招标文件中必须载明产品的环保要求、优先采购条件的评审标准以及合格供应商应具备的条件，并强调在技术、性能、服务等条件相同的情况下应优先采购清单中列明的产品。后来，经过相关部委定期调整更新，节能环保产品范围逐渐扩大，产品清单不断优化。截至 2020 年 3 月 1 日，共发布了二十三期"环境标志产品政府采购清单"和二十四期"节能产品政府采购清单"，为绿色政府采购功能实施提供了法律支撑。

2. 绿色政府采购的实践效果

表 2 - 9 收集整理了 2012～2017 年绿色政府采购数据。统计分析表明，中国绿色政府采购规模总体呈上升趋势，从 2012 年的 2 220.3 亿元增加到 2017 年的 3 444.3 亿元，增长率为 55.13%。绿色政府采购占总采购规模比重则呈现先上升

后下降的趋势, 其中 2014 年占比最高, 达到 22.31%, 而 2016 年和 2017 年则在 10% 左右徘徊。自 2014 年起同比增长率呈下降趋势, 到 2015 年、2016 年甚至出现负增长, 但是 2017 年的同比增长率大幅上升, 达到 27.38%。

表 2 - 9   绿色政府采购规模与比重

类别	2012 年	2013 年	2014 年	2015 年	2016 年	2017 年
绿色政府采购规模	2 220.30	3 274.00	3 862.40	2 706.30	2 704.00	3 444.30
绿色政府采购占比%	15.88	19.99	22.31	12.84	10.50	10.73
同比增长（%）	34.53	47.46	17.97	-29.93	-0.08	27.38

资料来源: 笔者根据《中国政府采购年鉴》(2013～2014 年)、财政部官网和中国政府采购网站资料计算整理。

表 2 - 10 则进一步统计了政府采购节能环保产品的变动情况。2012～2017 年政府采购节能、环保产品的规模均经历了先上升后下降、再上升的变动过程。2016 年政府采购的节能、环保产品分别占同类产品的 76.2% 和 81.5%, 规模上达到了 1 344 亿元、1 360 亿元, 较 2012 年分别增加了 63.3 亿元、420.4 亿元。到 2017 年, 政府采购的节能、环保产品在同类产品中的占比分别增长到 92.1%、90.8%, 规模上较 2016 年分别增加了 389 亿元、351.3 亿元, 达到 1 733 亿元和 1 711.3 亿元。由此可见, 绿色政府采购功能持续优化, 取得了较好的实践效应。不过, 与中国日益庞大的政府采购规模相比, 绿色采购比重仍然偏低, 其功能效应还有很大的发挥空间。

表 2 - 10   政府采购节能环保产品规模与比重

类别		2012 年	2013 年	2014 年	2015 年	2016 年	2017 年
节能产品	采购规模（亿元）	1 280.70	1 839.10	2 100.00	1 346.30	1 344.00	1 733.00
	占同类产品比重（%）	84.60	86.00	81.70	71.50	76.20	92.10
环保产品	采购规模（亿元）	939.60	1 434.90	1 762.40	1 360.00	1 360.00	1 711.30
	占同类产品比重（%）	68.30	82.00	75.30	81.50	81.50	90.80

资料来源: 笔者根据《中国政府采购年鉴》(2013～2014 年)、财政部官网和中国政府采购网站资料计算整理。

(三) 反腐倡廉功能效应

促进廉政建设是中国《政府采购法》立法的重要宗旨之一。透明度是反腐倡廉的重要保障。透明原则是中国《政府采购法》和《招标投标法》的核心原则，两部法律均对供应商资格审查、评审过程、评审结果进行了严格规制，要求政府采购实现"阳光采购"。自《政府采购法》实施以来，中国政府采购透明度不断提高，财政部还专门引入全国政府采购透明度第三方评估机制，考核评价各省份的政府采购透明度。该评估以标准化货物如计算机、电视、打印机、空调等的采购为样本，对工程和服务类采购活动则不纳入评估范围。评估内容包括批量集中采购模式的信息公开、协议供货模式的信息公开、投诉处理结果及违规处罚结果的公开，其权重分别为 45%、45% 和 10%，总值为 100 分，具体评估得分情况如表 2-11 和表 2-12 所示。

表 2-11　　　　　　　　　中央级政府集中采购机构得分情况

评估对象	批量集中采购模式（45%）	协议供货模式（45%）	投诉处理结果及违规处罚结果（10%）	总分
中央国家机关政府采购中心	78.4	92.5	50	81.91
中共中央直属机关采购中心	64.4	45	0	49.23
全国人大机关采购中心	64.4	0	0	28.98

资料来源：《政府采购透明度评估报告（2016）》。

表 2-12　　　　　　　　　省级政府采购透明度得分情况

评估对象	批量集中采购模式（45%）	协议供货模式（45%）	投诉处理结果及违规处罚结果（10%）	总分
四川省	90.4	—	100	92.15
上海市	—	85	100	87.73
湖南省	—	85	100	87.73
天津市	—	77.5	100	81.59
湖北省	—	77.5	100	81.59
贵州省	—	70	100	75.45
广东省	93.4	45	100	72.28
黑龙江省	—	60	100	67.27
山东省	90.4	30	100	64.18
江西省	67.4	52.5	100	63.96
北京市	—	52.5	100	61.14
重庆市	—	52.5	100	61.14
辽宁省	—	52.5	100	61.14

续表

评估对象	批量集中采购模式（45%）	协议供货模式（45%）	投诉处理结果及违规处罚结果（10%）	总分
河南省	—	52.5	100	61.14
山西省	—	52.5	100	61.14
浙江省	—	52.5	100	61.14
广西壮族自治区	90.4	15	100	57.43
福建省	96.4	7.5	100	56.76
河北省	56	45	100	55.45
海南省	—	45	100	55
甘肃省	—	45	100	55
江苏省	58	52.5	50	54.73
云南省	—	52.5	50	52.05
内蒙古自治区	64.4	37.5	50	50.86
安徽省	32	—	100	44.36
新疆维吾尔自治区	—	52.5	0	42.95
青海省	—	30	100	42.73
陕西省	—	37.5	50	39.77
吉林省	—	37.5	0	30.68
西藏自治区	—	0	50	9.09
宁夏回族自治区	—	0	50	9.09

资料来源：《政府采购透明度评估报告（2016）》。

从评估结果来看，在中央级政府层面，中央国家机关政府采购中心得分较高，说明信息公开做得比较好。在省级政府层面，四川省、上海市、湖南省、天津市、湖北省、贵州省、广东省、黑龙江省、山东省和江西省的排名相对靠前。31 个省政府的透明度加权平均分为 57.96，明显高于地市级政府 40.73 的加权平均分。安徽、山西、湖南和广西等省区实现了不同阶段政府采购信息互联互通。集中批量采购是近年来国家大力推行的政府采购模式，截至评估结束时，全国共有 10 家省级政府采用了集中批量采购模式，占省级政府的38.71%；协议供货栏目是政府采购集中发布信息的基本渠道，也是公众了解和监督协议供货具体渠道的重要窗口。两家中央级政府集中采购机构门户设置了协议供货相关栏目；在 31 家省级政府中，除四川省取消协议供货模式，采取网上竞价和商场直销的方式，安徽省 2015 年在计算机、复印机等范围内继续推进批量集中采购外，在其余的 29 家中，有 25 家的政府采购信息发布平台设置协议供货栏目，在采取协议供货模式的省级政府中占 86.21%，4 家未设立协议供货栏目。

二、购买社会公平的政策功能效果

中国推行政府采购购买社会公平的政策功能主要包括扶持中小企业发展、促进区域平衡发展和支持监狱企业和残疾人就业（问卷中没有涉及）。对于中国实施政府采购购买社会公平政策功能的满意度，如图 2 – 12 所示，仅有 19.92% 和 17.29% 的受访者对促进区域平衡发展、扶持中小企业给予"非常同意"的评价，而有约 33% 的受访者认为这两个政策功能的实施效果是模糊的。

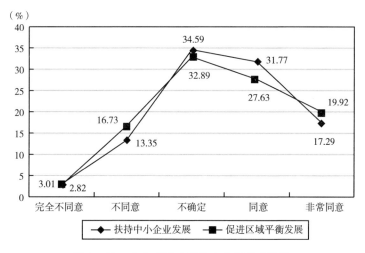

图 2 – 12　政府采购购买社会公平效应评价

资料来源：笔者根据调研问卷计算整理。

（一）扶持中小企业发展

中国政府采购制度实施以来，政府采购促进企业发展、政府采购为中小企业提供融资担保的法律法规和具体措施相继出台，政府采购扶持中小企业发展初见成效。图 2 – 13 和图 2 – 14 反映出政府采购促进中小企业发展的政策功能已经取得一定成效。2011 年授予中小微企业的政府采购额为 9 016.5 亿元，占当年采购总规模 79.6%，为最高占比，其中，货物类 3 283.3 亿元、工程类 5 027.2 亿元、服务类 706 亿元。2012 年中小微企业获得的合同在全国政府采购规模中的份额虽然有所降低，但仍然达到了 77.5%。到了 2018 年，授予中小微企业的政府采购合同金额为 27 488.6 亿元，占全国采购总规模的 76.7%。其中，小微企业的获得合同金额为 11 941 亿元，占中小微企业合同总额的 43.4%。2011～2018 年，政府采购规模中中小微企业合同平均授予额为 77.07%，小微企业占中小微企业总采购金额比重为 45.2%。

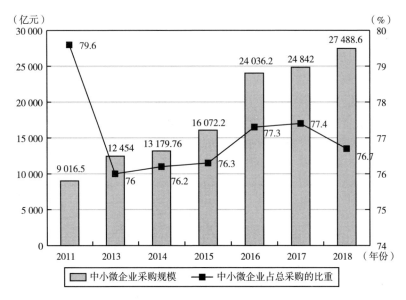

图 2 - 13　中小微企业政府采购规模及比重

资料来源：历年财政部公布的《政府采购统计简报》。

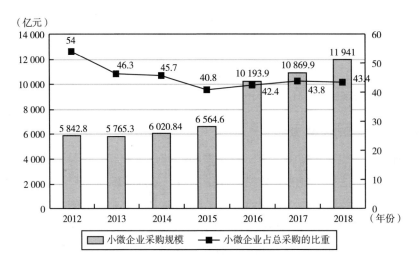

图 2 - 14　小微企业政府采购规模及比重

资料来源：历年财政部公布的《政府采购统计简报》。

（二）支持监狱企业和残疾人就业

相对促进中小企业发展和绿色政府采购等政策功能而言，中国利用政府采购支持监狱企业发展和残疾人就业的政策功能施行得比较晚。直到 2014 年 6 月中国才出台《关于政府采购支持监狱企业发展有关问题的通知》，该通知明确规定，监狱企业与小型、微型企业一样应该享受政府采购扶持政策，比如预留份额、评审中价格扣除等。中小企业面向监狱企业采购可以享受政府采购促进中小企业的优惠政策，同时监狱企业还享受在制服、印刷等政府采购项目中获得预留份额。中国政府 2017 年印发的《关于促进残疾人就业政府采购政策的通知》进一步强调残疾人企业与小型、微型企业可以享受的优惠待遇，同时规定向残疾人福利性单位采购的金额可以纳入中小企业采购的统计数据中。

三、维护国家安全政策功能实践

支持自主创新是中国维护国家安全的一项重要政策功能之一，据调查显示（见图 2－15），26.13% 的受访者对中国实施自主创新的政策功能给予"非常同意"的评价，28.95% 的受访者对其给予"同意"评价，还有 29.75% 的受访者对这一政策功能的实施效果不清楚，这与中国暂停执行政府采购促进自主创新的政策功能有关。本次调研问卷中没有涉及政府采购信息安全功能选项。

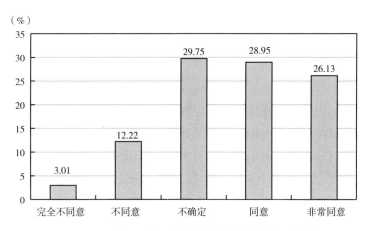

图 2－15　政府采购促进自主创新政策功能效果评价

资料来源：笔者根据调研问卷计算整理。

（一）支持自主创新

尽管《政府采购法》中没有明确规定政府采购促进自主创新的政策功能，

但不难看出,《政府采购法》已充分注意到政府采购的政策功能。为了进一步落实政府采购促进自主创新政策功能的实施,中国政府也陆续出台了多项法案(见表2-13)。《国家中长期科学和技术发展规划纲要(2006—2020年)》是最早明确提出政府采购促进自主创新的政策功能。2007年新修订的《中华人民共和国科学技术进步法》更是从法律上明确了政府采购自主创新产品与服务以及首购和订购的规定。为了使该政策功能落地生根,中国于2007年制定并实施了自主创新的政府采购四个文件①。迫于中国加入GPA谈判的压力,2011年财政部宣布暂停执行这四个文件,但这并不意味着政府采购与促进自主创新脱节。GPA成员利用政府采购促进自主创新的实践就是最好的证明。

表2-13　　　　　　　政府采购促进自主创新的全国性法律法规

法律名称	颁布机构和时间
《国务院关于印发实施〈国家中长期科学和技术发展规划纲要(2006-2020)〉若干配套政策的通知》	国务院2006年2月7日
《财政部关于实施促进自主创新政府采购政策的若干意见》	财政部2006年6月15日
《自主创新产品政府采购预算管理办法》	财政部2007年4月3日
《自主创新产品政府采购合同管理办法》	财政部2007年4月3日
《自主创新产品政府首购和订购管理办法》	财政部2007年12月27日
《科技部　国家发展改革委员　财政部关于开展2009年国家自主创新产品认定工作的通知》	科技部　发改委　财政部2009年10月30日

尽管政府采购促进自主创新的政策功能在中国实施过程中如同昙花一现,但是短短几年中,中国政府通过强调优先购买创新产品、在资格审查阶段给予创新企业支持,在招标过程中预留一定比例等举措,促进自主创新的政府采购政策初见成效。如果观察中国政府采购进口合同授予比重则会发现(见表2-14),从2003年以来基本呈现持续下降趋势,与2003年相比,2011年减少了3.29个百分点。② 这一方面得益于中国积极推行政府采购激励自主创新、促进民族经济发展的政策功能,另一方面也反映出中国政府采购市场开放的准备不充分、条件不成熟。

---

① 这四个文件是《自主创新产品政府采购预算管理办法》《自主创新产品政府采购合同管理办法》《自主创新产品政府采购评审办法》《自主创新产品政府首购和订购管理办法》。

② 章辉. 中国政府采购市场开放风险与防范 [M]. 上海:上海三联书店,2014:21.

项目	2003 年	2004 年	2005 年	2006 年	2007 年	2008 年	2009 年	2010 年	2011 年
货物	4.17	3.40	2.85	2.77	—	—	—	—	—
工程	1.61	0.27	0.65	0.19	—	—	—	—	—
服务	0.11	0.06	0.03	0.03	—	—	—	—	—
合计	5.89	3.73	3.53	2.99	—	—	3.13	2.8	2.6

表 2-14　　　　2003~2011 年政府采购中进口合同授予比重　　　　单位:%

资料来源:《中国政府采购统计年鉴》(2004~2009 年)、中国财政部官网,"—"表示数据不可得。

(二) 政府采购信息安全

1. 有关政府采购信息安全的法律法规

《中华人民共和国保守国家秘密法》第二十九条、《政府采购法》第八十五条、《中华人民共和国国防法》第三十四条,以及《中华人民共和国对外贸易法》第十六条、第十七条、第二十四条和第二十五条的规定,均涉及政府采购信息安全问题。2005 年 12 月,财政部、国家发展和改革委、信息产业部联合发布《无线局域网产品政府采购实施意见》并提出"无线局域网认证产品政府采购清单",明确采购人采购无线局域网产品和含有无线局域网功能的计算机、通信设备、打印机、复印机、投影仪等产品时,在政府采购评审方法中,应考虑信息安全认证因素,优先采购清单中的产品。实施意见自 2006 年 2 月 1 日起执行。国家质检总局 (现为国家质量监督检验检疫总局) 和财政部等多个部委分别在 2009 年和 2010 年印发了有关信息安全产品强制性认证的公告 (通知)。自 2010 年 5 月 1 日起,要求 13 种产品如安全路由器、防火墙、安全数据库系统等必须在《政府采购法》规定的范围内实行强制性认证。《关于政府部门购置计算机办公设备必须采购已预装正版操作系统软件产品的通知》《国务院办公厅关于进一步做好政府机关使用正版软件工作的通知》《财政部关于进一步做好政府机关使用正版软件工作的通知》《关于进一步规范和加强政府机关软件资产管理的意见》等文件对中国正版软件的采购、使用和管理进行了明确的规定。2015 年 7 月 1 日颁布实施的《国家安全法》是国家安全审查体系构建的一个良好开端。

2. 中国维护政府采购信息安全成效不明显

尽管中国制定了确保政府采购信息安全的一系列法律法规,但在政府采购实践中,政府采购信息安全维护效果并不理想。2004 年全国政府采购统计信息中,政府采购的计算机品牌排行榜里,继联想之后高居中国政府采购计算机市场第二和第三位的,分别是美国的戴尔和 IBM,排在第六位的又是美国的惠普。2006 年上半年,中央政府各部门采购的各种电脑品牌中,美国品牌占据了一半。2007

年初，微软"正版增值计划"（Windows Genuine Advantage，WGA）作为"危急的安全补丁软件"在用户不知情的情况下，被安装到无数计算机上，它每隔一定时间就将用户计算机的关键信息发送给微软，被许多人称为"间谍软件"，这一在国际上引起轩然大波，甚至被一些团体告上法院的事件在中国却很少有所反映，① 这表明公众对于外国信息产品安全的意识不强。截至 2013 年 5 月 31 日，虽然中国信息安全认证中心颁发的信息安全产品认证证书达到了 350 张，但是并没有发挥预期的强制认证作用。中国信息安全认证中心向中国政府采购报记者透露，54 个品种的信息安全产品中进入强制性认证范围的只有 13 类。② 自主知识产权软件在中央国家机构各单位的通用软件采购中仅占到 10%。美国惠普（HP）、IBM、太阳计算机系统（Sun）公司基本垄断了各部门采购的大中型主机、高端服务器，95% 的操作系统和办公软件为美国微软公司产品；即便是路由器、交换机等网络设备，也被国外产品占据了 50% 以上的市场份额。

综上所述，自 1980 年中国试行招投标办法以来，政府采购改革初见成效：构建了以《政府采购法》为核心、以《招标投标法》为支撑、以相关法律法规文件为补充的政府采购制度体系，政府采购制度框架基本形成；建立了集中采购和分散采购有机结合的采购模式；制定了以招投标为主，竞争性谈判、询价等为辅的多元化采购方式；政府采购市场规模不断扩大，采购结构日趋合理，市场开放程度呈扩大趋势；已初步形成节约财政资金、反腐倡廉、扶持不发达地区和少数民族地区、促进可持续发展和中小企业发展的政府采购政策功能体系，并在实践中取得了一定成效。

---

① 倪光南. 倪光南：政府采购与信息安全间的关系 [J]. 中国招标，2006（54）：8.
② 程红琳，梁爽. 政府采购难堵政府信息安全漏洞 [N]. 中国政府采购报，2013 - 07 - 12 (001).

第三章

GPA 框架下中国政府采购面临的
安全冲击及原因分析

对中国而言，加入 GPA 是一把双刃剑，一方面有利于完善中国的政府采购制度、为国内企业开拓国际政府采购市场提供准入门槛、促进国内政府采购管理水平的提升、提高政府采购市场透明度、遏制政府采购腐败、提高国内政府采购市场的竞争程度（见表 3 – 1）；另一方面中国政府采购面临着诸如制度安全、市场安全和功能安全的冲击。

表 3 – 1　　　　GPA 框架下中国政府采购面临的机遇评价　　　　单位:%

机　遇	评　价				
	完全不同意	不同意	不确定	同意	非常同意
降低政府采购成本	0.38	3.76	18.23	32.33	45.30
完善政府采购制度	0.00	1.88	6.95	31.58	59.59
提高透明度，遏制政府采购腐败	0.19	3.77	16.76	30.13	49.15
开拓国际政府采购市场	0.00	1.69	9.40	31.77	57.14
提高国内政府采购市场的竞争程度	0.56	1.88	11.47	38.91	47.18
促进国内政府采购管理水平的提升	0.75	2.07	11.65	29.89	55.64

资料来源：笔者根据调研问卷整理。

第一节　GPA 框架下中国政府采购面临的制度安全冲击

中国现有政府采购制度的设计是立足于规范国内政府采购市场、保障采购当事人合法权益、维护国家利益的目标，是基于封闭经济状态下的制度设计。因此，GPA 框架下，首先面临的就是中国政府采购制度安全问题，即在 GPA 框架下中国现有的政府采购制度是否能有效发挥作用，具体而言，中国的政府采购制度与国际规制冲突，这种冲突主要体现在政府采购的目标价值、基本原则、适应范围、采购方式和救济制度等方面。如表 3 - 2 所示，73.83% 的受访者认为 GPA 框架下中国政府采购制度面临适用范围的冲击，67.67% 和 64.85% 的受访者分别对采购方式的冲击和招投标程序的冲击表示认可，有部分受访者对中国政府采购制度面临的冲击持"不确定"的态度，比如，28.01% 的受访者对 GPA 框架下面临的救济制度冲击不清楚，这与中国对 GPA 的宣传力度不够有关。有部分受访者认为加入 GPA 是对中国政府采购制度面临合理性的考验，也有部分被调查者认为由于预算制度和政府采购程序的差异可能会对政府采购从预算到绩效评估整个大程序造成一定的冲击。

表 3 - 2　　　　　GPA 框架下中国政府采购制度冲击的维度与程度　　　　单位:%

指　标	评　价				
	完全不同意	不同意	不确定	同意	非常同意
立法目标的冲击	4.70	9.77	25.56	34.59	25.38
基本原则的冲击	6.39	16.73	27.44	29.89	19.55
最低限额的冲击	2.26	10.53	28.57	35.34	23.31
适用范围的冲击	2.07	3.57	21.43	48.68	25.15
采购方式的冲击	3.01	7.52	21.80	40.23	27.44
招投标程序的冲击	2.26	8.65	24.25	36.84	28.01
质疑程序的冲击	2.26	10.34	27.82	37.03	22.56
救济制度的冲击	3.57	11.47	28.01	33.65	23.31

资料来源：笔者根据调研问卷整理。

一、政府采购目标价值的冲击

GPA 作为国际规制的存在必然追求一种价值，"法律价值是指包含人的价值预期的法律在与人发生相互作用的过程中所表现的对人的效应"。[①] GPA 的创建或者国家接受 GPA 都是基于一定的价值追求，正是这样，不同价值追求的国家对 GPA 的接受和加入的积极性和动力都不一样。目前 GPA 成员不到 WTO 成员的 1/3，正说明了这一点。

(一) GPA 的价值取向

尽管从 GPA1979 到 GPA2012，近 30 年间 GPA 经历了 5 次重大修订和补

---

① 吴家清.论宪法价值发生的人性基础 [J].广东商学院学报，2001 (1)：83 - 89.

充，内容发生了明显变化，但是制定 GPA 的价值目标一直都没有改变，即各缔约方致力建立一个国际化的政府采购法律、规章、程序和做法的多边化的权利与义务框架体系，旨在消除各成员方政府采购市场的歧视性待遇和贸易壁垒，建立国际化的政府采购市场，实现政府采购贸易自由化。GPA2012 在序言中开宗明义地提出了其价值目标："认识到需要就政府采购建立一个有效的多边框架，以期实现国际贸易进一步自由化和扩大、改善国际贸易行为框架"。其实质是在开放的国际政府采购市场中获取贸易利益。贸易自由化不是一个抽象的目标，可以通过确立具体化目标得以实现。首要目标和具体化目标的关系如图 3 - 1 所示：

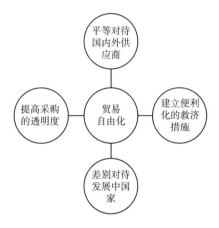

图 3 - 1　GPA 目标体系

第一，无差别对待国内外供应商。GPA 要求各缔约方国内的政府采购的法律、法规、程序和做法等对国内供应商和国外供应商一视同仁，即不得保护国内供应商，不能差别对待国内外供应商，如第 9 条"供应商资格"特别规定："各缔约方包括其采购实体，不应采取或者使用会造成对其他缔约方供应商参与采购构成不必要障碍的目的或效果的注册系统或资格审查程序。"第二，提高政府采购透明度。贸易自由化目标，还可以通过各缔约方为供应商提供极大透明度的贸易法制与政策来实现。GPA 在序言中强调，"认识到政府采购透明性措施的重要性，以透明和公正的方式实施政府采购的重要性，按照《联合国反腐败公约》等可适用的国际文件避免利益冲突和腐败行为的重要性"。第三，建立便利化的救济制度。贸易自由化目标，还可以赋予供应商救济权利以制裁阻碍自由贸易来实现。为了保障政府采购国际规制能得到公平、公正、迅速和有效实施，并最大可能维护权利和义务的平衡，GPA2012 特定设计了双层救济制度，即"国内审查程序"和"磋商和争端解决"程序。第四，考虑发展中国家的发展需要。贸易自由化目标的实现，需要更多的国家加入，然而，无论在政府采购市场发育程度还是在采购法制化完善程度，发展中国家和发达国家均存在一定的差距，一些国家尤其是发展中国家在权衡加入 GPA 的利害得失时，很可能会放弃规制国内政府采购市场的努力。因此，GPA 序言中规定"认识到应当考虑发展中国家特别是最不发达国家，在发展、财政和贸易方面的需要"之目标，这个价值目标还通过第 5 条"发展中国家"共 10 款规定在 GPA 中具体化。

（二）《政府采购法》的价值取向

中国《政府采购法》总则第一条明确了制定本法的价值目标，即为了规范政府采购行为，提高政府采购资金的使用效益，维护国家利益和社会公共利益，保护政府采购当事人的合法权益，促进廉政建设。维护国家和公共利益是中国制定《政府采购法》的终极目标，为了实现这个终极目标，离不开规范采购行为、提高采购资金的使用率、保护采购当事人的合法权益，促进廉政建设这些具体目标的实现。对应的目标体系如图 3 - 2 所示：

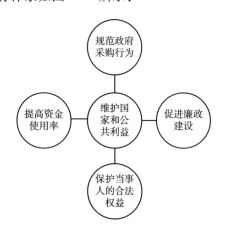

图 3 - 2　《政府采购法》目标体系

（三）GPA 与《政府采购法》价值目标的冲突

法律作为调整社会关系的一个人造的规范体系，是人们追求和保护一定的社会价值而创设，法制的设计者总是以一定的价值目标规制社会行为规范和模式，法律体系的构建与具体运行，总是受规制者价值观念的支配。① 政府采购一直未纳入国际贸易的范畴，直到 20 世纪 50 年代，一方面，随着国家公共职能不断扩大，政府和政府控制的机构成为产品、服务最大的消费者；另一方面，现代运输

---

① 肖北庚. 我国政府采购法制之根本症结及其改造 [J]. 环球法律评论，2010 (3)：30 - 38.

和通信技术的快速发展，为货物和服务全球化供应提供了便利。^① 在关税、技术贸易壁垒逐渐消除的自由贸易时代，歧视性政府采购毫无疑问成为国际贸易自由化最大的障碍之一。GPA 正是欧美等发达资本主义国家为了消除歧视性政府采购政策引起的贸易壁垒而创制，因此，促进政府采购市场对外开放，提高政府采购市场国际化和自由化程度，国际贸易自由度理所当然成为 GPA 的首要目标。GPA 还确定了平等对待供应商、提高政府采购透明度、差别对待发展中国家、建立便利化的救济制度四个具体目标，首要目标与四个具体目标构成一个完整的目标体系。

与 GPA 不同，中国政府采购立法作为财政支出管理体制改革的重要组成部分，提高财政资金效率首当其冲就成了中国政府采购立法的价值目标，另外，实践证明政府采购是容易出现腐败的重要领域，中国政府采购立法也将抑制腐败作为一个重要目标。正如欧洲政策研究中心（CEPS）所做的《明日丝绸之路：对中欧 FTA 的评估》（Tomorrow's Silk Road：Assessing an EU-China Free Trade Agreement，以下简称"可行性研究报告"）可行性研究报告中指出：中国急切期望执行公共采购系统的目标之一是要以此消除腐败以及更有效率地使用公共资金。客观地说，政府采购法所承载的目标价值恰好指向当时中国政府采购实践所暴露的核心问题，其法律规制是面对并解决真实问题所做的一种立法努力。^② 针对国际和国内两个政府采购市场呈现的不同问题，创制者的价值诉求当然不同。GPA 和中国《政府采购法》的价值目标表面看是贸易自由化和提高采购资金效率的差异，本质上是贸易自由化对国家主权、国家利益和公共利益的冲击。中国政府采购在借鉴域外立法经验时，除吸收西方发达国家的充分竞争原则外，还应考虑中国本土化语境，尤其是中国作为发展中国家这一国情，将保护中小企业和民族产业等政府采购政策性目标纳入政府立法目标体系。发展中国家的首要目标是取得经济的发展，政府采购制度的完善固然重要，但尚不足以让发展中国家放弃政府采购制度的政策功能，加入政府采购自由化的竞争。

二、政府采购基本原则的冲击

政府采购作为一种市场交易行为，在国内市场，应坚持市场交易的一般原则，具体而言，包括公平竞争原则、物有所值原则，此外，考虑到政府采购的资金是财政资金，除了坚持与私人交易一般的原则外，政府采购还必须坚持透明度

---

① 于安. 我国政府采购法的合同问题 [J]. 法学，2002（3）：10 – 15.
② 肖北庚. 我国政府采购法制之根本症结及其改造 [J]. 环球法律评论，2010（3）：30 – 38.

原则和公正原则。在国际贸易领域，以 GPA 为主导的政府采购国际规制中，倡导政府采购应当遵循国民待遇原则和非歧视性原则。

（一）GPA 基本原则

1. GPA 的首要原则是非歧视性原则

GPA 作为 WTO 框架下的一个诸边协议之一，其基本原则在很大程度上是世界贸易组织原则在政府采购中的具体化。关贸总协定和世界贸易组织均规定，在缔约方之间以及进口商品和本国制造商品之间实行歧视是非法的。作为世界贸易组织法律框架下的 GPA 自然要贯彻这一原则。GPA2012 第 4 条 "一般原则" 第 1 款规定："有关被涵盖采购的任何措施，每一参加方，包括其采购实体，对于来自任何其他参加方的货物和服务，以及提供任何参加方的货物或者服务的任何其他参加方的供应商，应当立即和无条件地给予不低于以下条件的待遇：（a）本国货物、服务及其供应商；以及（b）任何其他参加方的货物、服务及其供应商。" 非歧视原则位于 "一般原则" 的第一项原则，位于所有原则之首。

2. 国民待遇原则是非歧视性原则的实现方式

贸易自由化要求各成员国不得通过相关法律、法规等方式为国内供应商提供保护，不得在国内供应商与国外供应商之间形成差别待遇。国民待遇原则见协议的第 4 条第 2 款，它要求各缔约方的政府采购法制应该无条件地保证向来自另一缔约方的供应商提供不得低于向国内和另一方供应商提供的待遇。此外，第 9 条 "供应商资格" 特别规定："一参加方，包括其采购实体，不应采取或者使用会造成对其他参加方供应商参与采购构成不必要障碍的目的或效果的注册系统或资格审查程序"。

3. 透明度原则是实现非歧视性原则的保障

唯有公开、透明竞争条件和环境才能防范采购过程中的非歧视行为发生。GPA 协议在序言中明确提到，"认识到政府采购透明性措施的重要性，以透明和公正方式实施政府采购的重要性，按照《联合国反腐败公约》等可适用的国际文件避免利益冲突和腐败行为的重要性" 而且在第 4 条第 4 款对该原则进行了明确，"采购实体应当以透明和公正的方式进行被涵盖的采购，该方式：（a）应当与本协议一致，使用诸如公开招标、选择招标和限制性招标那样的方式；（b）避免利益冲突；（c）防止腐败行为。" 此外，GPA2012 在第 16 条 "采购信息的透明"、第 17 条 "信息披露" 以及第 18 条 "国内审查程序" 的条款以及附录中，从提供给供应商的信息、授予信息的公布、统计数据的收集和报告、刊物清单、行政或司法程序和审查过程等方面对透明度原则做了详细规定。值得注意的是，在第 22 条最后条款"未来谈判和工作计划"强调每一缔约方应争取避免采用或继续采用扭曲公开采购的歧视性措施。

4. 公平竞争原则是实现非歧视原则的又一保障

竞争原则贯穿于整个 GPA 规制中。如第 10 条第 5 款规定：采购实体不得以每一特定技术规格为由排斥竞争采购方式。第 13 条第 1 款指出，限制性招标并非是妨碍最大限度竞争；第 15 条第 1 款要求采购实体按照既定的程序招标，保障整个采购过程公平、公正，确保招投标文件的保密性。第 17 条"信息披露"中要求各缔约方及时提供能够判断采购过程是否公平、公正以及遵守协议所必要的信息。同时，缔约方不得向某一特定供应商提供将会损害供应商之间竞争的信息。非歧视原则、透明度原则和国民待遇原则无不映射出 GPA 在全球范围内的充分竞争原则，这表明充分竞争原则贯穿于整个 GPA 的文本。

5. 发展中国家特殊和差别待遇原则体现非歧视原则的灵活性。

贸易自由化目标的实现，需要更多的国家加入，然而，无论是经济发展水平、经济体制，还是在政府采购市场发育程度、采购法制化完善程度，发展中国家和发达国家均存在一定的差距，一些国家尤其是发展中国家在权衡加入 GPA 的利害得失时，很可能会放弃规制国内政府采购市场的努力。因此，GPA 序言中规定"认识到应当考虑发展中国家特别是最不发达国家，在发展、财政和贸易方面的需要"之目标，这个价值目标还通过第 5 条"发展中国家"共 10 条条款进行明确化，具体包括最惠国待遇、价格优惠、补偿贸易、过渡期、技术合作等特殊条款。该原则是国际政府采购实践中主要体现在出价清单中的总注释和各附件中的例外，但是，发展中国家享受的特殊待遇取决于其谈判的实力和在其他领域的让渡。

（二）《政府采购法》的基本原则

《政府采购法》第三条明文规定政府采购应当遵循公开透明、公平竞争、公正和诚实信用四个基本原则。公平竞争原则是核心，公开和诚实信用原则是公正原则的基础，只有保证公开和诚实信用原则的有效运用，才能实现公正的结果，公正原则又是公平竞争原则的保证。

公开透明原则要求政府采购规制、信息和采购结果通过报纸、杂志、广播、电视和互联网等媒介以全面、真实、有效和合法的方式完全公开透明，能广泛接受监督，具体公开的内容包括政府采购法律法规、行政规章和政策，采购物品的名称、种类、数量、规格和技术，合同要求、投标商资格审查标准、投标的评价标准，采购过程和开标结果等。

公平竞争原则。一是在政府采购活动中引入竞争机制，在合理的价格区间，促进供应商、承包商或服务提供者最大程度竞争，通过竞争实现优胜劣汰，提高采购效率。二是兼顾公平。第一为机会均等，即采购主体不能无故将符合条件并且有意愿参与采购的供应商排除在外；第二为待遇平等，对所有参加的供应商一视同仁，给予其同等待遇，不能对投标人进行歧视。

公正原则要求在采购的过程中遵循既定的程序和方法，一视同仁对待所有供应商，杜绝在供应商之间造成歧视行为。政府采购活动不得受到任何单位和个人的干预，尤其在评标环节，评审专家需要严格按照评定标准，不得掺杂任何主观倾向。

诚实信用原则要求政府采购当事人在履行权利和义务时做到诚实、守信。具体而言，要求采购人在标的发布、信息公告、评标、审标过程中真实，不得有所隐瞒；供应商在投标过程中不得有串通、欺诈行为，在履行合同过程中应遵守承诺；此外，当事人和监管部门不得隐匿、变造、伪造和销毁需要依法保存的资料。

（三）国际规制与国内立法基本原则的冲突

法律原则是"法律的基础性真理或原理，为其他规制提供基础性或本源性的综合性规制或原理"。① 法律原则是法律规制创造价值的现实化、具体化的中介，是连接法律目标和法律具体规范的纽带，体现了法制目标的基本纲领，② 揭示了法律主体行为的基本模式和发展方向。GPA 四个基本原则是自由贸易自由化目标的现实化，紧紧围绕这个目标展开，以非歧视性原则为核心，国民待遇原则、透明度原则和发展中国家的差别待遇原则作为保障和支撑，公平竞争原则贯穿于所有原则中。中国《政府采购法》的基本原则是围绕中国 20 世纪 90 年代中国政府财政支出领域的突出问题，即财政资金效率和腐败问题而设计，以公平竞争原则为基本原则，以透明度原则、公正原则和诚实信用原则为具体原则。

尽管中国《政府采购法》与 GPA 在都强调公平竞争和采购活动透明原则，但是中国法律是在半封闭状态下制定的，其立法思维模式仅是针对当时中国政府采购领域突出问题，对发展中国家的发展问题和政府采购政策功能问题在具体原则中都空缺。这也是中国在参与 GPA 谈判中体现发展中国家的例外条例一减再减，与发达国家没有什么两样的主要原则，其根源在于没有确定发展中国家的标

---

① Henry Campbell. Blacks Law Dictionary [M]. West Publishing Co., 1983：1074.

② 史际春，邓峰. 经济法总论 [M]. 北京：法律出版社，1998：34.

准和立法时发展中国家发展原则的缺失。与此同时，立法时虽然考虑到中国在 2020 年向 OECD 对等开放中国政府采购市场以及在加入 WTO 时对加入 GPA 的承诺，但中国法律确定的公平竞争原则，是国内产品和国内供应商之间的竞争，并没有涉及国外产品和国外供应商。因此，中国政府采购市场开放必然面临"非歧视原则"和"国民待遇原则"的冲击。欧盟在其可行性研究报告中承认中国第 6 份出价清单的巨大改进，但仍然认为中国限制条件严格，而且其中的一些限制与 GPA 原则相悖。例如，非歧视以及非补偿原则。一方面，在中国经营的欧洲企业普遍反映中国政府采购的覆盖面不够宽泛、门槛价居高；另一方面，欧盟明确指出，中国出于促进发展目的而采取的原产地规则、补偿采购和技术转移等与 GPA "非补偿"原则相背离。

虽然 GPA 和中国《政府采购法》立法目标和基本原则存在冲突，但是，GPA 与中国《政府采购法》也有融合之处。就立法目标而言，虽然两法的总体立法目标不同，但在一些具体目标上具有一定的相似之处，例如 GPA2012 将打击腐败行为纳入序言中，这与中国《政府采购法》遏制腐败、促进廉政建设的目标不谋而合。同时，在规范政府采购行为和争端解决机制方面具有共同之处。就基本原则而言，两法共同体现了透明度原则和公平竞争原则。这为《政府采购法》与 GPA 有效衔接提供了可能。

三、政府采购适应范围的冲击

适应范围指法律在什么领域发挥效力，是 GPA 规范生成和实施的基础。具体包括主体范围、客体范围、法律的适应例外和救济程序四个方面。这四方面体现在 GPA 条款以及 GPA 新一轮谈判的出价的实践中。

（一）GPA 对采购实体的冲击

1. 对中央实体的冲击

中国在第 6 份出价清单中首次将三家国有企业：中国邮政集团有限公司、中国农业发展银行、中央国债登记结算有限责任公司列入其中，但即便如此，缔约方仍然认为中国出价不高，并敦促中国将交通、水利、电力、能源等公共领域实体以及其他受政府影响或控制的国有企业列入附件 3，GPA 缔约方期望要价几乎囊括了中国所有大中型国有企业。这对中国而言，不现实也不合理，究其原因，主要有以下几个方面：

第一，《政府采购法》并未把国有企业采购纳入其管辖范围，从法理上讲，中国的国有企业不受 GPA 的约束。基于中国国有企业涉及面广以及考虑到企业自主经营的需要，《政府采购法》并未将国有企业纳入其管辖范畴，即使这些企业使用财政性资金进行的采购也排除在《政府采购法》之外。中国在《中国入世工作组报告》中承诺"国有和国家投资企业将不被视为政府采购",按照中国的法律精神,国有企业采购不得援引有关国民待遇原则,这也是中国在前5份出价清单中一直把国有企业排除在 GPA 规制之外的原因。GPA 所涵盖采购是指为了政府目的而进行的采购。如何判断"政府目的"?首先,"政府目的"既不应该拘泥于采购行为方式、采购实体组织形式,又不应该拘泥于其他政府提供的对方方式、采购资金来源,属于主观意图标准。其次,这里的"政府"表达的是排除了"商业目的"内涵之后的剩余式。为此,国有企业从事或参与任何以政府消费为目的的非营利性的采购可以纳入 GPA 规制,否则,国有企业完全可以排除适应 GPA。

第二,现阶段中国国有企业性质相对复杂,且于西方存在较大差异。《中华人民共和国企业国有资产法》(以下简称《国有资产法》)第五条规定"本法所称国家出资企业,是指国家出资的国有独资企业、国有独资公司,以及国有资本控股公司、国有资本参股公司"。除了按照出资划分,国有企业还分为地方政府和中央政府投资参与控制的企业。中国国有企业兼具经济目标和公共服务目标,从事较多商业行为。中国的国有企业性质、规模和所处领域都与西方国有企业不同,其根源在于经济制度方面的公有制和私有制的不同。西方国家有些名义上的国有企业,在本质上类似于中国的事业单位。此外,中国国有企业中公益类和商业类企业的分类改革还停留在探索阶段,清晰界定政府采购边界并不是容易的事,尤其是很难区分采购行为是用于政府目的还是用于商业目的。从 GPA 缔约方出价实践看,国有企业开放度并不高。美国其他实体中,交通、金融领域开放度较低,机场完全没有开放;欧盟其他实体中只涉及公用事业,而非"国有企业";加拿大是英联邦拥有国有企业最多的国家,但其出价中只包括 9 家中央企业,不包含次中央企业,并且,除了加拿大邮政公司外,其他 8 家企业规模都比较小。

2. 对次中央实体的冲击

在第 3 份出价清单中,中国做出承诺的次中央实体有 5 个,到第 6 份出价清单的时候,已经扩大到 558 个机构,分布在 15 个省和 4 个直辖市,除了发达沿海发达地区,还包括内陆省份和西部地区,开放水平进一步提高。然而,即便如此,GPA 现有缔约方仍然不满足,对中国地方政府提出了更高要价,要求开放全部省级政府,以及 23 个副省级城市,特别是欧盟,甚至还提出将地级市也纳入出价清单。其实,在 GPA 缔约方内部,关于次中央实体的出价也是参差不齐的。像冰岛、欧盟、日本、韩国等的出价相对全面,基本上涵盖到了各个层级的地方政府,而美国的出价则比较保守,所涵盖的州政府仅有 37 个。总结现有缔约方的出价经验可以发现，政府采购市场开放程度主要受中央和地方政府间关系、谈判结果、互惠条件等因素的影响。中国尽管属于单一制国家，但事实上中央政府对地方政府的财政、预算干预比较有限，各个地方政府在采购管理领域的自主权较高。同时，中国幅员辽阔，不仅地区间的经济社会发展差异明显、财政收入差距较大，就是同一行政区域内也很不平衡。因此，中央政府原则上很难、也不适宜强制要求地方政府加入 GPA。其实，目前中国国内都还没有能够形成一个统一、有序竞争的政府采购大市场。从这个层面来讲，如果按照 GPA 缔约国要求全面开放政府采购市场，必定会对中国次中央实体产生较大冲击。

（二）GPA 对采购客体的冲击

中国《政府采购法》规定的采购对象为"使用财政性资金采购依法制定的集中采购目录以内的或者采购限额标准以上的货物、工程和服务的行为"。政府采购客体的判定如图 3 - 3 所示。

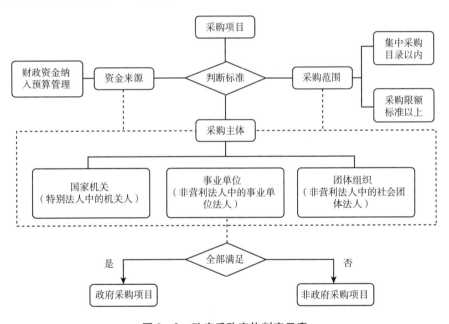

图 3 - 3　政府采购客体判定示意

资料来源：王胜辉. 政府采购评审专家工作指南 ［M］. 北京：中国工信出版社，2019：17.

关于采购资金来源。《政府采购法实施条例》规定，财政性资金是指纳入预算管理的资金。以财政性资金作为还款来源的借贷资金，视同财政性资金。国家机关、事业单位和团体组织的采购项目既使用财政性资金又使用非财政性资金，使用财政性资金采购的部分，适用政府采购法及本条例；财政性资金与非财政性资金无法分割采购的，统一适用政府采购法及本条例。非财政性资金主要指团体组织和事业单位的自有收入，包括捐助收入、经营收入等。

关于采购项目范围。《政府采购法》规定采购项目是指纳入集中采购目录以内或者限额标准以上的项目。集中采购目录包括集中采购机构采购项目和部门集中采购项目。技术、服务等标准统一，采购人普遍使用的项目，列为集中采购机构采购项目；采购人本部门、本系统基于业务需要有特殊要求，可以统一采购的项目，列为部门集中采购项目。省、自治区、直辖市人民政府或者其授权的机构根据实际情况，可以确定分别适用于本行政区域省级、设区的市级、县级的集中采购目录和采购限额标准。

关于采购对象范围。中国政府采购对象包括货物、工程和服务三大类。其中，货物包含了原材料、设备、燃料、产品等种类、形态多样的物品；工程主要指建设工程，比如新建、改扩建、修缮或拆除建筑物或构筑物等；除了货物、工程之外的政府采购对象归为服务类型，包括政府提供的公共服务和政府自身的服务需求。从中国加入 GPA 谈判的实践看，在第 6 份出价中，中国开放 CPC 所有货物项目，CPC51 类所有工程项目，以及大部分 CPC 服务项目，货物和服务的门槛价与 GPA 缔约方的出价相当，但工程门槛价高于 GPA 缔约方的出价，没有达到欧美的期望水平。

（三）GPA 对采购限额的冲击

关于政府采购限额，《政府采购法》并没有对限额标准进行明确规定，只是规定了政府采购限额的确定权限。其中，对于地方预算的政府采购项目限额授权给省（自治区、直辖市）政府或相关机构确定。这样造成了各个地方政府采购限额都比较低，并且差异十分明显，如表 3-3 所示。这种情况下，中国一旦加入 GPA，对其成员开放政府采购市场，这样的规定显然不利于保护本国企业。

表 3-3　　　　　　　　　　　　部分省市采购限额标准

地区	货物	服务	工程
北京	单项或批量预算金额达到 50 万元以上（含 50 万元）	单项或批量采购预算达到 50 万元以上（含 50 万元）	预算金额 100 万元以上（含 100 万元）
上海	预算金额 20 万元以上	预算金额 20 万元以上	预算金额 50 万元以上
安徽	单项或批量采购预算满 20 万元	单项采购预算满 20 万元	单项采购预算满 100 万元

续表

地区	货物	服务	工程
海南	采购预算金额在50万元以上（含50万元）	采购预算金额在50万元以上（含50万元）	采购预算金额在50万元以上（含50万元）
湖南	采购预算金额达到50万元以上	采购预算金额达到80万元以上	采购预算金额达到100万元以上
山东	预算采购金额50万元	预算采购金额100万元（工程勘察、设计、监理服务为50万元）	预算采购金额100万元
辽宁	单项或者批量采购预算金额在30万元以上、50万元以下集采目录中所列品目的项目	同"货物"	同"货物"
吉林	单项或批量采购预算金额达到20万元（含20万元）	同"货物"	采购预算金额达到50万元（含50万元）
江苏	采购预算20万元（含）以上、100万元（不含）以下的项目	同"货物"	预算金额100万元以上项目
广西	单项或批量预算金额20万元以上	同"货物"	单项或批量预算金额30万元以上
西藏	预算金额20万元以上	同"货物"	修缮、装饰及改扩建：80万元以上（含80万元）

资料来源：笔者根据中国政府采购网资料整理得到。

在工程门槛价方面。中国第6份出价工程采购客体已经完全开放，即将联合国《主要产品分类》中第51类工程项目全部列入出价清单。中国工程采购的门槛价第1份出价的2亿特别提款权（SDR）降至1500万SDR（第6份工程门槛价3年过渡期限降至1500SDR），但缔约方认为中国工程采购门槛价太高，如表3-4所示，除个别成员外，GPA缔约方主流门槛价为500万SDR。由于市场经济成熟度和产业结构的差异，中国经济还是政府主导投资型拉动经济，与GPA成员相比，政府采购中除了办公用品外，更多是工程和大型服务类项目的采购，这也是历年来，中国工程采购在政府采购中占比比较大的重要原因。

表 3-4　　　　　中国与 GPA 缔约方加入 GPA 出价清单的门槛价　　　单位：万 SDR

	国家或地区	中央采购实体	次中央采购实体	其他采购实体
GPA 成员方出价	加拿大	500	500	500
	欧盟	500	500	500
	亚美尼亚	500	500	500
	中国香港	500	—	500
	冰岛	500	500	500
	以色列	850[①]	850	850
	日本[②]	450 或 45	1 500 或 150	1 500 或 450 或 45
	韩国	500	1 500	1 500
	列支敦士登	500	500	500
	摩尔多瓦共和国	500	500	500
	黑山共和国	500	500	500
	荷属阿鲁巴	400	—	500
	新西兰	500	500	500
	挪威	500	500	500
	新加坡	500	—	500
	瑞士	500	500	500
	中国台北	500	500	500
	乌克兰	500	500	500
	美国	500	500	500[③]
中国第 6 份出价	中国	1 500	1 500	1 500

注：①本协定对以色列生效后第 6 年起中央实体工程门槛价为 500 万 SDR。

②日本的建筑服务包括工程、建筑设计及其他技术服务。附件 1 中，建筑服务的门槛价为 450 万 SDR，工程、建筑设计及其他技术服务的门槛价为 45 万 SDR；附件 2 中，建筑服务的门槛价为 1 500 万 SDR，建筑设计、工程及其他技术服务的门槛价为 150 万 SDR；附件 3 中，A 组日本邮政和 B 组实体的建筑服务门槛价为 450 万 SDR，A 组中其他实体的工程门槛价为 1 500 万 SDR，建筑设计、工程及其他技术服务的门槛价为 45 万 SDR。

③对于韩国所提供的工程以及此类服务的供应商，仅适用于附件 2 和附件 3 所包括实体 1 500 万 SDR 以上金额的采购。

资料来源：笔者根据 WTO 官方网站和中国第 6 份出价整理。

（四）GPA 对适应例外的冲击

加入国际经济条约必然会让渡部分缔约方的主权，但是，这种让渡不能抛弃国家主权，必须是适宜和可控的。在当前由自由主权组成的国际社会中，国家安全利益远远高于国家经济利益。西方学者认为，发展中国家对 GPA 兴趣不大的一个重要原因是对国家主权问题的担忧。的确，政府采购权是含有国家主权内容的。类似 GPA 这样的国际协定，不但会歧视追求公共政策的效果，而且还会对限制透明度原则的法律规定适应例外，从而存在限制公共政策可能性的效力。政府采购领域除应考虑普遍性政府采购的经济性、效率性以外，也必须考虑其价值要求，一般体现在出于国家安全的考虑。GPA 适应例外的规定也正好印证了以上学者的观点。

我国《政府采购法》附则明确对其适用范围做了例外规定。如第八十四条则规定对于使用国际组织或者外国政府贷款实施的政府采购，如果事先达成有协议的则按协议执行；第八十五条还指出，关系到国家安全和秘密的采购，以及为应对严重自然灾害或不可抗力事件而实施的紧急采购也适用例外规定；第八十六条规定军事采购可以由中央军事委员会另行制定相关法规。此外，中国香港和澳门特别行政区的政府采购不属于《政府采购法》管辖范围。

由于中国《政府采购法》是问题导向型立法，在 21 世纪初，中国政府采购的突出问题是资金效率利用率低和腐败问题严重，因此，《政府采购法》的立法宗旨反映了节约资金和反腐倡廉，而对于政府采购政策功能在立法宗旨中没有明确体现（在具体法律条款中有规定）。尽管中国在加入 GPA 谈判中有关于中小企业发展和少数民族经济发展的例外排除，但在实践中，能否真正实现这些政策效果，还有待于时间来检验。尤其是对政府采购促进自主创新的政策功能在谈判中就被迫暂停，这是中国自主创新主权受到冲击的典型。

四、政府采购方式的冲击

（一）GPA 规定的采购方式

GPA 规定的采购方式有三种：公开招标、选择性招标和限制性招标。其中，供应商只要有意愿就可以投标采购方式为公开招标；只邀请符合条件的供应商参与投标的方式则为选择性招标；如果只选择一家或数家供应商来参与投标，则为限制性招标。GPA 专门在第十三条约定了限制性招标的适用前提：既不因此而妨碍最大竞争，也不会对缔约方产生歧视，还不能作为保护国内供应商的手段。具体而言，具有以下几种情形的可以采用限制性招标方式：没有符合招标文件条件的投标；没有申请参标供应商；没有满足参加条件的供应商；招标文件的要求不做实质性修改，且提交的投标是串通的；艺术作品、保护专利、版权或其他专有权，或因技术原因而缺乏竞争的商品货物只有由一个特定供应商提供，且该商品或服务不存在替代；向原供应商补充采购的货物或服务没有包括在原采购中，且更换此类补充货物或服务不可行或导致采购实体严重的不变或成本成倍增加；急需物资且通过公开招标或选择性招标无法及时获取；采购实体为执行某一特定的实验、研究、探索或创新性开放的采购合同对原创产品或服务的采购；由于破产、清算等非常规处理的短时间内的采购；将设计比赛合同授予优胜者。

（二）《政府采购法》采购方式

中国政府采购方式主要由《政府采购法》和《招标投标法》两部法律规制，其中，《政府采购法》规定政府采购方式包括公开招标、邀请招标、竞争性谈判、单一来源采购、询价以及国务院政府采购监督管理部门认定的其他采购方式，公开招标是中国政府采购的主要的招标方式；《招标投标法》第十条规定的招标为公开招标和邀请招标两种采购方式。公开招标和邀请招标的邀请方式不同，前者采用招标公告的方式邀请，而后者采用投标邀请书的方式邀请。

（三）加入 GPA 对政府采购方式冲击

加入 GPA，中国政府采购方式面临的冲击主要体现在政府采购制度内部不一致以及中国政府采购方式与 GPA 规制的差异两个方面。一是中国政府采购法律制度内部对政府采购方式的规定存在冲突。根据《政府采购法》第四条的规定，政府采购工程进行招标投标适用《招标投标法》，但就采购方式采用的规定来说，两部法律却又存在冲突。比如《政府采购法》第二十七条规定"因特殊情况需要采用公开招标以外的采购方式的，应当在采购活动开始前获得设区的市、自治州以上人民政府采购监督管理部门的批准"，而《招标投标法》第十一条指出"国务院发展计划部门确定的国家重点项目和省、自治区、直辖市人民政府确定的地方重点项目不适宜公开招标的，经国务院发展计划部门或者省、自治区、直辖市人民政府批准，可以进行邀请招标"。由此可见，两法对同一事项有不同规定，这无疑会增加开放条件下中国政府采购制度安全冲击程度。二是中国法律法规与 GPA 对政府采购方式的界定存在差异。相对 GPA 而言，《政府采购法》规定的采购方式中并没有限制性招标方式。尽管在采购实践中，限制性招标与单一来源采购和竞争性谈判有"异曲同工"之妙，但这并不能排除在执行过程中出现的冲突。再比如，有关供应商数目的规定也不同，GPA 是出于是否影响政府采购制度有效运行的考虑对参标供应商数量的上限进行了规定，而《招标投标法》是出于充分竞争的考虑对供应商数目的下限进行了规定，即不得少于三个供应商。无论从国内法律的协调性还是国内法与国际法的差异程度，GPA 框架下政府采购方式的冲突都是客观存在的。

五、政府采购救济制度的冲击

(一) GPA 的救济制度

GPA 的救济制度包括磋商、质疑和争端解决三个方面。第一，GPA 鼓励供应商通过与采购实体进行磋商来解决所质疑的问题。根据 GPA 第 18 条第 2 款规定，在政府采购实施过程中，供应商对"涉及供应商利益的不公平采购"引发申诉时，各缔约方应本着和谐原则，鼓励通过协商的方式来寻求申诉的解决方法（GPA 第 22 条）。第二，除磋商之外，GPA 还提供了"供应商质疑"和"国内审查程序"（GPA 第 18 条），对质疑总体要求、质疑程序、质疑时间以及质疑受理机构等方面进行了详细规定。第三，GPA 执行中，政府采购相关利益人受到直接或间接的损失或诋毁，或者 GPA 的目标实现过程中受到任何阻碍，可以借助于《关于争端解决规则和程序的谅解书》寻求争端解决方案。

(二) 中国《政府采购法》的救济制度

根据中国现行法律，供应商维权救济主要有质疑、投诉、行政复议、行政诉讼等方式。关于救济程序，中国救济制度采用"质疑前置程序"，即供应商在维权诉讼之前，必须首先向采购人、采购代理机构提出质疑，否则政府采购监管部门不予受理。对质疑处理结果不服的，应先向财政机关提出投诉，对投诉结果处理仍不服的，才可以进入行政复议或行政诉讼程序环节。关于质疑主体，根据《政府采购法》规定，凡认为在政府采购过程自身的权益受到损害的当事人均拥有质疑的权利，不限于已经中标的供应商（《政府采购法》第五十一条和第五十二条）。根据此规定，质疑主体只能是在政府采购过程中权益受到既定损害的当事人，而那些在政府采购活动过程中权益可能受到潜在损害的当事人，由于很难举证存在实质性损害，就必然会被排斥成为政府采购诉讼原告。关于受理机构，在中国法律体系中，政府采购案件被视为普通行政案件或普通民事诉讼案件，因此，中国法院并没有设立专门的解决政府采购合同纠纷的受理机构。有关救济结果处理，《政府采购法》对质疑环节和投诉程序中没有采取强制性暂停采购项目的规定。

(三) 加入 GPA 对中国政府采购救济制度的冲击

通过比较 GPA 与中国政府采购救济制度发现，加入 GPA 后，中国可能在救济程序、救济方式、受理救济机构和质疑主体等方面存在安全冲击。一是对救济程序的冲击。GPA 规定磋商、质疑和争端解决救济三种救济方式为并列关系，并无程序的先后之分；而《政府采购法》规定的救济程序为质疑—投诉—

行政复议或司法诉讼；二是对救济方式的冲击。与 GPA 相比，中国政府采购救济制度缺乏相应的磋商机制；三是对受理质疑机构的冲击。GPA 要求缔约方至少建立两个以上独立于政府采购机构的行政或司法机构，专门负责供应商质疑等事项，中国并没有专门设立政府采购合同纠纷处理机构，而是由法院的民事或行政诉讼机构承担此责任；四是关于质疑主体的冲击。中国政府采购救济制度认定的质疑主体一定是事实上受到了损失或损害的政府采购相关利益主体，而不包括预期利益受损的相关利益主体。如果没有提出供应商对采购文件、采购过程、中标环节和合同履行等采购环节使自己的权利受到损害的事实与理由，即使供应商提出质疑，采购人也可以不受理这种质疑，而 GPA 没有这方面的限制。这意味着在 GPA 框架下，缔约方的部分质疑在国内是不予受理的。

第二节　GPA 框架下中国政府采购面临的市场安全冲击

加入 GPA 意味着中国政府采购市场需要遵循 GPA 规制的非歧视性原则和国民待遇原则；意味着政府采购这一块大蛋糕的竞争范围将会从国内扩大到国际范围，中国需要给予外资企业公平竞争的机会，不能对他们进行歧视。加入 GPA，一方面，降低了中国企业进入国际政府采购市场的门槛，有机会分享 GPA 缔约方政府采购市场份额；另一方面，GPA 缔约方供应商可以与本土企业在中国政府采购市场上同台竞争。现有研究表明，政府采购市场冲击程度取决于开放程度和产业国际竞争力。本节基于在理论部分构建的政府采购名义开放程度、"本土偏好"程度和产业国际竞争力三维的政府采购市场冲击的评价指标体系，分别计算这三个指标体系的评估值，分析得出在 GPA 框架下中国政府采购市场的冲击程度。

一、政府采购名义开放程度

自 2007 年 12 月 28 日中国向 WTO 提交加入 GPA 第 1 份出价清单以来，截至 2019 年 12 月 31 日，中国政府已向 WTO 秘书处提交了 7 份出价清单。但由于我国政府并未公开第七份出价清单，本书仍以第 6 份为研究对象，第 6 份出价清单由七个附件构成，附件 1 至附件 7 分别为：中央政府实体、次中央实体、其他实体、货物、服务和工程类政府采购项目以及总备注部分。虽然缔约方承认中国在出价方面做出的让步，但是中国的出价清单仍未获得缔约方的认可，这意味着中国将要开出进一步谈判的出价清单。本书从采购实体、采购客体、门槛价和例外排除四个维度，采用纵向比较和横向比较的方法，分析中国现有出价水平中名义政府采购市场开放程度。

（一）采购实体已超出《政府采购法》的约束

从纵向看，采购实体从中央扩展到地方，从《政府采购法》约束内扩展到《政府采购法》约束之外（见表 3－5）。在中央实体方面，中国加入 GPA 承诺的中央实体由第 1 份出价的 50 个增加到第 6 份出价的 63 个，由最初的中央政府实体本级扩展至包括各实体机关本级及其在京所属的行政机构。在次中央实体方面，从中国加入 GPA 的最新出价看，次中央实体包括省级政府和直辖市政府。由于中国次中央政府采购规模占总采购规模的比重较大，市场潜力乐观，以 2013 年为例，次中央政府采购规模占总规模采购比重为 94.7%。因此，次中央实体一直都受 GPA 缔约方的青睐。在 2011 年 11 月提交的第 3 份出价清单中，中国首次将北京市、天津市、上海市、江苏省和浙江省 5 个次中央政府 171 个机构纳入其中，这 5 个次中央实体的采购额占地方政府采购总额的 30%。在 2012 年 11 月提交的第 4 份出价清单中，增加了广东、山东和福建 3 个省级政府 100 个机构。在 2014 年 1 月提交的第 5 份出价清单中，次中央政府采购实体增至 14 个。值得注意的是，该清单的次中央实体采用分组承诺，A 组除原来纳入的 5 省 3 市外，新增了辽宁省和重庆市；B 组纳入了河南、河北、湖南、湖北四个省份。A 组实体在中国实施 GPA 后开始履行协议，B 组在中国实施 GPA 3 年后履行协议。在 2014 年 12 月提交的第 6 份出价清单中又增加了 5 个次中央实体，至此，中国承诺开放的次中央实体达 19 个共 558 个机构。在其他实体方面，其他实体由最初出价的 14 家增加到最新出价的 22 家。其他实体谈判的焦点是国有企业，由于中国的国有企业界定与其他国家不同，同时中国《政府采购法》也并未将国有企业采购纳入其约束的范畴，因此，直到第 6 份出价中国才将中国农业发展银行、中国邮政集团公司和中央国债登记结算有限责任公司三家国有企业纳入附件三。

表 3－5　中国加入 GPA 六份出价清单中采购实体、采购客体和门槛价

出价次数	采购实体	采购对象	门槛价（万 SDR）	过渡期
第 1 份出价（2007 年 12 月）	中央实体（50 个）	货物（3 类）	50	15 年
		服务（2 个中类下的 2 小类）	400	
		工程（1 个中类下的 2 小类）	20 000	
	其他实体（14 家）	货物（3 类）	90	
		工程（1 个中类下的 2 小类）	30 000	

续表

出价次数	采购实体	采购对象	门槛价（万SDR）	过渡期
第2份出价 （2010年7月）	中央实体（61个）	货物（CPC的货物项目）	5年内逐年递减 （50减至20）	5年
		服务（1个大类下3个中类的9个小类）		
		工程（CPC51类多数项目）	5年内逐年递减 （10 000减至5 000）	
	其他实体（14家）	货物、服务（同中央实体）	5年内逐年递减 （90减至60）	
		工程（CPC51类多数项目）	5年内逐年递减 （20 000减至10 000）	
第3份出价 （2011年11月）	中央实体（61个）	货物（CPC的货物项目）	同第2份出价	5年
		服务（3个大类下4个中类的11个小类）		
		工程（同第2份出价）	5年内逐年递减 （8 000减至1 500）	
	次中央实体（5个，共171个机构）	货物、服务（同中央实体）	5年内逐年递减 （75减至40）	
		工程（同第2份出价）	5年内逐年递减 （15 000减至3 000）	
	其他实体（14家）	货物、服务和工程（同中央实体）	同第2份出价	
第4份出价 （2012年11月）	中央实体（60个，减少国家安全部）	货物（首次以附件形式单独列出，CPC的货物项目）	同第2份出价	5年
		服务（同第3份出价）	同第2份出价	
		工程（同第3份出价）	5年内逐年递减 （5 000减至1 500）	
	次中央实体（8个共271个机构）	货物（首次以附件形式单独列出，CPC的货物项目）	同第3份出价	
		服务（同第3份出价）	同第3份出价	
		工程（同第3份出价）	5年内逐年递减 （10 000减至3 000）	
	其他实体（14家）	货物、服务和工程（同中央实体）	同第2份出价	

续表

出价次数	采购实体	采购对象	门槛价（万 SDR）	过渡期
第 5 份出价 （2014 年 1 月）	中央实体（63 个，国内机构改革部分机构撤销或调整）	货物（同第 4 份出价）	同第 4 份出价	3 年
		服务（4 个大类下 6 个中类的 12 个小类）	同第 4 份出价	
		工程（同第 3 份出价）	同第 4 份出价	
	次中央实体（14 个，分 A、B 两组）	货物、服务（同第 4 份出价）	同第 3 份出价	
		工程（同第 3 份出价）	5 年内逐年递减（6 000 减至 2 000）	
	其他实体（8 家）	货物（同第 4 份出价）	同第 2 份出价	
		服务（同中央实体）	同第 2 份出价	
		工程（同第 3 份出价）	5 年内逐年递减（8 000 减至 4 000）	
第 6 份出价 （2014 年 12 月）	中央实体（63 个）	货物（同第 4 份出价）	3 年内递减（20 减至 13）	3 年
		服务（4 个大类下 7 个中类的 16 个小类）		
		工程（CPC51 类所有项目）	3 年内递减（2 000 减至 1 500）	
	次中央实体（19 个，共 558 个机构）	货物、服务（同中央实体）	3 年内递减（50 减至 35.5）	
		工程（CPC51 类所有项目）	3 年内递减（2 500 减至 1 500）	
	其他实体（22 个）	货物、服务（同第 4 份出价）	3 年内递减（60 减至 40）	
		工程（CPC51 类所有项目）	3 年内递减（2 500 减至 1 500）	

资料来源：笔者根据中国加入 GPA 的历年出价清单整理。

横向比较看，GPA 新一轮谈判结果（2012）显示，GPA 缔约方将其大部分中央实体列入实体清单。有些国家甚至开放了所有中央采购，例如，冰岛和挪威开放所有中央政府实体，日本将《会计法》涵盖的所有实体都纳入 GPA 的规制范围。对于次中央实体出价清单，缔约方差别比较大。就出价范围而言，有的成员几乎列举了其所有的次中央实体，比如，冰岛开放了所有地方或地区采购实体（包括自治市）、采购政策受中央、地区或地方政府控制或影响或依赖于中央、地区或地方并从事非工商活动的所有实体；日本将《地方自治法》涵盖的、所有命名为"都""道""府""县"的地方政府和政令指定的都市的城市都纳入附件 2 的开放清单。有的成员只将其部分次中央实体纳入开放清单中，例如美国只将 51 个州的 37 个州列入附件 2 的出价清单。就列举方式而言，大部分成员采用正面列举方式；加拿大兼顾正面列举和反面否定列举两种方式；韩国基于门槛价的考虑，将次中央实体采用分类列举的方式，即分为 A、B 两组列举；列支敦士登次中央实体列举比较笼统，包括地方公共机构、所有受公法管辖的实体。就其他实体开放程度，各成员列出的出价范围差别很大。日本分为 A、B 两组列举 124 个开放实体，但没有将城市交通运用、机场设施和电力供应纳入附件 3；美国也分 A、B 两组列举，共列出 10 个开放实体，虽然实体数量不多，但涉及电力、港口和乡村公共设施等领域；冰岛将电力部门、城市交通、机场、港口、供水和邮政服务都纳入附件 3 中，而荷属阿鲁巴没有开放任何其他实体。

由此可见，GPA 缔约方政府采购实体开放的范围没有统一的标准，主要取决于国家利益的权衡及谈判能力的强弱。美国作为政府采购制度最完善的发达资本主义国家，其次中央实体只开放了 70% 左右，而中国作为发展中国家，次中央实体也开放了近 62%，仅次于美国，并且其出价清单已经超出了《政府采购法》的约束范畴，这说明中国在加入 GPA 谈判中确实做出了很大的让步。

（二）采购对象标准化与国际接轨

从纵向比较看，在采购对象范围方面，从第 1 份依据国内采购品目①分类列举发展到第 2 份采用国际分类法②列举，并且从第 4 份出价开始，货物以附件 3 单独列出，同时，中国政府保留了对相关采购实体例外采购对象明确细化的权利。在第 6 份出价中，中国开放 CPC 所有货物项目，CPC51 类所有工程项目以及大部分 CPC 服务项目，货物和服务的门槛价与 GPA 缔约方的出价相当，工程门槛价高于 GPA 缔约方的出价，没有达到欧美的期望水平。

（三）采购门槛价接近 GPA 缔约方出价水平

就采购对象门槛价而言，越来越接近 GPA 缔约方出价水平（见表 3 - 6）。中央实体、次中央实体和其他实体采购货物的门槛价分别从最初出价的 50 万 SDR（1SDR = 1.53 美元）降低至第 6 份出价过渡期最后一年为 13 万 SDR、从 75 万 SDR 减至 35.5 万 SDR、从 90 万 SDR 减至 40 万 SDR，中国货物的门槛价已经达到欧美发达资本主义国家的出价水平③。中央实体、次中央实体和其他实体采购服务的门槛价分别从 400 万 SDR 下降到 13 万 SDR、75 万 SDR 下降到 35.5 万

---

① 国内分类列举只根据中国《政府采购品目分类表》的分类列举。
② 国际分类列举只按照联合国《主要产品分类》（CPC）的产品分类列举。
③ 日本其他实体货物门槛价为 35.5 万 SDR，韩国为 13 万 SDR。

SDR、90 万 SDR 下降到 40 万 SDR，中国服务的出价已经与 GPA 缔约方出价相当。中央实体、次中央实体和其他实体采购建筑业的门槛价分别从最初出价的 20 000 万 SDR、15 000 万 SDR①、30 000 万 SDR 下降至第 6 份出价过渡期最后一年 1 500 万 SDR②，中国工程的出价已经与 GPA 缔约方还有一定的差距，这也是欧美国家一直认为中国出价高的理由。

表 3-6　　　　　　　　　　　GPA 缔约方门槛价　　　　　　单位：万 SDR

缔约方	附件1（中央实体）			附件2（次中央实体）			附件3（其他实体）		
	货物	服务①	建筑服务	货物	服务	建筑服务	货物	服务	建筑服务
亚美尼亚	13	13	500	20	20	500	40	40	500
加拿大	13	13	500	35.5	35.5	500	35.5	35.5	500
欧盟②	13	13	500	20	20	500	40	40	500
中国香港	13	13	500	—	—	—	40	40	500
冰岛	13	13	500	20	20	500	40	40	500
以色列	13	13	850	25	25	850	40	40	850
日本	10	10	450 或 45	20	20	1 500 或 150	35.5	35.5	1 500 或 450 或 45
韩国	13	13	500	20 或 40	20 或 40	1 500	13	13	1 500
列支敦士登	13	13	500	20	20	500	40	40	500
摩尔多瓦共和国③	13	13	500	20	20	500	40	40	500
黑山共和国	13	13	500	20	20	500	40	40	500
荷属阿鲁巴	10	10	400	—	—	—	40	40	500
新西兰	13	13	500	20	20	500	40	40	500
挪威	13	13	500	20	20	500	40	40	500
新加坡	13	13	500				40	40	500
瑞士	13	13	500	20	20	500	40	40	500
中国台北	13	13	500	20	20	500	40	40	500
乌克兰	13	13	500	20	20	500	40	40	500
美国	13	13	500	35	35	500	40	40	500

注：①附件1、附件2和附件3中的服务是指除建筑服务外。

②欧盟的附件1和附件2的建筑服务采购对来自韩国公共工程特许权及此类服务的供应商的门槛价 1 500 万 SDR（见欧盟附件6和黑山附件6）。附件2服务采购对来自加拿大的货物和服务的门槛价35.5万 SDR（见欧盟附件2注释1（e）和黑山附件2注释1（e））。

③附件1、附件2和附件3商品和服务的过渡期均为2年，在过渡期内，其门槛价依次递减，其中，附件1第1年门槛价为30万SDR，第2年为20万SDR，第3年起门槛值达到13万SDR。附件2商品和服务的过渡期为2年，附件2第1年门槛价为40万SDR，第2年为30万SDR，第3年起门槛值达到20万SDR。附件3第1年门槛价为60万SDR，第2年为50万SDR，第3年起门槛值达到40万SDR。

资料来源：笔者根据WTO官方网站资料整理得到。

---

① 第3份出价首次列入次中央实体，次中央实体工程出价过渡期5年内逐年递减，由 15 000 万 SDR 减至 3 000 万 SDR。

② 第6份出价的过渡期为3年，中央实体、次中央实体和其他实体工程出价在过渡期内分别由2 000 万 SDR 减至 1 500 万 SDR、2 500 万 SDR 减至 1 500 万 SDR、2 500 万 SDR 减至 1 500 万 SDR。

（四）例外条款减少，过渡期不断缩短。

纵向比较看，从第 1 份出价到第 6 份出价，中国加入 GPA 的例外条款也是不断在减少，在第 6 份出价中仅保留了以下几项不受 GPA 的约束：支持农业或人类食用项目进行的采购、扶持贫困地区和中小企业发展等政策功能、国家战略储备的采购项目、有关广播节目开发、生产以及播出时段等合同以及可能损害国家重要政策目标的特殊采购。其实，美国、欧盟各国和加拿大等发达资本主义国家也都将"支持农业或人类食用项目、扶持中小企业、促进少数民族的采购"列入例外条款。虽然美国等缔约方没有将"国家为战略储备的采购"列入例外条款，但在美国的政府采购实践中，事实上已经将"国家为战略储备的采购"排除在 GPA 的约束之外。总之，中国的例外条款中体现中国作为发展中国家的特征并不明显。过渡期作为发展中国家保护国内政府采购市场免受冲击的一项重要措施，中国的过渡期从最初出价的 15 年降至 3 年，3 年的过渡期几乎没有任何谈判的空间。

二、政府采购的"本土偏好"程度

考虑数据可获得性，本书使用世界投入产出数据库（World Input-Output Database，WIOD），采用进口替代率衡量政府采购的"本土偏好"程度。表 3 - 7 报告了 1995 ~ 1997 年、2007 ~ 2009 年和 2010 ~ 2011 年三个时间段内选定国家的公共部门进口渗透率。

表 3 - 7　　　　　　　　　部分国家政府采购进口渗透率[①]

非 GPA 成员	1995 ~ 1997 年简单平均数	2007 ~ 2009 年简单平均数	2010 ~ 2011 年简单平均数	1995 ~ 2009 年简单平均数变化百分比（%）	2007 ~ 2011 年简单平均数变化百分比（%）
澳大利亚[②]	5.2	5.7	5.6	9.6	-1.8
巴西	2.1	3.0	3.5	42.9	16.7
中国	3.4	6.4	4.6	88.2	-28.1
印度	4.2	6.1	6.5	45.2	6.6
印度尼西亚	7.9	7.9	7.4	0.0	-6.3
墨西哥	5.0	6.1	7.0	22.0	14.8
土耳其	6.4	11.1	5.4	73.4	-51.4
平均值	4.9	6.6	5.7	34.7	-13.6

续表

GPA 成员	1995～1997 年简单平均数	2007～2009 年简单平均数	2010～2011 年简单平均数	1995～2009 年简单平均数变化百分比（％）	2007～2011 年简单平均数变化百分比（％）
加拿大	4.4	4.7	4.3	6.8	−8.5
日本	2.1	4.3	4.4	104.8	2.3
韩国	7.8	11.8	13.2	51.3	11.9
美国	2.8	4.3	4.6	53.6	7.0
平均值	3.9	5.7	6.3	46.2	10.5
EU27③外部采购平均值	2.7	4.8	5.2	77.8	8.3
EU27 内部采购平均值	3.3	4.5	4.6	36.0	2.0
世界	4.4	6.9	6.6	56.8	−5.1

注：①Extra-EU27：欧盟 27 国外部采购平均值；Intra-EU27：欧盟 27 国内部采购平均值。

②澳大利亚于 2019 年 5 月 5 日正式加入 GPA，本研究选取 2018 年以前的数据，因此把该国列入非 GPA 成员。

③考虑到英国的脱欧计划，本研究没有把英国列入其中。

资料来源：Bernard Hoekman（2018）。

这些数据表明：第一，美国的进口渗透率与欧盟相似。其进口量都低于世界整体水平。鉴于大型经济体能够更好地从高效企业获得国内资源，这一点是可以预料的。第二，在前两个时期，非 GPA 成员的样本比 GPA 成员从国外获得的更多——1995～1997 年的平均值为 4.9% 比 3.9%，2007～2009 年的平均值为 6.6% 比 5.7%。当将 GPA 成员与世界平均水平进行比较时，情况也是如此。第三，各国之间存在很大差异，2010～2011 年，巴西仅从国外采购 3.5%，而韩国为 13.2%。第四，在 1995～2011 年，全球采购协议成员的外国采购增长更快，随着时间的推移，样本中非全球采购协议成员的平均开放程度和全球平均水平趋于一致。第五，数据还表明，在 2008 年后的金融危机期间，全球采购协议成员的外部采购继续增加，而一些非全球采购协议国家的进口渗透率大幅下降。2008年后，非 GPA 成员的这一比例下降了 13% 以上，其中土耳其（下降 50% 以上）和中国（下降 28%）的降幅最大，而在此样本中，GPA 成员的平均降幅为 10%。国外采购份额仅在加拿大有所下降。因此，这些数据表明，政府采购协议可能在防止倒退和财政支出向国内产业行为的转移方面发挥作用，在经济危机时期，国家尤其是发展中国家自然会有更强烈的动机在衰退期间参与这些行为。第六，中国自 20 世纪 90 年代中期以来，公共产品进口渗透率持续上升，1995～2009 年的平均数变化百分比为 88.2%，在非 GPA 成员中上升幅度最大，与 GPA 成员相比，仅低于日本。1995～1997 年、2007～2009 年和 2010～2011 年三个时间段进口渗透率的简单平均数均高于日本和美国，在中国政府采购市场还没有开放的条件下，从相对量看进口渗透率增长最快，从绝对量看，高于 GPA 成员日本和美国，由此可见，中国政府采购"本土偏好"程度比较低，2010 年的政府软件正版化实际上变成了政府软件进口化就是一个很好的佐证。

三、中国与 GPA 缔约方国际竞争力比较

(一) 货物类产业国际竞争力比较

产业国际竞争力是产业安全的核心，提升产业国际竞争力是确保产业安全的根本。产业国际竞争力在很大程度上由出口状况反映，而一国的出口情况则直接由国际贸易竞争力体现。因此，我们可以从国际贸易竞争力视角来考察产业安全。根据 GPA 中开放清单的产业分类，采用 2001～2014 年度的世界、中国及 GPA 成员相关数据，选取国际市场占有率、贸易竞争力指数和显示性比较优势指数三个重要指标，分别测度了中国及 GPA 缔约方货物、服务、工程三大产业国际贸易竞争力，并进行相互比较，以此来刻画中国产业安全度。

货物贸易竞争力比较分析：

(1) 国际市场占有率。中国货物出口总额在世界出口总额排名自 2000 年由第七位上升到 2009 年第一位后，并一直位居第一。从出口总量看，中国的货物贸易在国际市场上占有绝对优势地位。从相对量看（见表 3-8），加拿大、日本、欧盟的国际市场占有率不断下降，韩国、挪威、瑞士、新加坡货物国际市场占有率基本保持不变，而中国货物贸易国际市场占有率由 4.3% 上升为 12.37%，上升了 8 个百分点。与 GPA 主要成员相比，中国的货物贸易市场占有率增速最快且竞争优势明显。

表 3-8　　　　　　　中国与 GPA 缔约方货物类国际市场占有率　　　　　单位:%

缔约方	2001 年	2004 年	2007 年	2008 年	2009 年	2012 年	2013 年	2014 年
韩国	2.43	2.75	2.65	2.61	2.90	2.98	2.98	3.03
加拿大	4.20	3.44	3.00	2.83	2.52	2.47	2.44	2.50
美国	11.78	8.84	8.19	7.98	8.42	8.40	8.41	8.57
挪威	0.96	0.90	0.97	1.06	0.93	0.87	0.82	0.75
欧盟	39.89	40.82	38.16	36.70	36.64	27.56	27.88	28.43
日本	6.52	6.14	5.10	4.84	4.63	4.34	3.81	3.61

续表

缔约方	2001 年	2004 年	2007 年	2008 年	2009 年	2012 年	2013 年	2014 年
瑞士	1.33	1.33	1.23	1.24	1.38	1.16	1.22	1.26
新加坡	1.97	2.15	2.14	2.10	2.15	2.22	2.18	2.16
以色列	0.47	0.42	0.39	0.38	0.38	0.34	0.35	0.36
中国	4.30	6.44	8.74	8.86	9.58	11.13	11.76	12.37

资料来源：笔者根据历年《中国商务年鉴》《国际统计年鉴》《中国统计年鉴》计算整理。

（2）贸易竞争力指数。如表 3 - 9 所示，美国、以色列两国的货物贸易竞争力（TC）值均小于零，说明这些国家的货物贸易竞争力较弱，并且美国的 TC 指数更接近 -1，表明该国的货物贸易竞争力更弱；日本和挪威的 TC 指数由正变负，表示这两个国家的货物贸易竞争力由强变弱，尤其是挪威，该国在 2008 年，TC 值最接近 1，在 GPA 成员中竞争优势最明显，而从 2012 年起，TC 值越来越向 -1 靠拢，竞争力由最强变成最弱；中国和新加坡的货物贸易 TC 指数均为正数，并且基本稳定。中国的贸易竞争力指数均大于 0，TC 指数在 2007 年和 2008年达到最大值 0.12。不过，由于受全球经济危机的影响，从 2008 年开始，中国的货物贸易竞争力指数逐年下降，几乎接近全球货物贸易竞争力的平均水平，在2014 年才略有上升。TC 指数比中国大的国家有日本和瑞士，表明这些国家货物贸易比中国具有竞争优势。

表 3 - 9　　　　　　　中国与 GPA 缔约方货物类贸易竞争力指数

缔约方	2001 年	2004 年	2007 年	2008 年	2009 年	2012 年	2013 年	2014 年
世界	-0.02	-0.02	-0.01	-0.01	-0.01	-0.01	-0.01	-0.01
韩国	0.03	0.06	0.02	-0.02	0.06	0.03	0.04	0.04
加拿大	0.07	0.06	0.04	0.04	-0.02	-0.02	-0.02	0.00
美国	-0.24	-0.30	-0.28	-0.26	-0.21	-0.20	-0.19	-0.19
挪威	0.28	0.26	0.26	0.31	0.26	-0.69	-0.71	-0.72
欧盟	-0.02	-0.01	-0.02	-0.03	-0.02	0.06	0.07	0.07
日本	0.07	0.11	0.07	0.07	0.01	-0.05	-0.08	-0.09
瑞士	-0.01	0.03	0.03	0.04	0.05	0.06	0.07	0.08
新加坡	0.02	0.07	0.05	0.05	0.05	0.04	0.06	0.06
以色列	-0.10	-0.05	-0.04	-0.05	-0.01	-0.09	-0.06	1.00
中国	0.04	0.03	0.12	0.12	0.09	0.05	0.06	0.09

资料来源：笔者根据历年《中国商务年鉴》《国际统计年鉴》《中国统计年鉴》计算整理。

（3）显示性比较优势。如表 3 – 10 所示，中国及 GPA 主要成员的显示性比较优势（RCA）指数均在 0.83 和 1.15 之间，根据 RCA 指数判断标准可知，这些国家或地区的货物具有一般竞争优势。近 10 年来，RCA 值有所下降的国家或地区有加拿大、美国、欧盟、日本、以色列、新加坡，其中下降幅度最大的是欧盟和新加坡；RCA 值有所上升的国家是韩国和中国；而中国的 RCA 增幅最大，并且其 RCA 指数一直高于 GPA 主要成员，说明中国货物贸易竞争力优势显著。

表 3 – 10　　　　　　　　中国与 GPA 缔约方货物类显示性比较优势

缔约方	2001 年	2004 年	2008 年	2009 年	2011 年	2012 年	2013 年	2014 年
韩国	1.04	1.06	1.02	1.06	1.05	1.03	1.04	1.06
加拿大	1.08	1.08	1.08	1.07	1.05	1.06	1.07	1.03
美国	0.91	0.88	0.88	0.87	0.88	0.88	0.88	0.88
挪威	0.95	0.95	0.98	0.96	0.97	0.94	1.00	0.93
欧盟	0.98	0.97	0.95	0.95	0.95	0.91	0.90	0.90
日本	1.07	1.07	1.04	1.05	1.05	1.05	1.04	1.02
瑞士	0.93	0.92	0.91	0.89	0.88	0.88	0.88	1.08
新加坡	1.01	1.00	0.96	0.95	0.93	0.97	0.97	0.95
以色列	0.86	0.89	0.89	0.88	0.88	0.83	0.83	0.84
中国	1.10	1.13	1.12	1.15	1.12	1.13	1.14	1.15

资料来源：笔者根据历年《中国商务年鉴》《国际统计年鉴》《中国统计年鉴》计算整理。

（二）服务类产业国际竞争力比较

1. 服务贸易市场占有率

表 3 – 11 计算统计了中国与 GPA 缔约方 2001～2014 年的服务类国际市场占有率。虽然 2001～2014 年美国服务贸易市场占有率总体上呈下降趋势，但其市场占有率一直遥遥领先。除了美国外，日本的服务贸易市场占有率也呈下降的趋势，加拿大受国际经济危机影响，2008 年以来，服务贸易市场占有率一直在 1.80% 左右徘徊，2014 年有大幅度回升（2.18%）。挪威、以色列的服务贸易市场占有率基本保持不变。韩国、新加坡和中国的服务贸易市场占有率略有上升。2001～2014 年，中国对外服务贸易出口从 329 亿美元上升到 2 222 亿美元，14 年间出口增加近 7 倍，其国际市场占有率从 2.21% 上升到 4.57%，上升了 2.36 个百分点。从纵向看，中国服务贸易国际市场占有率确实有所提升；但是，从横向比较，以 2014 年为例，远远低于美国（14.11%）。总之，与货物贸易相比，中国的服务贸易竞争优势不够明显。

表 3 – 11　　　　　　中国与 GPA 缔约方服务类国际市场占有率

缔约方	2001 年	2004 年	2007 年	2008 年	2009 年	2012 年	2013 年	2014 年
韩国	1.89	1.93	2.09	2.32	2.12	2.52	2.42	2.18
加拿大	2.55	2.19	1.86	1.73	1.71	1.77	1.68	2.18
美国	17.93	14.88	13.88	13.58	14.35	14.38	14.32	14.11
挪威	1.22	1.13	1.17	1.16	1.12	1.14	0.82	1.01
欧盟	45.00	47.89	47.06	46.33	45.17	41.51	42.91	44.29
日本	4.36	4.00	3.71	3.81	3.68	3.25	3.11	3.25
瑞士	1.88	1.90	1.88	1.96	2.17	2.01	2.03	0.78
新加坡	1.86	2.15	2.48	2.57	2.73	2.55	2.52	2.74
以色列	0.86	0.69	0.59	0.62	0.63	0.71	0.72	0.69
中国	2.21	2.77	3.56	3.81	3.76	4.34	4.48	4.57

资料来源：笔者根据历年《中国商务年鉴》《国际统计年鉴》《中国统计年鉴》计算整理。

2. 服务贸易竞争力指数

中国及 GPA 缔约方的服务贸易竞争力指数如表 3 – 12 所示。美国、挪威、新加坡、瑞士、欧盟和以色列的 TC 指数均大于零，其中瑞士的 TC 指数最接近 1，表明瑞士的服务贸易竞争力最强，美国、日本和中国的服务贸易一直处于逆差状态，TC 指数均小于零，其中，中国和日本的 TC 指数最接近 – 1，表明这两个国家的服务贸易竞争力较弱。中国的服务贸易 TC 指数越来越向 – 1 靠拢，说明中国服务贸易竞争力不断减弱。

表 3 – 12　　　　　　中国与 GPA 缔约方服务类贸易竞争力指数

缔约方	2001 年	2004 年	2008 年	2009 年	2011 年	2012 年	2013 年	2014 年
世界	0.00	0.02	0.03	0.03	0.03	0.03	0.03	0.01
韩国	– 0.07	– 0.07	– 0.03	– 0.05	– 0.02	0.03	0.03	– 0.04
加拿大	– 0.07	– 0.08	– 0.14	– 0.14	– 0.15	– 0.15	– 0.15	0.00
美国	0.13	0.13	0.17	0.17	0.19	0.20	0.22	0.20
挪威	0.07	0.06	0.01	0.03	– 0.03	0.01	– 0.06	– 0.04
欧盟	0.02	0.04	0.06	0.05	0.07	0.08	0.05	0.09
日本	– 0.21	– 0.14	– 0.07	– 0.08	– 0.08	– 0.10	– 0.06	– 0.09
瑞士	0.33	0.32	0.36	0.32	0.34	0.34	0.34	0.34
以色列	0.05	0.10	0.10	0.12	0.16	0.20	0.25	0.24
新加坡	– 0.07	– 0.01	0.08	0.08	0.06	– 0.03	– 0.02	0.01
中国	– 0.08	– 0.07	– 0.04	– 0.10	– 0.13	– 0.19	– 0.23	– 0.26

资料来源：笔者根据历年《中国商务年鉴》《国际统计年鉴》《中国统计年鉴》计算整理。

为了更准确把握中国服务贸易竞争力情况，笔者还计算了近 10 年中国各行业 TC 指数。从 TC 指数看，中国贸易竞争力一直处于弱势地位的有运输业、保险业、专利使用费和特权费。其中运输业 TC 指数一直处于 - 0.4 和 - 0.3 之间，保险业的 TC 指数一直在 - 0.9 和 - 0.8 之间。在中国所有服务类行业中，保险业、专利使用费和特权费的贸易竞争力是最弱的。贸易竞争力由强变弱的行业为旅游业、电影业，其中，旅游业受全球经济危机的影响较大。贸易竞争力由弱变强的行业为通信业、建筑业和咨询业。

3. 服务贸易显示性比较优势指数

2001 ~ 2014 年，美国的 RCA 指数在 1.38 和 1.52 之间，说明其服务贸易有较强的竞争优势。服务贸易具有一般竞争力的国家有挪威、欧盟、以色列。中国的服务贸易 RCA 指数一直在 0.42 至 0.57 之间徘徊，与 GPA 成员相比，中国服务贸易 RCA 指数最小，竞争力最弱（见表 3 - 13）。

表 3 - 13　　　　　　　中国与 GPA 缔约方货物类显示性比较优势

缔约方	2001 年	2004 年	2008 年	2009 年	2011 年	2012 年	2013 年	2014 年
韩国	0.81	0.74	0.91	0.78	0.78	0.87	0.84	0.76
加拿大	0.66	0.69	0.66	0.73	0.76	0.76	0.73	0.89
美国	1.38	1.49	1.50	1.48	1.52	1.51	1.50	1.45
挪威	1.21	1.20	1.07	1.15	1.12	1.23	1.01	1.25
欧盟	1.10	1.13	1.20	1.17	1.23	1.37	1.39	1.40
日本	0.71	0.70	0.82	0.83	0.79	0.79	0.85	0.92
瑞士	1.31	1.32	1.42	1.41	1.54	1.52	1.47	0.67
新加坡	0.95	1.00	1.18	1.20	1.29	1.12	1.12	1.20
以色列	1.58	1.46	1.47	1.44	1.53	1.71	1.68	1.61
中国	0.57	0.48	0.48	0.45	0.47	0.44	0.43	0.42

资料来源：笔者根据历年《中国商务年鉴》《国际统计年鉴》《中国统计年鉴》整理计算。

（三）工程类产业国际竞争力比较

工程服务是中国政府采购的重要组成部分，也是中国实施"走出去"战略的关键。2001 ~ 2014 年，中国对外承包合同的份数由 5 836 份增加到 7 740 份，增加了近 1 倍；合同金额由 164.55 亿美元增加到 1 917.56 亿美元，增加了 9 倍；合同完成额由 88.99 亿美元增加到 1 424.11 亿美元，增加了近 12 倍；对外承包工程年末在外人数由6.00万人增加到26.92万人,增加了5倍多。① 从中国对外承包工程合同金额、合同完成额等指标看,近10年间,对外承包工程业务取得了快速增长,但由于没有找到其他国家的对外承包工程的数据,因此无法进行横向比较。

为了进一步说明中国对外工程贸易竞争力,根据2014年中国对外承包工程按主要国家(地区)的统计数据如表3-14所示:从新签合同数、新签合同金额、完成营业额和派出人数四个方面进行分析表明:中国与GPA成员签约合同份数较多的国家或地区是欧盟(5.04%)和美国(1.38%);中国与GPA成员(地区)新签合同额只占总的新签合同额的7.68%,其中排在前三位的是欧盟(2.48%)、新加坡(1.98%)和美国(1.52%);中国与GPA成员合同完成额最高的国家为欧盟(2.94%),其次是新加坡(2.37%);派出对外承包工程人数主要集中在新加坡(0.72%)和欧盟(0.52%)。以上的数据分析可以看出,目前中国对外承包工程项目主要集中在发展中国家,在以发达国家或地区为主的GPA成员市场承接工程的能力相当弱。

表3-14　　　　　　2014年中国对外承包工程在主要GPA成员分布情况

GPA成员	新签合同(份)	新签合同额(亿美元)	完成营业额(亿美元)	派出人数(人)	新签合同份数占总份数的比重(%)	新签合同额占总合同额的比重(%)	完成营业额占总完成营业额比重(%)	派出人数占总派出人数比重(%)
韩国	18	2.94	3.93	37	0.23	0.15	0.28	0.01
日本	47	2.88	3.34	11	0.61	0.15	0.23	0.00
新加坡	79	37.99	33.76	1 951	1.02	1.98	2.37	0.72
以色列	5	10.38	0.95	7	0.06	0.54	0.07	0.00
欧盟	390	47.50	41.88	1 402	5.04	2.48	2.94	0.52
黑山	6	11.15	0.04	2	0.08	0.58	0.00	0.00
瑞士	3	0.002	0.049	0	0.04	0.00	0.00	0.00
亚美尼亚	1	0.10	0.086	3	0.00	0.00	0.01	0.00
挪威	1	0.11	0.14	3	0.00	0.00	0.01	0.00
加拿大	17	3.68	1.24	26	0.22	0.19	0.09	0.01
美国	107	29.18	18.90	341	1.38	1.52	1.33	0.13
新西兰	30	1.40	1.48	20	0.39	0.07	0.10	0.01
合计	704	147.31	105.80	3 803	9.09	7.68	7.43	1.4

资料来源:笔者根据历年《中国商务年鉴》《国际统计年鉴》《中国统计年鉴》整理计算。

---

① 数据来自历年《中国统计年鉴》。

对中国和 GPA 成员 2001~2014 年货物类、服务类和工程类产业国际竞争力进行了分析，主要结论如下：（1）中国在商品贸易总量上具有绝对的优势，GPA 成员既是中国商品贸易的主要出口目的地（占总出口的 65.05%），同时也是中国商品的主要进口原产地（占总进口额的 52.81%）；（2）从货物贸易竞争力指数看，中国的货物贸易竞争力稍弱于日本、挪威和瑞士。从市场占有率和显示性比较优势指数来看，中国的货物贸易竞争力均优于 GPA 成员；（3）尽管中国服务贸易市场占有率增速较快，但远远低于同期的美国。中国服务贸易 TC 指数一直为负数，并且越来越接近 -1，表明其竞争力不仅没有增强，反而日益减弱。与 GPA 成员相比，中国服务贸易的 RCA 指数最小，竞争优势最弱；（4）近 10 年来，中国对外承包工程合同金额快速增长，但是，主要集中在亚洲和非洲等一些发展中国家。虽然其原因可能是发达国家的基础设施已经很完善，提供的可承包工程金额较少，但是，过低的结构占比也足以说明中国在 GPA 成员的工程承包几乎没有什么优势和经验。相反，中国作为世界最大的发展中国家，城镇化建设毫无疑问为 GPA 成员提供了广阔的市场空间，无疑为中国工程产业安全带来更大的挑战。

第三节　GPA 框架下中国政府采购面临的政策功能安全冲击

GPA 的宗旨就是最大限度地促进 WTO 成员之间的贸易自由化，将国民待遇、非歧视待遇、透明度国际贸易规则的基本要求延伸至政府采购领域，要求各国政府采购对供应商做超越国界的非歧视性选择,[①] 以期实现经济资源在全球范围内的自由流动和最优配置。GPA 把政府采购作为一种单纯的国际贸易行为，强烈排斥各国采购市场的保护性政策。面对发达国家业已形成的完善的政府采购政策体系以及扩大成员的诉求，GPA 在维护其政府采购贸易自由化宗旨的前提下，为政府采购政策功能预留了一定的法律空间。然而，GPA 成员政府采购政策功能实施空间取决于其谈判的能力和政府采购制度的完善程度。基于此，本节的安排如下：首先，分析了 GPA 法律文本对政府采购政策功能的界定；其次，以中国加入 GPA 谈判出价清单为例，剖析了中国加入 GPA 中政府采购政策功能安排，并结合加入 GPA 谈判历程和实际调研，得出了中国政府采购核心政策功能被钳制的结论，最后，以"中兴事件"为例，阐释 GPA 规制下中国政府采购核心政策

---

① 尹彦，张晓瑞，冯永琴. 政府采购对外开放与社会政策功能之间的关系研究 [J]. 标准科学，2015（3）：25-30.

功能受冲击的影响及启示。

一、GPA 规制中政府采购政策功能的界定

GPA 试图通过建立一个有效的关于政府采购的法律、规则、措施和程序等方面的权利义务多边框架，实现政府采购的扩大和更大程度的自由化，改善协调世界贸易运行的环境。在 GPA 文本的起草过程中，一直在构建透明高效的国际政府采购市场和政府采购社会政策功能之间的平衡木上摇摆不定，困惑于在自由贸易目标和缔约方已经实施的政策之间如何取得适当的平衡。不管何种政府采购社会政策功能通常都会有歧视性、优待国内产业的作用和意图，都有可能损害透明高效的国际政府采购市场的建立，违背 GPA 的初衷，甚至令 GPA 试图建立的公平市场垮塌。但是，即便如此，面对各国已经成熟的政府采购社会政策功能体系，GPA 最终还是为保留政府采购社会政策功能提供了一定的法律空间，而且 GPA 缔约方可以通过谈判来允许特定的歧视性政策。为在开放本国政府采购市场时，适当保留政府采购社会政策功能，GPA 为缔约方留下了三条路径。

（一）GPA 减让表排除

根据 GPA 例外条款和发展中国家发展条款，在 GPA 谈判过程中，经 GPA 缔约方同意，可以将需要保留的政府采购项目排除在 GPA 规制之外，只有纳入减让表的项目才受 GPA 的约束。首先，一个国家可以将特定的产品、服务和实体排除在涵盖范围之外，例如，GPA 缔约方想要通过政府采购来发展新产业或支持弱势产业，只需将相关的产品、服务或主要的采购实体排除在外即可。其次，一些缔约方开放清单中的例外条款可以指定某些社会政策功能免除 GPA 的规制，例如，2012 年文本中，加拿大将预留给小企业、少数民族企业等合同排除在 GPA 开放清单之外，这些政策都违背了国民待遇原则，因为它们包含了给予特定国内产业的优惠准入，这些例外大大缩小了 GPA 缔约方的政府采购涵盖范围。于是其他缔约方为了保持互惠性，也对这些采购政策例外的国家缩小自己的 GPA 适用范围，例如：欧盟对韩国、日本和美国的中小企业提出了对等排除。美国和加拿大还允许联邦以下政府实体运用限制性措施以提高环境质量。总之，在 GPA 文本明确规定的社会政策功能之外，缔约方利用 GPA 特殊的谈判机制极力试图将本国或地区的政府采购社会政策功能予以排除。不过，这些减让表的排除主要取决于各参与方的谈判实力。

（二）GPA 规制例外工具

GPA 为其缔约方提供了"一般例外"和"安全例外"两种例外工具。GPA 第 3.1 条规定了安全例外，"本协定不得解释为阻止任何参加方，在涉及武器、

弹药或战争物资采购，或者涉及为国家安全或国防目的所需的采购方面，在其认为保护根本安全利益的必要情形下，采取任何行动或者不披露任何信息。"该条款提到的"战争物资"具体内容比较宽泛，但不包括武器和弹药；"必要情形下"的主观性很强，因此，安全例外条款为 GPA 参加方预留了一定的谈判空间。仅从条款语义看，各缔约方大多将与国家安全有关的采购排除在 GPA 适用范围之外。但事实上，缔约方利用安全例外工具的程度取决于其谈判的实力。

GPA 第 3.2 条规定一般例外，"本协定不得解释为阻止任何一参加方采取或者实施以下措施，其条件是这些措施的使用方式，不得在条件相同的参加方之间构成随意的、不合理的歧视或者构成对国际贸易的变相限制。"主要涉及为保护公共道德、秩序或安全，保护人类、动植物的生命或者健康，保护知识产权所必须的措施，以及为残疾人、慈善机构或监狱囚工提供货物或服务的措施。"必要的措施"是一个比较苛刻的规定，意味着没有或者几乎没有比此项措施替代性更小的方案。

（三）发展中国家特殊待遇条款

GPA 的权利义务体系中，最能体现发展中国家权利结构反映在 GPA 的序言和 GPA 有关"发展中国家特殊待遇条款"中。根据 WTO 的惯例，各协议的序言中通常能体现协议的目标，GPA 协议的目标是实现政府采购贸易自由化和促进发展中国家的发展。通过对比 GPA 不同版本序言关键词的排序（见表 3 - 15），不难发现，GPA 越来越凸显国际贸易自由化目标，而促进发展中国家发展的重要性在不断减弱，并且其法律文本由具体描述到抽象概括。

表 3 - 15　　　　　　　GPA 不同版本"序言"中关键词排序的对比

GPA1979	GPA1994	GPA2012
1. 减少或取消非关税措施	1. 国际贸易自由化	1. 国际贸易自由化
2. 发展中国家国际贸易利益	2. 非歧视性原则	2. 非歧视性原则
3. 发展中国家发展需要	3. 透明度原则	3. 健全政府采购制度
4. 最不发达国家的利益	4. 争端解决机制	4. 程序的灵活性
5. 贸易自由化	5. 发展中国家发展的需要	5. 发展中国家发展的需要
6. 歧视性原则	6. 扩大协议的适应范围	6. 透明度原则
7. 透明度原则	7. 扩大协议的成员范围	7. 电子采购
8. 争端解决机制	—	8. 扩大协议的成员范围

资料来源：根据 GPA1979、GPA1994 和 GPA2012 法律文本整理。

有关"发展中国家特殊待遇条款"GPA2012 第 5 条具体描述为"在加入本

协议的谈判和对本协议的贯彻执行中，各参加方应该对发展中国家和最不发达国家的发展、财政、贸易需要以及实际状况给予特别的考虑。且承认这些方面因不同国家而可能存在巨大差异。"这些差异和特殊待遇主要体现在以下几个方面（见表 3 - 16）。第一，最惠国待遇。GPA 第 5.2 条规定，当一个发展中国家加入 GPA 时，所有参加方应立即就清单范围向其提供最惠国待遇，以维护 GPA 框架下机会均等。第二，过渡期和实施期的特殊权利。即发展中国家可以采取一系列措施促进其发展，具体权限包括：（1）可以减少附录 1 附件所列的采购对象及采购实体的范围；（2）可以分阶段增加采购实体和采购部门；（3）提高门槛价可以高于其永久性门槛价；（4）采用价格优惠和补偿贸易的做法；（5）可以向政府采购委员会申请延长过渡期和增加实施期的新措施。

表 3 - 16　　　　　　GPA2012 发展中国家（或地区）发展特殊待遇

具体措施	具体内容	适应条件和法律性质
最惠国待遇	成员应立即给予加入协议的发展中国家附录 1 项下的最惠国适应范围	维护协议下的机会均等，其具体内容取决于谈判的结果
过渡期措施	价格优惠	过渡期内 经缔约方同意 不会在缔约方之间造成歧视
	补偿贸易	
	分阶段增加具体的实体或者部门	
	较其永久性门槛价更高的门槛价	
实施期措施	免除最惠国待遇条款以外的所有义务	经现有缔约方同意 最不发达国家为 5 年 其他发展中国家为 3 年
过渡期和实施期的调整	政府采购委员会批准延长过渡期和实施期	发展中国家申请
	政府采购委员会批准增加过渡期新措施	不可预见的特殊情况
技术合作	各缔约方应适当考虑发展中国家技术合作和能力建设要求	道德性义务

资料来源：笔者根据 GPA 条款自行整理。

　　单从法律文本看，GPA 能够给发展中国家提供的特殊待遇条款还是比较宽泛的，但这些"特权"的实施取决于谈判结果以及 GPA 对这些特殊条款的限制措施。为了对 GPA 框架下"权利体系"有清晰的把握，本节梳理了 GPA 不同版本权利结构的变化。

　　首先，概念的模糊界定使国际规则的制定者处于有利地位。有关"发展""财政"和"贸易"的具体含义在 GPA1979 和 GPA1994 都有具体的界定。"发展"包括国内和国际两个层面，国内指促进产业健康发展，包括扶持落后地区的小型企业的发展；国际上是指鼓励加入区域性或全球性贸易协议。"财政"层面为政府采购对国内产业的扶持；贸易层面为国际收支平衡和外汇储备充足率。而在 GPA2012 中对"发展""财政"和"贸易"没有具体表述，其具体内容取决于谈判的结果。这种笼统的界定虽然为谈判提供了足够空间，但其实是谈判双方实力的较量。发达国家作为 GPA 规制的倡导者和制定者，无疑在谈判中具有优势地位。

其次，原则性而非强制性的条款，最终的权限取决于谈判的结果。最惠国待遇是整个 GPA 体系内所有成员均享有的权利，发展中国家的最惠国待遇从法律语义上理解应为无条件最惠国待遇，由于该条款是非强制性的条款，而且 GPA 规制追求缔约方市场机会的均等，因此，从实际谈判结果看，发展中国家享受的"最惠国待遇"其实是对其他方面权利的让渡。过渡期的特殊待遇也不是免费的，需要成员方的同意，发展中国家能否获得特殊待遇，以及获得特殊待遇的程度，取决于发展中国家的谈判实力和其他领域的市场让渡。条款在不断缩减。纵观 GPA 的演变，涉及市场准入的开放范围、有利于发展中国发展便利性措施、考虑发展中国家经济实情的技术援助、信息援助和技术合作与建设等条款均为发达国家应该努力和考虑的情形，这些道德性条款大部分都已被删除，GPA2012 仅保留了技术合作和建设条款。除了"特殊和差别待遇"之外，发展中国家在 GPA 的权利义务结构体系中的法律地位与其他所有国家都是一致的。在市场开放方面，追求机会均等，规避非歧视性采购；在制度一致性方面，GPA 缔约方必须确保其政府采购制度符合 GPA 规制的要求，具体包括符合 GPA 透明度要求、符合其强制性标准以及为供应商提供 GPA 所规定的权利救济制度。对 GPA 三个版本的制度宗旨和发展中国家特殊待遇条款进行细致的对比，可以发现：（1）在 GPA 的文本变迁过程中，贸易自由化宗旨的重要性逐渐提高，而发展宗旨的重要性则逐渐降低；（2）GPA 提供发展中国家特殊待遇的目的在于吸引发展中国家加入政府采购贸易全球化的进程中，而非真正出自对发展中国家（或地区）发展需求的关怀；（3）根据现行规则，发展中国家的特殊待遇绝非"免费的午餐"，发展中国家能否获得特殊待遇以及获得特殊待遇的程度取决于发展中国家的谈判实力以及其他领域的市场让渡。由此可见，GPA 在规制设计上仍然缺乏对发展中国家（或地区）发展现状、发展意愿和发展需求的切实关怀，而这一特征在 GPA 的谈判机制上表现得更为突出。

二、中国出价清单中政府采购政策功能的安排

中国自 2007 年 12 月启动了加入 GPA 的谈判，一直在追求对外开放和保留政

府采购政策功能之间的平衡。在对外 GPA 谈判过程怎样利用对等原则排除核心的政府采购政策功能，不管从何种角度来说，政府采购政策功能或多或少具有一定的歧视性，GPA 缔约方对此非常敏感，每次在中国提交出价清单时，GPA 缔约方都会提出，中国例外排除太多，敦促中国减少排除内容，这是中国加入 GPA 长达 13 年谈判至今未果的根源。本书以中国加入 GPA 出价清单为基本素材，重点分析中国第 6 份出价清单中政府采购政策功能安排，为剖析 GPA 规制下中国政府采购政策功能面临安全冲击提供有力论据。

（一）中国加入 GPA 减让表

根据 GPA 规定，只有 GPA 承诺之外的，财政资金才能发挥政府采购政策功能。从中国第 6 份出价清单看，中国已经开放了 63 个中央实体、19 个次中央实体共 558 个机构和 22 个其他实体，开放了绝大部分中央实体，近 62% 的次中央实体，其他实体首次将 2 家国有企业列入清单中，其开放范围从中央扩展到地方，从《政府采购法》约束内扩展到《政府采购法》管辖之外。尽管在出价清单中，对开放实体进行了例外，但是，从整体来看，中国能实施政府采购政策功能的实体范围并不多，并且随着 GPA 谈判的推进，其开放范围可能会扩大，但能实施政府采购政策功能的空间将会缩小。

除承诺采购实体外，GPA 还要求在附件 4 和附件 5 中承诺开放货物与服务采购的范围。从中国第 6 份出价清单看，中国开放了 CPC 的货物项目、CPC51 类所有工程项目、4 个大类下 7 个中类的 16 个小类的服务。当然，向 GPA 成员开放的货物与服务范围还要受门槛价的约束。在 3 年过渡期后，中国中央采购实体的货物和服务类门槛价、工程类门槛价分别降至 13 万特别提款权和 1500 万特别提款权；次中央采购实体货物和服务类门槛价降至 35.5 万特别提款权，工程类门槛价降至 1 500 万特别提款权；其他实体货物和服务类采购门槛价降至 40 万特别提款权，工程类门槛价与其他实体一样。中国除了工程类采购门槛价高于欧美等发达国家之外，这也是欧盟等国家对中国出价过高的原因之一，货物和服务类门槛价几乎与 GPA 缔约方相当。就采购客体而言，其开放范畴几乎与 GPA 缔约方相当，而中国作为发展中国家，在贸易自由化和发展中权衡，更注重于发展，自由化的目的也是为了发展，因此中国更需要利用政府采购政策功能促进经济社会的发展。从中国进口渗透率在 2007～2011 年下降 28.1%，[①] 下降的幅度不仅高于印度尼西亚、土耳其等非 GPA 成员，还高于美国、日本等 GPA 成员。这足

---

① Bernard Hoekman. Reducing Home Bias in Public Procurement：Trade Agreements and Good Governance [J]. Global Governance，2018，24：249 – 265.

以证明政府采购仍然是中国宏观调控的重要工具,尤其是在全球金融危机时期。

(二) 一般例外和安全例外

就一般例外而言,中国加入 GPA 出价清单中,把支持农业或人类食用项目的采购、为扶持贫困地区和少数民族发展而进行的采购、为促进中小企业发展而进行的采购以及与广播节目相关的采购排除在 GPA 的规制之外,中国的出价清单一般例外的排除与 GPA 所规定的例外别无两样;不过,中国出价中并没有排除 GPA 第 2.3 条所规定的建筑物或其他不动产等货物或服务的采购。就安全例外而言,中国把维护国家安全利益而进行的货物和服务项目的采购排除在外。同时,把为国家战略储备的采购项目也排除在 GPA 规制之外。从出价清单看,中国还是充分利用了 GPA 的两个例外工具,但是,在政府采购实践中,是否能做到两个例外,还需要考虑中国政府采购能力建设。

(三) 发展中国家发展条款

根据 GPA 第 4 条发展中国家特殊例外条款,从第 6 份出价看,第一,中国政府对于有可能损害国家重要政策目标的特殊采购,保留不执行国民待遇的权利;第二,根据 GPA 第 5 条以及关于促进发展的总体政策,中国政府将对政府采购项目的本国比例、补偿交易或者技术转移提出要求。具体而言,中国加入 GPA 的例外条款呈现以下几个特征:(1) 可能损害国家重要政策目标的特殊采购,这是非常笼统的表述,重要政策目标和特殊采购的范畴是什么?如何界定?在政府采购具体实践中,中国认为可能损害本国利益的重要政策目标是否能得到 GPA 缔约方的认可?例如,自主创新是否属于中国重要的政策目标范畴?(2) 中国政府采购社会政策功能配套政策还未完全建立起来。虽然《政府采购法》第九条规定"政府采购应当有助于实现国家的经济和社会发展政策目标,包括保护环境,扶持不发达地区和少数民族地区,促进中小企业发展等",但是相关的落实措施还未制定或实施,例如国货政策等,即使在对外开放的过程中想保留相关的社会政策功能,在国内没有配套措施的情况下仍然没法发挥实效。(3) 中国还没有正式加入 GPA,在谈判过程中,中国最重要的政府采购政策功能——自主创新就被迫叫停,中国自主创新政策的暂停执行足以说明 GPA 对发展中国家的发展仅停留在法律条款层面。

三、中国政府采购政策功能安全冲击维度与程度

(一) 中国政府采购政策功能冲击维度

对 GPA 与中国政府采购法律法规和第 6 份出价清单的分析表明,GPA 框架

下中国政府采购政策功能面临安全冲击是必然的，调研数据也验证了这一点。如表3-17所示：在中国现行的政府采购政策体系中，一方面，加入GPA有利于节约财政资金，有利于规范政府采购行为、促进廉政建设，其中，68.24%的被调查者认为加入GPA对节约财政资金是没有冲击或完全没有冲击的，仅有3.76%的被调查者认为加入GPA不利于反腐倡廉；另一方面，GPA框架下政府采购促进自主创新、绿色政府采购、扶持中小企业发展等政策功能很难有效发挥作用，其中，83.08%的被调查者认为自主创新政策功能会受到的安全冲击，69.93%的被调查者认为政府采购扶持中小企业发展的政策功能会受到安全冲击，认为政府采购的经济总量调控、促进区域平衡发展、实现民族地区经济稳定的政策功能受到安全冲击的受访者比例分别为62.78%、58.46%和54.89%。由此可见，如果现行中国政府采购法律法规不做调整，那么GPA框架下发挥政府采购政策功能的空间非常有限。

表3-17　　　　　　　　　政府采购政策功能冲击的维度与程度

功能	完全没有冲击（%）	没有冲击（%）	不确定（%）	有冲击（%）	冲击很大（%）
节约财政资金	29.89	38.35	28.20	3.20	0.38
促进廉政建设	26.32	39.29	30.64	3.20	0.56
经济总量调控	3.20	6.02	28.01	40.41	22.37
促进区域平衡发展	2.63	12.41	26.50	34.59	23.87
扶持中小企业	1.69	6.39	21.99	34.59	35.34
绿色政府采购	7.71	14.10	25.56	34.21	18.42
民族地区经济稳定	5.83	12.03	27.26	35.34	19.55
支持自主创新	0.75	3.57	12.59	38.16	44.92

资料来源：笔者根据调研问卷自行整理。

（二）中国政府采购核心政策功能被钳制

中国《政府采购法》是在借鉴国际政府采购规制的基础上制定的，是一部程序导向型立法，强调节约资金和反腐倡廉，政府采购其他政策功能在立法之初并没有引起足够的重视，直到2006年中国才发布第一份有关政府采购促进自主创新的政策文件《财政部关于实施促进自主创新政府采购政策的若干意见》，中国于2007年制定并实施了有关政府采购促进自主创新的预算、评审、合同管理以及首购和订购四个文件，这标志着中国政府采购促进自主创新迈上了一个新台阶。然而，2011 年 6 月 28 日，财政部宣布自 2011 年 7 月 1 日起停止执行 2007 年颁布的有关政府采购促进自主创新的三个政策文件。美国政府对中国的施压主要出于维护跨国公司在华技术垄断的地位，美欧跨国公司在 2011 年 5 月的第三轮中美战略与经济对话中达到了他们的目的，中国因此无法使用政府采购对中资企业的技术创新进行支持，发达国家跨国公司在中国的技术垄断地位得到了进一步巩固和加强。从此以后，中国政府也没有出台过相关文件，政府采购促进自主创新的政策功能受到较大影响。

四、中国政府采购政策功能安全冲击的典型案例

当今，世界经济全球化进程复杂多变。美国凭借对 IT 行业上游的主控权，以"国家安全"为由加紧对技术出口、技术转让、技术间接出口等的出口管制，中国信息技术、通信及软件业等相关产业面临国际化经营的巨大挑战。作为中国国民经济增长的催化剂和倍增器，IT 产业对国民经济的贡献率不断提高，《中国制造 2025》更是把发展"新一代信息技术产业"列为十大重点之首。IT 产业无异于国民经济的"芯片"，是助推中国经济质量变革、效率变革、动力变革的核心利器，是不断增强中国经济创新力和竞争力、实现"两个一百年"奋斗目标的关键，这一特殊地位决定了 IT 产业极易遭受冲击。"中兴事件"正是在这一背景下发生。

"中兴事件"经历了立案调查、出口限制和重启制裁禁令三个发展阶段。在 2018 年 4 月 16 日开始升级。当时，美国商务部宣布，中兴通讯及其下属的深圳市中兴康讯电子有限公司在 7 年内，不得以任何形式从美国进口受该国出口法规管制的任何商品、软件或技术。后来，经过中美双方多次磋商，才最终达成和解。

（一）中国应重建自主核心技术，打造完整产业链条

经济全球化其实是建立在全球化的产业链基石之上，尽管中国已经成为全球产业链中最为重要的供给者，不过仍处在产业链的低端，我们的供给产业大部分能在全球范围内找到替代品，而我们的高端产业极度匮乏，几乎全部依赖进口；如果没有了全球化的供给，许多行业的整个产业链条将需要重塑，需要全部核心技术的提升与获得。所以，我们应该重建自主核心技术，打造完整产业链条，这也许是中兴事件给中国最大的警示。

（二）重视政府采购对核心技术的推动作用

波利斯和雷恩维尔（Pohlisch & Rainville, 2019）认为政府采购作为需求侧重要的创新政策工具，越来越具有创新的潜力。美国的经济发展史表明，美国的集

成电路、计算机等 IT 产业在研发阶段均是在美国政府采购为其提供市场实验地才得以发展，即使在没有竞争的市场环境下，美国还为其新技术、新产品保驾护航。作为技术追赶的后发展中国家，中国比美国等发达国家更需要政府采购的大力支持，更何况中国并没有采取关税保护和限制性外商投资的产业政策，在这种情形下，如果没有政府采购为中国本土企业核心技术提供一块"市场风险实验场地"，中国的核心技术难以立足和发展。李国杰院士（2018）指出，"目前中国芯片和软件厂商最需要支持的不是研发项目，而是试用和完善。我们做龙芯 CPU 的体会是，最困难的并不是技不如人，而是做出产品很难找到机会试用"，并呼吁"我们可能要从更高的角度认识给自主产品试用机会和初始市场这件事"。[①]因此，政府作为最大的消费者，完全有必要为芯片等高科技产业发展提供"市场实验场地"，这不仅仅是政府采购扶持产业发展的小问题，而是关乎国家战略的大问题。

核心技术作为一种特殊的公共产品，私人采购不愿意也不可能去承担试用产品的风险，只有政府采购这个庞大的市场能为新产品提供试验的市场根据地。正如赖纳·科特尔和韦科·兰博（2012）深入研究 GPA 发现，政府采购不应该仅仅作为技术创新的间接工具或手段，而且更应被看成促进技术创新、产业发展和经济增长的一种直接工具或手段。[②] 遗憾的是，中国政府采购促进自主创新的政策功能迫于欧美的压力，在 2011 年就停止执行了。"中兴事件"警示我们，加入WTO《政府采购协议》对中国政府采购促进自主创新政策功能可能会带来严重冲击。我们应借鉴欧美政府采购促进自主创新的做法，重新制定相关政策文件，构建中国自主创新的政府采购支持体系。

第四节　GPA 框架下中国政府采购面临安全冲击的原因

一、中国政府采购制度欠完善

（一）法律法规体系滞后且不协调

利用法律法规规范政府采购行为是 GPA 缔约方通行的做法，也是国内政府采购制度走向国家化道路的前提和保障。如果没有完善的国内法律规制，一国的政府采购在国际市场上就会产生法律摩擦，使该国政府采购市场处于不利的竞争

---

① 李国杰."中兴事件"给科技工作的启示［J］. 科技导报, 2018（13）: 1.

② 赖纳·科特尔, 韦科·兰博, 贾根良. 发展中国家为什么不要加入 WTO 政府采购协议?［J］. 国外理论动态, 2012（2）: 49 - 59.

地位，也难以消除政府采购市场的贸易壁垒，最终难以确保政府采购政策功能目标有效实现。尽管中国已初步建立了以《政府采购法》为核心的法律框架，但是规范政府采购行为做法的法律法规还存在以下问题：

1. 法律法规体系滞后

第一，法律规制的范围窄，虽然《政府采购法》和《招标投标法》已颁布实施，但是仅仅管辖部分政府采购行为，未提供适合各种情况的政府采购的一揽子采购程序和方法；第二，法律管辖的范围与实践脱节，最近几年，政府购买服务、PPP和公共资源交易平台等新概念在政府采购领域层出不穷，但这些是否属于《政府采购法》管辖的范围，是《政府采购法》修订中顶层设计需要考虑的问题；第三，法律法规对政府采购需要标准和合同履行等问题规范缺位，合同履行的缺位将会给中国采购人在GPA规制下带来不可估量的损失。

2. 法律法规不协调

首先，《政府采购法》在总则中明确规定"政府采购工程进行招投标的，适用招投标法"。然而，《政府采购法》和《招标投标法》在监管主体、供应商资格、招标代理机构、招标适用条件以及废标处理等方面的规定均存在冲突。在政府采购实践中，法律之间的不协调和冲突会造成行政主体、政府采购当事人无所适从的局面。实际操作中频频"撞车"，法律适应过程中存在相互打架和难以衔接的地方。加入GPA后，如果两部法律仍然不统一，会造成实践实施的困难。其次，中国各省、直辖市、自治区政府制定的采购管理暂行办法、规定等大多早于《政府采购法》的颁布，由于各地区对政府采购认识存在偏差，导致实践中或多或少存在与《政府采购法》相抵触和矛盾的地方，难以协调统一。最后，根据《政府采购法》规定，集中采购目录和采购限额标准以上的政府采购才受其约束。而中央政府、次中央政府或者其采购代理机构等政府采购实体均有权编纂集中采购目录即确定采购门槛，这样集中采购的随意性很大，在实践中难以管理。

3. 供应商市场准入制度欠完善

供应商市场准入制度决定了一国供应商参与国际市场公平竞争的起点。然而，中国《政府采购法》对供应商市场准入制度的规定过于简单、笼统，甚至缺位。其一，供应商资格认定过于原则，可操作性不强。尽管政府采购法对供应商的财务制度、技术能力要求、违规记录等方面都有要求，但这些要求都是最基本的，门槛较低，甚至很多要求法律上是模糊的，例如要求供应商在经营活动中没有重大违法记录，"重大违法记录"的判断标准是不清晰的，自由裁量空间大，很难把不符合要求的国外供应商排除在外。其二，供应商预审程序有待完善。中国《政府采购法》规定对预审内容，诸如资质和业绩情况，《政府采购实施条例》明确预审公告发布时间、发布渠道、接受供应商请求时间等内容。然而，在政府采购实践中，各地供应商资格审查程序存在差异，有的地方采用分阶段招标法，即先进行资格审查，再执行招标，只有通过资格审查的供应商才有参加招标的资格；有的地方采用一步到位的做法，即供应商先提交资格证明材料和招标文件，在专家评审环节，对不符合条件的供应商的招标做无效标处理，不予评审。其三，缺乏对供应商瑕疵的规定。供应商是政府采购的重要主体之一，其资格应始终是合法有效的，容不得半点虚假，否则会对政府采购相关利益主体造成利益损失。因此，各国及国际经济组织对供应商瑕疵都做了相应规定，对有瑕疵的供应商或承包商应取消其资格，而中国《政府采购法》中未对供应商资格瑕疵做出任何规定，在开放条件下，一方面无疑增加了政府采购合同执行的成本，另一方面政府采购合法权益很难得到保障。

4. 未体现电子技术对政府采购的新变化

工业4.0的尖端技术和数据管理在战略和运营采购中的作用产生了政府采购4.0的概念。政府采购4.0涉及重新考虑所有现有的采购程序。这不仅仅是将采购程序转移到电子采购工具，而且政府采购4.0要求各种授标前和授奖后阶段的流动，使这些过程更容易让企业参与并更容易公共部门管理。政府采购4.0还允许在采购过程的各个阶段使用基于数据的方法，数字工具可以使公共支出更加透明和以证据为导向（Kochanova et al.，2017）。政府采购中的数字工具提供了一系列的好处，即节省通过提高包括中小企业在内的企业进入跨境政府采购市场的能力、简化采购流程、减少繁文缛节和行政负担、提高透明度以及创新商业机会（Chibani et al.，2018）。中国在政府采购实践中对电子化政府采购也进行了尝试与探索，但是由于《政府采购法》出台较早，没有赋予电子化政府采购相应的法律地位，更没有体现政府采购4.0新发展趋势。

（二）政府采购管理体制欠规范

政府采购的机构设置、隶属关系、职责权利、决策监督机制等方面存在权责关系不明晰，责任主体不明确等问题，"采管分离"各地情况差异很大。一些地方把政府采购的监管职能、集中采购机构统一纳入公共资源交易平台，对《政府采购法》实施产生了冲击。

1. 重程序，轻结果和责任

《政府采购法》是一部程序性立法，偏重于采购程序管理，"重程序、轻结果"是其突出的表现。其一，公开招标使用比重过高。众所周知，相对其他采购方式,公开招标周期较长,如果存在流标、废标等情形,采购周期将会更长,势必会降低采购效率。其二,采购过程仍然以价格为主导,忽略其他影响采购的因素。低价中标不仅导致合同难以按预期履行,损害了纳税人和公众的利益,而且采购项目很难与政府采购政策功能契合。其三,采购需求确定和采购履约验收等环节采购人的主体责任履行不到位。具体而言,采购需求随意性大、需求标准不统一;采购合同验收责任不明确;合同中的惩罚性条款和预防性机制缺位,很难对供应商构成有效约束。这样的合同条款在 GPA 框架下不利于保护采购人和纳税人的合法权益。

2. 政府采购程序复杂,效率低

中国政府采购在诸多环节上仍然存在不少问题,尤其是政府采购招投标流程过长(见图 3 - 4),严重影响政府采购效率,在开放的市场条件下,甚至会产生不必要的贸易摩擦。以政府采购一类疫苗采购为例。在中国,一半以上的一类疫苗市场是一个寡头垄断市场,只有两三家供应商提供。[①] 按照政府采购管理办法,一类疫苗需要采用公开招标,公开招标需要三家以上(包括三家)供应商参加投标才能开标,这样会导致部分疫苗招标中由于供应商数量不够而流标。流标后转为单一来源招标或竞争性谈判。在第一次公开招标流标后,需要经过论证、公示、申请、采购计划调整、报行政主管部门和财政部门审批等环节才能转为单一来源招标或竞争性谈判,而这一环节需要花好几个月的时间,严重影响了一类疫苗的持续供应和政府采购的功能。2017 年,公开招标 11 种一类疫苗中仅有两种疫苗招标成功。

3. 政府采购透明度低

公开透明是政府采购制度的生命线。GPA 中明确规定,各缔约方期望提高政府采购法规、程序与信息的透明度,包括政府采购的法律政策、采购合同的条件、供应商资格预审和评标标准以及公开合同授予结果等的公开。中国《政府采购法》《政府采购信息公告管理办法》《政府采购法实施条例》《政府信息公开条例》《关于印发 2015 年政府采购工作要点的通知》《财政部关于做好政府采购信息公开工作的通知》等法律法规对政府采购信息公开进行了详细的规定,但是中国社会科学院法学研究所《政府采购透明度评估报告(2016)》显示,在政府采购实践中中国政府采购信息公开还存在以下问题:(1)政府采购信息发布平台建设不统一,信息发布"碎片化"。首先,部分地区尚未建立政府采购信息发布平台;其次,部分地区多个平台发布政府采购信息;最后,发布的政府采购信息

---

① 韩晓萃. 加强政府采购改革的几点思考 [J]. 会计师, 2018 (9): 40 - 41.

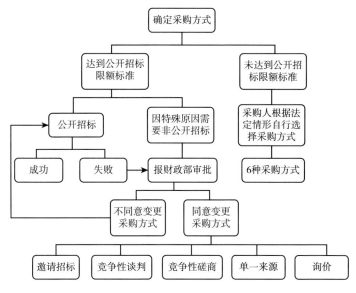

图 3 - 4 政府采购方式流程

不全面或部分重复，信息发布随意性较大。（2）政府采购信息责任落实不到位。评估发现，部分地区政府采购信息发布平台的部门栏目内无信息；部分地区政府采购信息平台发布的信息陈旧、未及时更新、政府采购信息发布未成常态化。（3）不少地方发布的采购信息不便查询。首先，部分地区政府采购信息发布平台的政府采购信息混乱随意，无统一发布途径；其次，有些地区政府采购信息发布的采购信息堆砌、未做区分。

（三）政府采购电子化水平不高

GPA 对电子采购有明确规定，比如第 2 条适用范围规定：本协议适用于有关被涵盖采购的任何措施，包括被涵盖采购是完全或者部分地，甚至没有使用电子手段。第 4 条一般原则、第 10 条技术规格和招标文件、第 14 条电子反拍、第 16 条采购信息的透明要求运用电子化手段。然而，中国的电子化政府采购并没有全面展开，与 GPA 缔约方电子化水平还有一定的差距。第一，从地区发展水平看，电子化建设水平地区差异大，不平衡发展现象严重，东部地区明显高于西部地区，省会城市明显高于地级市；第二，从电子化内容看，大部分政府采购网站仅发布一些政府采购新闻、法律法规、招标公告，并没有真正实现网上招标、投标、合同签订、合同履行与监督等全流程的网上操作；第三，从资源共享角度看，由于全国还没有采用统一的政府采购信息管理软件，导致数据统计困难，各地之间也无法实现采购信息共享。

二、政府采购市场开放机会不均等

在 GPA 谈判中，GPA 缔约方一直强调对等开放，GPA 缔约方所称的对等开放是各缔约方出价清单实体范围、门槛价和例外条款相当，但这种对等只是名义上的对等，是一种表象，而政府采购市场竞争起点和准入机会由该国产业国际竞争力、跨国指数等综合因素决定。一方面由于中国对 GPA 缔约方政府采购情况掌握不充分和国际政府采购市场参与经验的匮乏，另一方面由于中国产业竞争力和对外投资门槛低等原因，在国际市场上拿到 GPA 缔约方政府采购订单较为困难，加入 GPA 更多意味着中国政府采购市场对 GPA 缔约方单方面开放。因此，目前，政府采购市场开放的机会对中国而言是不对等的。

（一）对 GPA 相关缔约方的情况掌握不够

加入 GPA 谈判其实是各参与方利弊权衡的一场博弈，因此，需要对 WTO《政府采购协议》以及其他缔约方的政府采购信息进行比较全面的了解。具体而言，包括 GPA 法律文本，相关缔约方的出价背景、出价清单内容，尤其是例外排除，政府采购制度、采购流程、实际采购情况等。尽管中国通过出国考察，派出访问学者，举办和参与政府采购国际会议、财政部委托课题等方式对 GPA 缔约方的政府采购情况进行了解，但是，对其研究和学习还不够深入，还不足以为中国加入 GPA 谈判提供足够的信息支撑。具体体现在以下三个方面：第一，研究机构数量有限。目前，只有北京大学、北京国际关系学院设有政府采购研究中心，清华大学设立了政府采购研究工作组，还有中央财经大学、中南财经政法大学、广东财经大学等几所财经类高校设立了政府采购研究中心或政府采购研究所，并且这些研究机构研究人员非常有限，有些研究机构只有 1 人。第二，获得国家层面立项的课题少之又少。自 1999 年以来，以"WTO《政府采购协议》"和"政府采购市场开放"为主题获得国家社会科学基金项目的只有 3 项，获得国家自然科学基金项目的 0 项。专家称加入 GPA 相当于第二次入世，对于中国而言，确实是大事，并且国家最高层领导也明确表态，中国应尽快加入 GPA，但目前中国对 GPA 的研究重视程度与加入 GPA 的步伐并不一致。第三，有关 GPA 的研究成果并不丰富。截至 2019 年 12 月 31 日，以"WTO《政府采购协议》"为主题词搜索的期刊论文总数为 332 篇，其中，CSSCI 只有 39 篇，硕博论文 127 篇，大部分研究都集中在加入 GPA 对中国政府采购的影响，对 GPA 缔约方政府采购市场开放研究的比较少，对单个 GPA 缔约方的政府采购制度、实际开放程度以及 GPA 的效应等缺乏系统研究。

（二）中国企业跨国指数偏低

跨国指数①是衡量企业国际化程度的综合程度指标，跨国指数越高，企业的国际化程度就越高。尽管中国跨国公司数量持续增加、海外资产、海外营业收入、海外员工和入围门槛不断提高，但是中国大型跨国公司的跨国经营程度仍然比较低。

从纵向比较看，2011～2018 年中国 100 大跨国公司的跨国指数一直在 16% 左右，2017 年达到峰值也只有 19.4%；从横向比较看，2018 年，世界 100 大跨国公司的跨国指数已经超过了 60%，其中发展中国家的跨国指数为 40%，而相比之下，中国 100 大跨国公司的平均跨国指数仅为 15.8%（见表 3 - 18）。两大跨国公司巨头中国石油天然气集团有限公司、中国石油化工集团公司的跨国指数分别为 24.28%、21.42%。仅两家跨国公司跨国指数超过 60%，分别为中国化工集团有限公司（70.43%）、万洲国际有限公司（63.89%），跨国指数最低的为 1.14%。此外，《2017 年世界投资报告》公布的 25 大非金融行业跨国公司的平均跨国指数接近 50，而中国上榜的四家跨国公司的跨国指数分别为 49.8、23.8、20.9 和 12.6，四家公司平均跨国指数为 26.8，远远低于平均值。由此可见，中国的跨国公司仍旧主要依靠国内的资源参与全球竞争，属于内向型跨国公司，其跨国程度仍然相对较低，在世界范围内与世界行业巨头的竞争力相比仍不具备优势。

表 3 - 18　　2011～2018 年中国 100 大跨国公司平均海外资产、收入、员工统计

年份	平均海外收入（亿元）	平均海外资产（亿元）	平均海外员工（千人）	平均跨国指数（%）
2011	310.1	325.0	4.15	12.2
2012	426.7	381.9	4.92	15.4
2013	478.0	448.7	6.24	15.7
2014	505.8	524.7	7.24	15.6
2015	485.9	563.3	12.92	15.6
2016	473.2	708.6	10.12	17.3
2017	490.1	807.8	11.66	19.4
2018	596.5	873.3	12.97	15.8

资料来源：笔者根据历年由中企联和企业家协会发布的《中国 100 大跨国公司》相关数据统计获得。

---

①　跨国指数 =（海外资产/公司资产总额 + 海外营业收入/营业收入总额 + 公司海外员工/公司员工总数）/3 × 100%。

（三）中国对外商投资门槛低

加入 WTO 之后，中国一直主张引进外资的政策，外商企业在中国遍地开花，《外商投资法》的颁布标志着中国对外商投资的开放程度又上升了一个台阶。《外商投资法》为外资企业平等参与中国政府采购市场赋予了法律地位，意味着在没有加入 GPA 的条件下，中国政府采购市场对境内的外资企业是敞开大门的。从外商投资总量看，2017 年，全国新设立外商投资企业 35 652 家，同比增长 27.8%，截至 2017 年 12 月，累积设立外商投资企业 90.02 万家。近 5 年来，中国新增非金融类外商投资企业累计 13.67 万个。2017 年，全国实际利用外资金额 1 363.2 亿美元，较 2016 年增加 2.0%，2017 年，全球国际直接投资下降了 23%，而中国外商投资逆势增长。截至 2017 年，GPA 主要缔约方对华投资企业数累计 258 200 家，实际投入金额累计 5 995.1 亿美元，占外商投资企业总数和外商投资总金额分别为 28.8% 和 29.9%（见表 3 - 19），由此可见，GPA 成员是中国外商投资的重要来源。

表 3 - 19　　　　　　截至 2017 年 GPA 主要缔约方对华投资情况

缔约方	企业数（家）	占外商投资企业总数比重（%）	实际投入外资金额（亿美元）	占外商投资总金额比重（%）
英属维尔京群岛①	24 166	2.7	1 599	8.0
日本	51 006	5.7	1 081.8	5.4
新加坡	23 871	2.7	900.3	4.5
美国	68 431	7.6	825.1	4.1
韩国	63 385	7.0	723.7	3.6
德国	9 781	1.1	297.2	1.5
英国	8 844	1.0	220.6	1.1
荷兰	3 310	0.4	182.2	0.9
法国	5 406	0.6	165.2	0.8
合计	258 200	28.8	5 995.1	29.9

注：①英属维尔京群岛现为英国属地，2017 年英国还未脱欧，还是 GPA 缔约方。
资料来源：商务部外资统计数据。

然而，GPA 主要成员方的投资门槛比中国高得多。本书以华为在美国市场受阻为例。其实，华为早在 2001 年就在美国建立了北美分公司，但一直都未取得实质性进展。分析华为进入美国市场的历程演变，似乎可以找到问题的答案。

第一阶段市场进入筹备阶段，华为建立北美分公司并与 3Com 成立合资公司 H3C 等；第二阶段是市场进入受阻阶段，华为多次试图以收购的方式进入美国市场，但都遭到美国的阻拦以失败而告终，如 2008 年华为竞购 3Com 但美国政府以"危害美国政府信用安全"为由否决并购，2010 年美国以"危害美国国家安全"撤销华为收购三叶系统公司（3Leaf）的专利技术交易，第三阶段是市场战略收缩阶段，2012 年美国众议院情报委员会称华为对美国国家安全构成威胁并发布"调查报告"，2018 年华为表示美国市场已不再是华为战略的一部分。华为在美国市场遭遇失败只不过是中国外商在美国投资的一个缩影，尤其在中美贸易摩擦日益升级的背景下，中国企业进入美国市场是难上加难。

从外商投资企业进出口情况看，2001～2017 年，外商投资企业进口和出口平均额分别为 5 969.9 亿美元和 7 027.8 亿美元，进口、出口和进出口的比重的平均值分别为 52.5%、51.8% 和 52.1%。尽管从 2012 开始，外商投资企业的进口、出口比重略有下降，但整体比重还是很高，占据中国进出口的"半壁江山"（见表 3－20）。相对于内资企业而言，外资企业利用其原本的营销网络，更容易进入其他国家的政府采购市场。

表 3－20　　　　　　2001～2017 年外商投资企业进出口商品总值统计

年度	进出口（亿美元）		进口（亿美元）		出口（亿美元）	
	外商投资企业	比重（%）	外商投资企业	比重（%）	外商投资企业	比重（%）
2001	2 591.0	50.8	1 258.6	51.7	1 332.4	50.1
2002	3 302.3	53.2	1 602.9	54.3	1 699.4	52.2
2003	4 722.5	55.5	2 319.1	56.2	2 403.4	54.8
2004	6 631.7	57.4	3 245.6	57.8	3 386.1	57.1
2005	8 317.2	58.5	3 875.1	58.7	4 442.1	58.3
2006	10 364.5	58.9	4 726.2	59.7	5 638.3	58.2
2007	12 568.5	57.8	5 609.5	58.7	6 959.0	57.1
2008	14 105.8	55.1	6 199.6	54.7	7 906.2	55.4
2009	12 174.4	55.2	5 452.1	54.2	6 722.3	55.9
2010	16 003.1	53.8	7 380.0	52.9	8 623.1	54.6
2011	18 601.6	51.1	8 648.3	49.5	9 953.3	52.4
2012	18 940.0	49.0	8 712.5	47.9	10 227.5	49.9
2013	19 190.9	46.1	8 748.2	44.9	10 442.7	47.3
2014	19 840.0	46.1	9 093.0	46.4	10 747.0	45.9
2015	18 346.0	46.3	8 299.0	49.3	10 047.0	44.1
2016	16 871.0	45.8	7 703.0	48.5	9 168.0	43.7
2017	18 391.4	44.8	8 615.8	46.8	9 775.6	43.2

资料来源：中国海关统计、商务部外资统计。

(四) 国际政府采购市场参与度低

改革开放以来，中国主要以劳动力和自然资源参与全球价值链竞争，国内企业国际竞争力优势不明显，国内产品根本无力应对政府采购市场开放对中国的挑战，在国内政府采购市场上很难与进入中国的实力雄厚的国外厂家竞争，进入国际政府采购市场更是难上加难。真正走向国际政府采购市场的企业寥寥无几，在国际政府采购市场上参与程度比较低。本书以中国参与联合国采购为例，联合国采购不仅市场空间大、无贸易壁垒，而且具有很强的辐射和品牌效应，联合国采购倾向于发展中国家，通常被视为企业开拓国际公共采购市场的有效途径。尽管中国企业参与联合国采购业务不断提高，但占联合国系统总采购比例非常低，与中国第一贸易大国的地位极不相称。主要体现在以下几个方面：

1. 参与联合国直接采购规模较小

中国经济和贸易总量已达到世界领先水平，但中国企业参与联合国货物和服务直接采购比重偏低。本书选取与中国经济实力相当的发达国家美国和经济实力落后于中国的发展中国家印度作为比较对象，如表 3 - 21 所示：2013 ~ 2017 年，美国在联合国采购中排名稳居第一，印度在联合国采购中排在第二或者第三位，而中国在这 5 年间的平均排名为 23 位。同中国国际贸易出口量相比，中国企业对联合国贸易出口量微乎其微。不过，据联合国系统估计，每一年通过间接采购的"中国制造"产品达到了全球采购的 20% ~ 30%，大批量"中国制造"的产品通过第三国或其他渠道进入联合国采购系统。

表 3 - 21　　2013 ~ 2017 年中国、美国和印度三国参与联合国采购情况比较

年份	美国			印度			中国		
	采购额（亿美元）	比重（%）	排名	采购额（亿美元）	比重（%）	排名	采购额（亿美元）	比重（%）	排名
2013	16.69	10.38	1	10.81	6.70	2	1.73	1.08	25
2014	15.20	8.81	1	12.23	7.10	2	1.63	0.95	28
2015	16.47	9.37	1	12.77	7.27	2	2.04	1.16	22
2016	15.86	8.95	1	10.65	6.01	2	2.29	1.29	18
2017	17.41	9.35	1	9.07	4.87	3	2.20	1.10	24

资料来源：联合国全球市场官网，https://www.ungm.org/Public/ASR。

2. 注册成功但积极参与联合国采购的供应商少

2014 年联合国拥有来自 192 个国家 7 万多潜在供应商，其中，美国、印度和中国在联合国已注册的供应商数分别为 7 550、2 448 和 3 609 家，到了 2016 年联

合国潜在供应商上升约 11 万家，美国、印度和中国已注册供应商分别为 10 545 家、3 630 家和 4 303 家，分别增长了 39.7%、48.4% 和 19.2%。2016 年中国在联合国已注册的企业数仅次于美国和肯尼亚，排名第三，而中国企业当年参与联合国采购额为 2.2858 亿美元，平均每个企业采购额为 0.0005 亿美元，比利时已注册企业参与度最高，平均每个企业采购额为 0.0116 亿美元，是中国的 22 倍。中国注册企业参与度不仅远远落后于比利时，而且也低于美国（0.0015 亿美元）和印度（0.0029 亿美元）的水平。大多数中国企业注册成功后并没有付诸行动参与联合国采购。[①]

3. 中国中小企业抱团开拓联合国市场的意识不足

根据联合国采购的方针，联合国优先在发展中国家及中小企业进行采购。当前中国注册的中小企业超过 1 000 万家，占全国企业总数的 95% 左右，成为许多行业的主导。按理说，只要中国中小企业联合起来，充分利用联合国采购的有利方针，应该会在联合国市场上有所作为。然而，现实中大量中小企业在自身条件不足的情况下，缺乏与联合国指定的现有供应商进行合作、形成合力的意愿和意识，最终与规模庞大的联合国采购市场失之交臂。相比而言，国外企业在中国政府采购市场参与度比较高，一方面，因为很多项目是国外或者国际金融组织的贷款项目，按照国际规则，这些贷款项目需要实行国际竞争性招标，所以国外许多企业通过这个渠道已经进入了中国政府采购市场。中国目前政府采购市场的实际开放程度大约为 15%，外国供应商已基本垄断了电梯、照明、灯具、彩色胶带、橡胶、轿车、碳酸饮料以及一部分家用电器行业。另一方面，很多跨国公司已经参与中国政府采购市场采购，尤其是《外商投资法》2020 年 1 月 1 日生效后，跨国公司将与本国公司平等参与中国政府采购市场，它们在中国政府采购市场参与度会大大提高。

（五）中国自主创新能力不足

创新是一个国家的灵魂，是从产业链低端走向高端的关键要素，是一国参与国家竞争的核心优势。WIPO 发布的《2018 年全球创新指数报告》显示中国首次进入全球前 20 强，位列第 17 名，较上年大幅提升 5 个位次（见表 3 – 22）。全球创新指数（global innovation index，GII）以包括知识产权申报率、移动应用开发、教育支出以及科技出版物等在内的 80 项指标为依据，对全球 126 个经济体的创

[①] 资料来源：联合国采购司数据，http：//www. un. org/Depts/ptd/statistics. htm；联合国系统采购数据，https：//www. ungm. org/Info/annual-statistical-report-UN-sustainable-procurement. aspx；联合国供应商通用数据库（UNCSD）。

新进行评估排名。不可否认,在"大众创业,万众创新"战略的驱动下,中国整体创新能力有所提升,报告认为中国的创新能力突出表现在全球性研发公司、进口高科技产品、高校就读学生等数量均大幅增加。与此同时,中国与 GPA 缔约方相比,创新能力明显不足。在表 3 - 22 中,排名前 16 位的全部是 GPA 缔约方,美国拥有如硅谷、圣荷塞/旧金山地区或波士顿地区等大部分顶级创新集群,它们在大部分创新排名中名列前茅。

表 3 - 22 　　　　　　　　2018 年中国与 GPA 缔约方创新指数排名

缔约方	排名	得分	效率比	缔约方	排名	得分	效率比
瑞士	1	68.40	0.96	比利时	25	50.50	0.70
荷兰	2	63.32	0.91	马耳他	26	50.29	0.84
瑞典	3	63.08	0.82	捷克共和国	27	48.75	0.80
英国	4	60.13	0.77	西班牙	28	48.68	0.70
新加坡	5	59.83	0.61	塞浦路斯	29	47.83	0.79
美国	6	59.81	0.76	斯洛文尼亚	30	46.87	0.74
芬兰	7	59.63	0.76	意大利	31	46.32	0.70
丹麦	8	58.39	0.73	葡萄牙	32	45.71	0.71
德国	9	58.03	0.83	匈牙利	33	44.94	0.84
爱尔兰	10	57.19	0.81	拉脱维亚	34	43.18	0.69
以色列	11	56.79	0.81	斯洛伐克共和国	36	42.88	0.74
韩国	12	56.63	0.79	保加利亚	37	42.65	0.79
日本	13	54.95	0.68	波兰	39	41.67	0.69
卢森堡	15	54.53	0.94	立陶宛	40	41.19	0.63
法国	16	54.36	0.72	克罗地亚	41	40.73	0.70
中国	17	53.06	0.92	希腊	42	38.93	0.59
加拿大	18	52.98	0.61	乌克兰	43	38.52	0.90
挪威	19	52.63	0.64	摩尔多瓦共和国	48	37.63	0.89
奥地利	21	51.32	0.64	罗马尼亚	49	37.59	0.66
新西兰	22	51.29	0.62	黑山共和国	52	36.49	0.63
冰岛	23	51.24	0.76	亚美尼亚	68	32.81	0.81
爱沙尼亚	24	50.51	0.82				

资料来源:联合国世界知识产权组织。

（六）市场主体竞争力不强制约政府采购市场开放

美国著名的战略管理专家迈克尔·波特认为，国家竞争优势是由特定产业优势决定的。就政府采购市场开放而言，一国政府采购参与国际政府采购市场竞争的起点和市场准入机会由该国的产业竞争力及企业竞争力决定。[①]《2018 年全球竞争力报告》对 140 个国家和地区全球竞争力指数排名显示，美国以 85.6 分的成绩（满分 100 分）摘得整体最佳桂冠，中国整体排名第 28 位（72.6 分）。排名前 27 位的国家中，除了澳大利亚（78.9 分，排名第 14 位）、马来西亚（74.4 分，排名第 25 位）和阿联酋（73.4 分，排名第 27 位），其余都是 GPA 的成员。中国在人工智能等特定领域，得分为 64.4（排名第 24 位），以 20 分的差距落后于德国、美国和瑞士等国家，国内竞争水平（57.45 分，排名第 55 位），人力资本竞争力（59.36 分，排名第 69 位）有待于进一步提高。

三、政府采购政策功能发挥空间有限

政府采购法律法规等制度体系是实施政府采购政策功能的保障，也是在 GPA 框架下有效实现政府采购政策功能的法律依据。一方面由于中国政府采购政策功能缺乏顶层设计，另一方面由于中国缺乏翔实的政府采购政策实施细则，此外，政府采购规模偏小也阻碍了政府采购政策功能发挥。由于缺乏完善的政府采购政策功能制度体系，中国在 GPA 谈判中，尤其是例外条款谈判中明显处于不利地位，发展中国家的诉求难以实现。GPA 缔约方凭借其完善的法律体系，中标合同中常常附带可持续发展等义务。但是，中国政府采购法律缺乏类似规定，在开放的市场条件下，即使中国本土企业中标也很难实施像国外的附属义务，反而给 GPA 缔约方的供应商，尤其是实力一般的供应商开辟了一条绿色通道。

（一）政府采购政策功能缺乏系统设计

《政府采购法》是实现政府采购政策功能的法律基础。尽管中国的《政府采购法》第九条对政府采购政策功能进行了规定，但该法缺乏实现政策功能的完整思路，具体的指导思想、采购方式和实践手段均难以支持这些政策目标。如缺乏"国货"等基础性定义和"自主创新政策功能"的界定。这些缺失一方面导致落实政府采购政策功能存在无据可依的问题，如政府采购支持企业创新方面，虽然《国家中长期科学和技术发展规划纲要（2006 - 2020）》和《中华人民共和国科技进步法》（以下简称《科技进步法》）要求实施自主创新的政府采购制度，但

---

① 刘建琼. 中国政府采购市场开放的现状与趋势（第二版）［M］. 北京：中国出版集团，2013：116.

《政府采购法》没有明确的条款，实践中也没有具体可操作的政策措施，各地普遍反映无据可依；另一方面导致应对国际谈判压力，中国束手无策，比如撤销对"自主创新"的政策支持。再如"最低报价中标原则"极大限制了政策功能的实现，很多评审专家根本不知道政府采购政策目标的要求。与此同时，《政府采购法》其他条款反而限制了政策功能的发挥，"参与政府采购的供应商应具有独立承担民事责任的能力""参与政府采购前三年内，在经营活动中没有重大违纪记录"等对供应商限制性条款阻碍了一些中小企业进入政府采购市场，如不具有独立承担民事责任的个体工商户和合伙制企业，成立时间不到三年的企业等。

（二）缺乏实现政府采购政策目标的配套措施

尽管《政府采购法》第九条对政府采购政策功能给出了比较明确的规定，但并没有规定如何实施，以致政府采购政策功能实施关注不够，在《政府采购法》实施以后，中国逐步开始以国务院通知、部门规章等形式确定具体的配套措施，包括节能产品强制采购制度、环保产品有限采购、中小企业预留制度等，使得《政府采购法》原则性规定得到了落实。但目前仍存在空白，比如2007年颁布的《残疾人就业条例》中也对政府采购做了提倡性的规定，第十八条规定，"政府采购，在同等条件下，应优先购买集中使用残疾人的用人单位的产品或者服务。"但目前尚未有政府采购支持残疾人企业的具体做法；《政府采购法》规定的"扶持不发达地区和少数民族地区"，也无具体实施办法。此外，即使已经实施相关配套措施，同样也存在规定过于原则，操作性不强等问题，如《政府采购促进中小企业发展暂行办法》鼓励大企业向中小企业分包政府采购合同，但并没有规定如何实施。

（三）政府采购规模小限制了政府采购政策功能发挥

《政府采购法》实施以来，中国政府采购规模从 1 659.43 亿元增加到 32 114.30 亿元，年均增长率达到 23.70%。但从国际比较看，中国政府采购范围和规模明显偏低，难以有效发挥政府采购政策功能。一个国家的政府采购规模一般为 GDP 的 10%～15%，其规模为财政支出的 20%～30%。本书选取了 GPA 主要缔约方 2012～2015 年政府采购规模的两个相对指标值（见表 3-23）进行分析。以 2015 年为例，GPA 主要缔约方政府采购占 GDP 比重平均值为 13.08%，占比最高为荷兰（20.18%），占比最低的是爱尔兰 7.3%，最低值都是中国的 2.35 倍；政府采购占财政支出比重平均值为 29.97%，占比最高为日本 41.2%，是当年中国的 3.43 倍，最低为葡萄牙 20.33%，最低值都是中国的 1.69 倍。以上分析表明，相比 GPA 缔约方，中国政府采购规模非常低，难以支撑政府采购政策功能发挥，尤其在中国政府采购政策法律法规不健全的条件下，更是难以与 GPA 缔约方相提并论。

表 3 - 23　　　　2012 ~ 2015 年中国与 GPA 主要缔约方政府采购规模情况　　　单位:%

缔约方	政府采购占 GDP 比重				政府采购占财政支出比重			
	2012 年	2013 年	2014 年	2015 年	2012 年	2013 年	2014 年	2015 年
奥地利	13. 17	13. 42	13. 34	13. 51	25. 59	26. 19	25. 28	26. 14
比利时	14. 67	14. 65	14. 56	14. 43	26. 26	26. 23	26. 43	26. 79
加拿大	13. 84	13. 34	12. 80	13. 44	33. 09	32. 53	32. 39	32. 71
捷克共和国	13. 75	13. 55	13. 71	14. 52	30. 92	31. 81	32. 47	34. 51
丹麦	14. 77	14. 42	14. 50	14. 16	25. 48	25. 83	26. 22	25. 83
爱沙尼亚	14. 64	13. 93	13. 60	14. 06	37. 25	36. 15	35. 36	34. 84
芬兰	17. 93	18. 38	18. 41	17. 54	31. 90	31. 96	31. 72	30. 79
法国	15. 02	15. 06	14. 83	14. 58	26. 43	26. 43	25. 88	25. 56
德国	14. 63	14. 89	14. 96	15. 05	33. 03	33. 31	33. 56	34. 21
希腊	10. 50	10. 60	10. 70	11. 10	18. 96	17. 03	21. 13	20. 47
匈牙利	13. 26	13. 91	14. 91	16. 02	27. 30	28. 19	30. 42	32. 01
冰岛	14. 71	14. 65	14. 56	13. 81	32. 40	33. 37	32. 17	32. 19
爱尔兰	9. 70	9. 31	9. 46	7. 30	23. 16	23. 35	24. 99	24. 70
以色列	14. 37	14. 33	14. 46	14. 23	34. 69	34. 98	35. 56	35. 89
意大利	10. 65	10. 70	10. 48	10. 36	20. 98	20. 96	20. 58	20. 54
日本	16. 04	16. 47	16. 51	16. 22	39. 50	40. 41	41. 06	41. 20
韩国	12. 83	12. 80	12. 48	12. 54	39. 22	40. 29	39. 04	38. 73
拉脱维亚	12. 07	11. 78	11. 66	12. 02	32. 36	31. 90	31. 11	32. 46
立陶宛	10. 65	10. 18	10. 07	10. 67	29. 51	28. 61	28. 96	30. 38
卢森堡	12. 71	12. 21	11. 98	11. 96	28. 84	28. 22	28. 67	28. 99
荷兰	20. 90	20. 51	20. 34	20. 18	44. 37	44. 33	44. 04	44. 51
新西兰	14. 63	14. 47	14. 75	14. 69	34. 62	35. 88	37. 00	37. 21
挪威	11. 74	12. 33	12. 97	13. 85	27. 34	28. 01	28. 27	28. 39
波兰	12. 44	11. 89	12. 30	12. 17	29. 05	27. 93	29. 11	29. 28
葡萄牙	10. 21	9. 74	9. 57	9. 83	21. 05	19. 50	18. 50	20. 33
斯洛文尼亚	13. 08	13. 35	13. 73	13. 38	26. 90	22. 13	27. 43	27. 80
西班牙	10. 87	10. 33	10. 13	10. 46	22. 60	22. 67	22. 57	23. 90
瑞典	16. 37	16. 48	16. 35	16. 00	31. 64	31. 45	31. 74	31. 88
英国	14. 05	13. 93	14. 01	13. 70	30. 33	31. 18	32. 04	31. 96
美国	10. 54	9. 87	9. 50	9. 35	26. 33	25. 48	24. 95	24. 76
中国	2. 70	2. 80	2. 70	3. 10	11. 12	11. 10	11. 40	12. 00

资料来源:GPA 缔约方数据来自 OECD 公共采购数据库。

(四) 政府采购政策功能绩效欠佳

近年来，中国政府采购已由最初的节资反腐到注重政府采购节能环保、扶持中小企业发展等政策功能，并已初见成效，但是，政府采购政策功能的总体绩效偏低。根据《中国政府采购年鉴》，笔者计算整理了省级政府采购节能节水、环境保护和促进中小企业发展三个政策功能的发挥情况。如表 3 – 24 所示，2011年，从范围上看，31 个次中央政府中，仅有 8 个省份实施政府采购政策功能，福建、山东和陕西三个省实施了以上三个政策功能，其他省份只发挥部分政策功能；从采购的数量上看，节能节水产品、环保产品和中小企业产品采购金额分别为 211.86 亿元、176.08 亿元和 1 800.98 亿元，占当年地方政府采购总额的比重分别为 1.65%、1.99%、16.91%。2013 年，从范围上看，有 10 个省份实施了政府采购政策功能，但没有一个省份全部发挥以上三种政府采购政策功能；从采购数量看，节能节水产品、环保产品和中小企业产品采购金额分别为 45.96 亿元、130.98 亿元和 2 802.44 亿元，占当年地方政府采购总额的比重分别为 0.30%、0.84% 和 18.07%。相比 2011 年，2013 年政府采购促进中小企业发展的政策功能效果稍微凸显，但其他两个功能都被弱化，总体政策功能绩效下降。数据分析表明：在中国政府采购规模偏小的情况下，相应的政策功能效应就更显得捉襟见肘。

表 3 – 24　　　　　　2011～2013 年中国省级政府采购政策功能效果情况

2011 年省级政府采购政策功能效果

省份	节能节水产品			环保产品			中小企业产品	
	采购规模（亿元）	占同类产品比例（%）	占总规模比例（%）	采购规模（亿元）	占同类产品比例（%）	占总规模比例（%）	采购规模（亿元）	占总规模比例（%）
北京	3.30	57.80	1.09	2.30	34.20	0.76	—	—
河北	80.54	95.15	18.42	80.41	85.72	18.39	—	—
福建	6.64	50.47	2.25	3.42	18.77	1.16	246.36	83.38
山东	88.90	91.40	10.50	68.26	76.94	8.06	692.16	81.70
河南	—	—	—	—	—	0.00	477.54	83.79
云南	16.55	—	6.68	14.48	—	5.84	233.03	94.00
陕西	15.93	82.23	14.31	7.21	41.49	6.48	97.84	87.91
甘肃	—	—	—	—	—	—	54.05	76.00

2012 年省级政府采购政策功能效果

省份	节能节水产品			环保产品			中小企业产品	
	采购规模（亿元）	占同类产品比例（%）	占总规模比例（%）	采购规模（亿元）	占同类产品比例（%）	占总规模比例（%）	采购规模（亿元）	占总规模比例（%）
福建	9.51	68.13	3.90	3.05	19.32	1.25	206.99	84.90
山东	92.07	92.30	8.58	72.90	82.20	6.79	692.16	81.70
河南	—	—	—	—	—	0.00	477.54	83.79
湖北	100.00	—	—	—	80.00	0.00	—	—
广东	75.46	79.57	6.12	40.55	47.08	3.29	931.18	75.54
海南	—	—	—	—	—	0.00	53.92	67.60
贵州	—	67.82	—	—	48.03	0.00	240.51	83.93
云南	16.55	—	6.68	14.48	—	5.84	233.03	94.00
青海	—	—	—	—	—	—	38.77	94.00

2013 年省级政府采购政策功能效果

省份	节能节水产品			环保产品			中小企业产品	
	采购规模（亿元）	占同类产品比例（%）	占总规模比例（%）	采购规模（亿元）	占同类产品比例（%）	占总规模比例（%）	采购规模（亿元）	占总规模比例（%）
北京	10.48	65.78	—	7.89	54.35	—	356.64	95.22
天津	—	—	—	32.10	76.80	—	176.20	77.50
河北	—	—	—	150.30	89.00	—	371.80	81.80
上海	—	—	—	—	19.95	—	—	85.13
江苏	—	—	—	—	—	—	1 528.29	91.14
福建	12.04	58.99	6.93	40.03	—	—	—	61.66
海南	—	81.07	—	—	12.63	—	87.60	43.50
贵州	19.86	70.82	—	19.57	64.03	—	217.13	66.58
青海	—	—	—	—	—	—	—	75.00
新疆	3.58	89.26	—	4.57	90.99	—	64.78	96.88

注：本表仅列举统计年鉴中有数据的省或者直辖市，没有统计数据的地区没有列举。"—"表示没有统计数据。

资料来源：笔者根据《中国政府采购统计年鉴》（2012～2014 年）计算整理。

四、政府采购专业人才匮乏

政府采购是一项复杂性和综合性的工作，从事政府采购的人员不仅需要熟练掌握政府采购法律法规，还需要熟悉政府采购流程，包括政府采购需求计划和标准的制定、招投标以及其他采购方式的选择，合同验收与履约、救济程序，政府采购数据统计分析等环节，同时还需要对所采购的货物、服务和工程的技术特性、市场行情有所了解，在涉及国际采购时，还对外语、WTO《政府采购协定》等国际政府采购规制、国际招投标程序、国际商务谈判等有较高的要求。因此，政府采购具有专业性强、政策性强的特征，涵盖了法学、财政、国际贸易、政治学、管理学等多学科、复合性知识领域。随着中国政府采购规模不断扩大，从事政府采购代理业务的人数与日俱增，远远超过美国、加拿大等发达国家，尤其是在即将加入 GPA 的背景下，国际化的政府采购人才培养提上日程。遗憾的是，中国政府采购人才与实践需求还存在很大的差距，很难适应 GPA 规制对国际政府采购人才要求，具体表现在以下几个方面：

（一）政府采购人才供需结构不平衡

政府采购人才供需结构不平衡表现在：一方面是部分政府采购相关岗位成为应聘者眼中的"香饽饽"，例如 2015 年国家公务员考试中，中央国家机关一个政府采购副主任科员岗位达到 2 625∶1[①] 的竞争比例，采购师成为全国 12 种紧缺人才之一；另一方面是专业化采购人才供给不足。市场上专业的采购人才缺乏，而设有政府采购专业的院校更是少之又少。据不完全统计，全国共有近 2 200 所高校，其中，仅有国际关系学院等极少数高校开设了政府采购专业，部分财经类高校在财政学等专业的基础上设置了本科、硕士和博士政府方采购方向，还有部分高校仅仅开设了政府采购课程。由此可见，高校政府采购的学历教育相对于政府采购人才需求而言，可谓是杯水车薪。

（二）政府采购人员能力素养与政府采购实际要求不匹配

大部分采购机构的工作者都来自财政部门和其他行政部门，这些人员虽然在财政知识工作这一块能够熟练掌握，但相对于专业的政府采购人员来说，知识结构比较单一，普遍缺乏机电设备、法律法规、建筑工程等方面的知识，对政府采购的多样性与复杂性适应能力不强。尤其是专家库里的专家与期望相差甚远。一是专家责权不对等，权力过大，责任模糊，导致一些专家在评审过程中随意而

---

① "国考最火职位"是一种提醒［EB/OL］.（2014 - 10 - 27）［2019 - 02 - 01］. http：//shiping. haedu. cn/kssx/110136pZIc. html.

为。二是专家人员数量少，行业范围窄。一方面专家基本上是清一色的技术型专家，缺少法律、财政和商务方面的专家；另一方面专家库未能及时更新，导致部分专家成为政府采购评审的"常客"。三是评审专家的知识培训和教育滞后。评审专家不仅要有专业水平和执业能力，还需要有良好的执业道德，精通政府采购法律法规和政策方针的新规定。

（三）中国国内政府采购人才供给与国际化要求相差甚远

中国加入 GPA 不仅意味着对外开放国内政府市场，而且对政府采购人才的要求也将迈向国际化。这要求政府采购人员精通采购专业知识、采购方式和熟练的采购操作技能；具有扎实的外语基础；正确的判断和敏锐的分析问题、解决问题的能力；宽阔的复合知识和较高的综合素质。具体而言，就是需要大量的具有国际竞争意识、国际沟通交流交往能力；了解和掌握国际通行的政府采购方式方法的高级采购人才。但中国目前缺少大量的通晓国际通行采购知识、方式及技术的采购管理干部、招投标人员、企业营销人员、机关采购人员，这是我们面临的国际化人才需求不足的一个难题。以国际公共采购市场——联合国市场为例，自 1979 年中国开始接受多双边援助合作以来，中国企业参与联合国采购业务稳定增长，2014 年和 2015 年中国企业在联合国的采购额分别为 1.63 亿美元和 2.04 亿美元，2016 年达到 2.29 亿美元，占联合国当年采购总额的 1.29%，总排名第 18 位，在发展中国家排第 9 位。[①] 尽管中国企业参与联合国采购业务不断提高，但占联合国系统总采购比例非常低，与中国第一贸易大国的地位极不相称。这主要由于中国国际化政府从采购人才匮乏，缺乏对联合国采购业务及规则了解、对联合国采购信息利用率较低等因素造成的。

五、政府采购国货意识淡薄

（一）本国产品缺乏认定

2007 年，为响应《国家中长期科学和技术发展规划纲要（2006 – 2020）》，财政部虽然出台了《自主创新产品政府首购和订购管理办法》，但是，没有自主创新产品的认定标准。2011 年之后，自主创新的支持文件也不再执行。而在欧美市场，政府采购对本国产品的扶持力度远超中国。美国政府早在 1933 年就制定了《购买美国产品法案》（Buy American Act），明确规定了本国产品的认定标准，为政府采购支持本国产品提供遵循依据。该法案规定"在美国生产""所有零部件 50% 以上成本发生在美国"的产品为本国产品，要求大部分美国政府采

---

① 数据来源：中国联合国采购促进会，http://www.capunp.org/。

购优先或者只能采购本国产品。

(二) 国货意识淡薄

以微软为例,其一直在中国操作系统市场上占据绝对垄断地位,"在中国市场,微软操作系统的市场份额超过了 90%,而国产操作系统的份额只有 3%"。2016 年 11 月 2 日,中国工程院院士倪光南在接受《人民邮电》报记者采访时表示,"实际上,国产桌面操作系统在技术和体验方面,已经与国外产品水平相当,目前与国外的差距主要体现在生态系统方面"。倪光南院士谈到的"生态系统方面"就是经济学术语中的市场问题。国产操作系统在其发展之初需要政府采购为其市场的形成创造条件,在市场发展阶段需要政府采购为其提供示范和引导。但是,时至今日,国外软件操作系统在中国政府采购市场中占据了绝对垄断地位,而国产操作系统一直被市场边缘化,造成这种市场局面不得不说与中国的政府采购国货意识不强有关。

第四章

GPA 框架下中国政府采购安全
影响因素的实证检验

本章主要围绕 GPA 框架下政府采购安全影响因素这个中心展开。首先，从整体上介绍了调查问卷的设计、问卷调研的基本情况；其次，根据实证研究的需要，对影响政府采购安全的因素进行了统计描述、信度效度分析，确保获得高质量的调研数据；最后，通过建立联立方程，实证检验了制度安全、市场安全和功能安全的影响因素以及三种安全之间内在互动关系。

第一节　问卷调查

一、调查问卷设计

（一）调研问卷设计目的

调研的总目标是了解 GPA 框架下中国政府采购安全运行情况，具体分目标包括以下四个方面：第一，通过调研掌握 GPA 框架下中国政府采购面临哪些安全冲击，即安全冲击的表现；第二，深入了解中国政府采购面临安全冲击的影响因素，为实证检验提供原始数据；第三，收集理论界和实务界对 GPA 框架下维护中国政府采购安全的看法；第四，分析目前政府采购政策功能实施情况、主要障碍以及在 GPA 框架下政府采购政策功能的实现机制。总之，调研缕析 GPA 框架下中国政府采购安全的维度、安全的影响因素、维护安全的举措，为研究提供最原始的实证数据，最终为 GPA 框架下中国政府采购安全保障体系构建提供依据。

（二）调查问卷设计基本原则

为了对研究的理论概念模型及所提出的研究假设进行检验，保证问卷的信度与效度，研究遵循理论联系实际、封闭式与开放式相结合等原则对调研问卷进行设计和遴选。

1. 理论联系实践相结合原则

政府采购并不是一个纯学术性概念，更倾向于实务性。因此，在对 GPA 框架下政府采购安全运行机制进行问卷设计时，一方面查阅了大量有关政府采购政策功能、政府采购市场开放以及 GPA 等理论文献；另一方面通过与政府采购代理机构、监管部门、集中采购中心等相关人员访谈，深入了解中国政府采购实务流程及运行中存在的问题，在此基础上，对 GPA 框架下中国政府采购可能面临的安全冲击进行研判。

2. 借鉴与创新相结合的原则

GPA 是以美国为代表的发达国家倡导制定的国际政府采购规制，在其完善的制度体系和层层保护下，国外有关 GPA 的研究侧重于如何扩大政府采购市场开放度以及提高 GPA 的有效性，[①] 很少涉及政府采购安全问题，国内有关 GPA 的研究聚焦于加入 GPA 的影响及国际借鉴，尚未有对政府采购安全进行测度的文献，因此，研究可借鉴的文献少之又少，在借鉴"完善政府采购制度体系与运行机制研究调查问卷"[②] 和"中国政府采购市场开放风险预警系统中的指标构成"[③]基础上，创新性提出政府采购安全的维度，即政府采购制度安全、市场安全和政策功能安全，并设计相应的二级指标体系。

3. 封闭式问题和开放式问题相结合原则

如前文所述，政府采购安全测度尚未有可借鉴的量表，尽管笔者查阅了大量的文献，并到相关部门进行了访谈，但所列举的题项还是不可能包括所有问题，甚至可能遗漏关键问题，因此，在每一个题项后都有一个开放式的题项，开放式题项在预调研中对于问卷的修订起到了很大的帮助作用，在正式调研中能收集尽可能全面的信息。

（三）调查问卷内容设计

调研问卷采用量表和开放式问题相结合的方式，通过建立量表条目池、筛选优化条目、初步检验问卷的信度和效度、调整优化问卷等程序，最终形成了正式调研问卷。具体设计过程如下：

1. 调研题项设计

研究按以下四个步骤确定调查问卷问题：第一步，参加各种政府采购研讨

[①] Bernard Hoekman. Reducing Home Bias in Public Procurement：Trade Agreements and Good Governance [J]. Global Governance，2018，24：249 – 265.

[②] 李国强，袁东明. 中国政府采购制度与运行机制研究 [M]. 北京：中国发展出版社，2014：255 – 266.

[③] 章辉. 中国政府采购市场开放风险与防范 [M]. 上海：上海三联书店，2014：162.

会，向参会的政府采购专家、学者、采购代理机构和供应商代表请教，听取理论界和实务部分对 GPA 框架下中国政府采购安全问题的看法，尤其探究每个二级指标问题的方向、思路；第二，参考现有文献中政府采购的指标体系，结合研讨成果，草拟 GPA 框架下中国政府采购安全运行机制调研问卷，该问卷分为四个部分：A 部分为 GPA 框架下中国政府采购面临的机遇，封闭式问题 8 个，开放式问题 1 个；B 部分为 GPA 框架下中国政府采购面临的安全冲击，这是问卷正文的核心，主要包括冲击的影响因素以及冲击的表现，封闭式问题 46 个，开放式问题 7 个；C 部分为 GPA 框架下维护政府采购安全的措施，封闭式问题 22 个，开放式问题 3 个；D 部分为政府采购政策功能及实施效果，封闭式问题 33 个，开放式问题 6 个；第三步，通过微信和电子邮件等方式，把草拟好的问卷发送给政府采购领域的专家、学者以及实务工作者，请他们对所设计的问题提意见，并对相近问题进行排序，根据所提建议，对问卷做相应修改：A 部分封闭式问题 6 个，开放式问题 1 个；B 部分封闭式问题 45 个，开放式问题 7 个；C 部分封闭式和开放式问题分别为 22 个和 3 个；D 部分封闭式和开放式问题分别为 31 个和 6 个；第四步，小规模访谈环节。通过小规模访谈，听取政府采购领域专业人士的建议，补充重要遗漏问题，删除无关紧要的问题，并对问卷的措辞和提法进行修改。

2. 预调查和修改

考虑到政府采购具有专业性极强的特征，没法在街头发放问卷进行预调查，因此，预调查采用两种途径：第一，通过向笔者所在地的政府采购中心、采购代理机构发放问卷 150 份；第二，通过中建政研等单位举办的各种政府采购培训班发放问卷 90 份，共收回 211 份有效问卷，获取有效建议 53 条。综合各种建议，对问卷进行了第二次修订补充（详见附录）。

3. 主要测度变量

通过微信、邮件和小规模座谈以及预调查等方式对草拟问卷进行多次修订，形成正式调研问卷。正式问卷由四部分构成，包括 17 道封闭题和 1 道开放题，同时还针对被调查者个人背景设计了 5 道封闭题。基于实证研究需要，本章仅列举政府采购安全影响因素以及控制变量，问卷的其余变量在其他章节通过描述性统计的方式出现。

第一，GPA 规制下中国政府采购安全影响因素测度，政府采购制度安全的影响因素主要包括政府采购法与招投标法的冲突、评审专家的法律责任、采购人的主体责任意识以及采购程序等方面进行测度；政府采购市场安全主要从政府采购市场规模、中国企业国际化程度、中国企业国际公共采购参与程度、政府采购政策功能发挥情况、政府采购电子化水平以及对 GPA 缔约方的情况掌握程度等方面进行测度；政府采购功能安全主要从政府采购政策功能目标、实施细则、采购方式、部门责任以及评价指标体系等方面进行测度。

第二，控制变量。政府采购专业性强，控制变量主要根据受访者个体层面中的人口统计学特征进行选择，如性别、教育程度、职称以及工作单位的性质等变量。此外，考虑到中国东部、中部和西部政府采购地区差异大，同时，目前只有部分地区列入 GPA 的出价清单，不同省级政府对中国加入 GPA 的宣传力度和认知程度也不一样，在访谈中发现，已经列入 GPA 出价清单省份的受访者对 GPA 认知水平高于未开放地区，因此，研究把地区来源作为控制变量。其中，性别编码为：1 表示"男"，2 表示"女"；文化程度的编码为：1 表示"大专及以下"①，2 表示"本科"，3 表示"硕士"，4 表示"博士"；职称编码：1 表示"无职称"，2 表示"初级"，3 表示"中级"，4 表示"高级"；单位类型编码：1 表示"政府采购或公共采购部门"②，2 表示"监管部门"③，3 表示"公共采购会员单位"④，4 表示"公共采购领域的供应商"，5 表示"科研机构"，6 表示"其他"。区域来源编码为：一是按是否列入加入 GPA 的出价清单划分⑤，其中 1 表示"已经列入出价清单的区域"，2 表示"暂未列入出价清单的区域"；二是按东部、中部、西部三个地区划分，其中，1 表示"东部地区"，2 表示"中部地区"，3 表示"西部地区"。⑥

二、开展问卷调查

（一）确定调研样本

在研究样本的选择方面，为保证样本的代表性，提高样本数据的质量，研究重点关注以下三个方面：

1. 确定调研对象

为了获取更全面的信息，本次调查问卷对象主要涉及政府采购单位、监管部

---

① "大专及以下"对应于附录调研问卷中该道题目列出的"初中及以下""高中""大专"3 个选项。

② "政府采购或公共采购部门"对应于附录调研问卷中该道题目列出的"政府采购中心""解放军军队物资采购部门""国有企业采购部门""高等院校采购部门"4 个选项。

③ "监管部门"对应于该道题目列出的"公共资源交易监管、服务机构""公共资源交易中心"2 个选项。

④ "公共采购会员单位"对应于该道题目列出的"公共采购分会的会员单位"选项。

⑤ 是否列入加入 GPA 的区域根据被调查者填写的所在地区来进行判别，如果被调查者所在地区已经被我国列入加入 GPA 的出价清单则属于已经列入出价清单的区域，反之亦然，详情见表 4-1。

⑥ 东部地区包括北京、上海、广东、天津、辽宁、河北、山东、浙江、江苏、福建、海南；中部地区包括湖南、湖北、安徽、河南、江西、黑龙江、吉林、山西；西部地区包括广西、甘肃、内蒙古、宁夏、青海、西藏、贵州、四川、重庆、新疆、云南、陕西。

门、政府采购供应商、科研机构、政府采购协会等。具体涵盖：（1）政府采购或公共采购部门，包括政府采购中心、解放军军队物资采购部门、国有企业采购部门、高等院校采购部门；（2）监管部门，包括公共资源交易监管、服务机构；（3）公共采购会员单位；（4）公共采购领域的供应商；（5）科研机构；（6）其他政府采购相关领域人员。

2. 确定调研区域

按照紧要度、关联度高低，考虑列入和未列入 GPA 清单的不同省份对政府采购安全的认识不同，研究在样本地区分布上尽量保持均衡，虽然不能保障每个省份的均衡，但尽量保持列入和未列入 GPA 清单省份的平均样本数均衡分布，即列入和未列入 GPA 清单省份的平均样本分配为 20 份（见表 4 – 1）。

表 4 – 1　　　　　列入和未列入 GPA 出价清单中次中央政府受访样本分配

序号	区域	调研对象来源地	样本分配	小计
1	列入 GPA 出价清单	北京、天津、上海、重庆、河北、山西、辽宁、黑龙江、江苏、浙江、安徽、福建、江西、山东、河南、湖北、湖南、广东、海南	平均每个省份发放问卷 20 份	380 份
2	未列入 GPA 出价清单	四川、吉林、贵州、陕西、云南、青海、甘肃、宁夏、内蒙古、西藏、新疆、广西	平均每个省份发放问卷 20 份	240 份

资料来源：笔者根据调研过程整理。

3. 确定样本数量

调研问卷的共设计题项 103 个，根据努纳利（Nunnally）和伯斯坦（Berstein）提出的样本量选择标准，调研问卷样本量应该大于或等于量表题项的 5 倍，基于此标准，本次调研可接受的最低样本量为 515 个，同时结合调研对象的实际情况和样本收集的范围，本研究将样本量初步设定为 620 个。

（二）数据收集与处理

本次调研数据收集的渠道主要来自三个方面，如表 4 – 2 所示：第一，通过 2018 年第九届全球公共采购武汉论坛平台，由主办方中国物流与采购联合会相关负责人现场指导问卷填写，向各分会场总发放问卷 405 份，回收有效问卷 381 份，有效问卷回收率为 94.07%；第二，通过在中建政研等机构举办的各种政府采购培训班发放问卷 152 份，回收有效问卷 133 份，问卷回收率 87.50%；第三，通过电子邮件或微信的方式向政府采购领域专家以及中国政府采购研究所、广东财经大学公共采购研究中心等研究机构发放问卷 63 份，回收有效问卷 18 份，有效问卷回收率为 28.57%，这一比例低主要在于缺乏现场填写指导，无效问卷明显比前面两种渠道多。

表4-2　　GPA框架下中国政府采购安全运行机制调查问卷发放回收情况

发放渠道	发放问卷（份）	回收有效问卷（份）	有效问卷回收率（%）	回收无效问卷（份）
政府采购研讨会议	405	381	94.07	7
政府采购培训	152	133	87.50	4
电子邮件或微信	63	18	28.57	21
合计	620	532	85.80	32

资料来源：笔者根据调研过程整理。

从2017年11月~2018年12月，调研问卷的收集与整理经历了1年多的时间，通过向政府采购研讨会、各种政府采购培训班和研究机构共发放问卷620份，收回问卷564份，其中无效问卷32份，问卷回收率和有效问卷回收率分别为90.97%和85.80%。

第二节　调查问卷描述性统计

一、样本特征分析

在对有效问卷收集和整理的基础上，分析样本构成和特征（见表4-3）。男性受访人数为240人，占被调查人数的45.11%，女性为292人，占调查人数的54.89%，受访男女比例比较合理。在教育程度方面，具有本科学历、硕士学历和博士学历的受访者占总受访者人数的比重分别为73.12%、16.92%和3.76%，而大专及以下仅有33人，仅占总受访人数的6.20%。可以看出，样本的学历层次总体上比较高，本科学历以上被调查者约为94%。在职称结构方面，64.85%被调查者没有职称，这与从事采购实务部门对职称没有要求，注重实务能力有关，10.71%的被调查者具有高级职称，这一比例与政府采购领域从事采购研究比例比较吻合。在工作单位类型方面，有40.79%的被调查者来自政府采购实务部门，3.57%的被调查者来自政府采购监管部门，14.66%的被调查者为科研人员，2.82%的被调查者为供应商，可见从事政府采购一线的工作人员和科研人员占比较大，能够更为深入了解GPA框架下政府采购面临的安全问题。区域结构方面，58.27%的被调查者来自列入GPA出价清单的19个次中央政府，41.73%的被调查者未列入GPA的次中央政府，这个结构与计划样本分配比例基本保持一致。

表 4 - 3　　　　　　　调查问卷样本特征数据描述性统计

特征变量	类别	频数	有效百分比（%）
性别	男	240	45.11
	女	292	54.89
教育程度	大专及以下	33	6.20
	本科	389	73.12
	硕士	90	16.92
	博士	20	3.76
职称结构	无职称	345	64.85
	初级	57	10.71
	中级	73	13.72
	高级	57	10.71
单位类型	政府采购实务部门	217	40.79
	政府采购监管部门	19	3.57
	公共采购会员单位	7	1.32
	供应商	15	2.82
	科研机构	78	14.66
	其他	196	36.84
是否列入 GPA 清单	列入	310	58.27
	未列入	222	41.73
区域分布	东部	209	39.29
	中部	102	19.17
	西部	221	41.54

资料来源：笔者根据调查问卷整理。

二、问卷的统计性描述

根据李克特（Likert）五点量表法，以 1~5 分别表示受访人对问卷问题的同意程度由弱转强。其中：1 表示"完全不同意"、2 表示"不同意"、3 表示"不确定"、4 表示"同意"、5 表示"非常同意"；或者 1 表示"完全没有冲击"、2 表示"没有冲击"、3 表示"不确定"、4 表示"有冲击"、5 表示"冲击很大"；或者 1 表示"完全不好"、2 表示"不好"、3 表示"不确定"、4 表示"好"、5 表示"非常好"。表 4 - 4 所示：测度变量的均值在 3.5~4.2，标准差均在 1.2以下。

表 4 - 4　　　　　　　　　政府采购安全影响因素问卷的统计性描述

	测度变量	变量名	均值	标准差
	制度安全	insti	4.0639	0.9101
	市场安全	mark	4.2086	0.9265
	功能安全	polic	3.6823	1.0189
制度安全 （insti）	政府采购法与招标法冲突	conf	3.6297	1.0927
	缺乏对评审专家的责任约定	expe	3.9662	0.9382
	缺乏对供应商的约束和评价机制	supp	4.0000	0.9547
	责任主体不明晰	resp	3.9887	0.9407
	政府采购流程管理重程序轻结果	prog	4.0470	1.0045
市场安全 （mark）	政府采购规模偏小、范围偏窄	scale	3.7688	1.1470
	企业国际竞争力比较弱	compe	3.9436	0.9803
	中国跨国化指数低	trans	3.8421	1.0777
	中国国际公共采购参与度低	parti	3.9568	0.9781
	政府采购电子化水平不高	eproc	3.7970	1.0666
	采购不透明，暗箱操作多	dark	3.8703	1.0754
	无法有效地发挥政策功能	funct	3.8120	1.0040
	中国自主创新能力不足	innov	3.7218	1.0986
	对 GPA 相关缔约方的情况掌握不够	inform	4.0132	0.9497
功能安全 （polic）	政府采购功能目标不够清晰	targe	3.8609	1.0376
	缺乏实现功能目标的有效操作细则	rules	4.1128	0.8606
	公开招标方式阻碍政策功能的实现	metho	3.4737	1.1069
	政策功能的责任不明确	respo	3.8947	0.9369
	政府采购结构和规模限制了功能的发挥	struc	3.8102	0.9799
	承担政策功能的责任部门不明确	depar	4.0132	0.9296
	缺乏政府采购功能的评价体系	evalu	4.0977	0.9596

资料来源：笔者根据调研问卷整理。

（一）政府采购安全维度获得肯定性评价

如表 4 - 5 所示，政府采购制度安全、市场安全和功能安全总体均值为 3.98①，表明受访者对政府采购三个安全维度的总体评价处于临近"同意"状态，对政府采购安全的构成比较认可。77.26%的受访者认为加入 GPA 对中国政

———————

① 制度安全、市场安全和功能安全的三者均值求总体平均值。

府采购制度构成安全冲击，均值为 4.06；79.13% 的受访者认为加入 GPA 对中国政府采购市场构成安全冲击，均值为 4.2。相对而言，只有 58.25% 的受访者赞同加入 GPA 对中国政府采购的政策功能构成安全威胁，均值为 3.68，由于政府采购功能安全是本研究首次提出，受访者对此提法比较陌生，29.32% 受访者认为不确定，仅有 2.44% 的受访者给予"完全不同意"的评价。此外，来自列入 GPA 出价和未列入 GPA 出价清单的次中央政府的受访者对三种安全维度的认可度也不一样，来自列入 GPA 出价清单的 19 个次中央政府的受访者给予制度安全、市场安全和功能安全"非常同意"的评价占该区域总受访者的比例分别为 40.97%、50.23% 和 26.77%，这一比例均高于来自未列入 GPA 出价清单的次中央政府的受访者的比例。可见，列入 GPA 出价清单的地区对 GPA 的政府采购安全意识明显高于未列入 GPA 出价清单的地区，这应该与对 GPA 的宣传和培训有关。

表 4 - 5　　　　　　　　　不同区域测量样本的描述性统计　　　　　　　　单位：%

评价		完全不同意	不同意	不确定	同意	非常同意
制度安全	列入	1.61	3.23	14.52	39.68	40.97
	未列入	0.90	6.31	20.27	42.79	29.73
市场安全	列入	2.58	2.90	16.77	24.52	53.23
	未列入	0.45	2.25	16.22	40.99	40.09
功能安全	列入	2.58	11.94	27.10	31.61	26.77
	未列入	2.25	6.31	32.43	38.74	20.27

资料来源：笔者根据调研问卷整理。

（二）制度安全影响因素描述性统计特征

政府采购制度安全五个影响因素总体均值为 3.93[①]，表明受访者对政府采购制度影响因素的认可度也是处于临近"同意"之间，对政府制度安全五个因素比较满意。其中，49.33% 的受访者对政府采购制度安全的影响重程序、轻结果（prog）给予"完全同意"的评价；不同职称的受访者对政府采购制度安全影响因素的评价都十分接近，而不同工作岗位的受访者对政府采购制度安全的影响因素评价大相径庭，采购部门、监管部门和采购会员单位的受访者认为缺乏对供应商的约束和评价机制是政府采购安全的主要影响因素之一，而来自政府采购供应商的受访者对这一因素给予"非常满意"的评价比例是 0。此外，在开放式题项中，有部分受访者认为将政府采购主体与一般市场主体混淆，忽视了政府采购本身主体的独特性；部门立法，而不是人大立法，以及信息保密与公开情况界定不

---

① 根据表 4 - 4 影响政府采购制度安全五个因素均值求总体平均值。

清等因素也是政府采购制度的主要影响因素（见表4-6）。

表4-6　　　　　政府采购制度安全影响因素"完全同意"评价　　　　单位:%

单位类型	conf	expe	supp	resp	prog
政府采购部门	31.80	36.87	43.32	37.33	46.54
监管部门	47.37	57.89	57.89	52.63	57.89
公共采购会员单位	42.86	71.43	57.14	71.43	71.43
供应商	20.00	33.33	0.00	13.33	46.67
科研机构	14.10	19.23	38.46	34.62	42.31
其他	20.41	29.59	26.53	28.57	31.12

资料来源：笔者根据调研问卷整理。

（三）市场安全影响因素描述性统计特征

政府采购市场安全九个影响因素的总体均值为3.86，表明受访者对政府采购安全影响因素处于稍稍接近"同意"的水平，多数受访者认为中国对 GPA 相关缔约方的情况掌握不够是影响政府采购市场安全的主要因素。来自不同区域的受访者对政府采购市场安全影响因素的认可程度区别不大。而来自不同工作岗位的受访者对政府采购安全影响因素的评价差别较大。如表4-7所示：政府采购监管部门受访者对企业国际竞争力比较弱和对 GPA 相关缔约方的情况掌握不够两个影响因素给予"非常满意"评价占该部门总受访者的比重均为63.16%；除政府采购电子化水平不高和采购不透明，暗箱操作多两个影响因素"非常满意"评价度比较高之外，供应商对其他七个影响因素的满意度评价均比较低，仅有13.33%的受访者给予政府采购规模偏小、范围偏窄和中国自主创新能力不足两个影响因素给予"非常满意"评价，几乎没有政府采购会员单位的受访者认为中国自主创新能力不足是影响政府采购市场安全的因素。此外，部分受访者认为 GPA 框架下政府采购市场安全还与中国缺少职业采购师，评审专家不专业，采购方式不合理等因素有关。

表4-7　　　　　政府采购市场安全影响因素"完全同意"评价　　　　单位:%

因素	scale	compe	trans	parti	eproc	dark	funct	innov	inform
政府采购部门	34.56	41.01	37.79	34.56	30.88	31.80	29.95	28.57	35.02
监管部门	47.37	47.37	31.58	63.16	36.84	31.58	36.84	42.11	63.16
公共采购会员单位	28.57	28.57	42.86	28.57	14.29	14.29	14.29	0.00	57.14
供应商	13.33	26.67	26.67	26.67	46.67	40.00	13.33	20.00	26.67
科研机构	33.33	28.21	21.79	39.74	28.21	48.72	29.49	24.36	33.33
其他	27.04	24.49	30.61	26.53	25.51	31.12	25.00	29.08	33.16

资料来源：笔者根据调研问卷整理。

（四）功能安全影响因素描述性统计特征

政府采购政策功能安全 7 个影响因素总体均值为 3.8947，接近"满意"评价，其中，缺乏实现功能目标的有效操作细则、承担政策功能的责任部门不明确和缺乏政府采购功能的评价体系三个影响因素的均在 4.0 以上。东部、中部、西部不同区域的受访者对政府采购政策功能的评价存在差异，如表 4 - 8 所示。其中，中部地区 59.80% 受访者给予缺乏政府采购政策功能的评价指标体系"非常满意"评价，这一比例明显高于东部和西部地区；11.0% 的东部地区受访者不同意政府采购政策功能目标不明确是影响政府采购安全的因素，这表明东部地区在政府采购政策功能目标性要强于中部和西部地区。此外，政府采购信息化水平低、缺乏完善的评审体系、政府采购政策功能没有在政府采购需求方面得到明确体现，导致一系列后续问题得不到解决。

表 4 - 8　　　　　　　　政府采购功能安全分区域评价情况　　　　　　　单位:%

评价		完全不同意	不同意	不确定	同意	非常同意
targe	东	1.91	11.00	14.35	41.15	31.58
	中	0.00	4.90	31.37	30.39	33.33
	西	4.98	5.88	23.98	34.39	30.77
rules	东	4.78	3.35	16.27	39.23	40.67
	中	0.00	2.94	15.69	38.24	43.14
	西	0.00	7.69	14.93	45.25	32.13
metho	东	4.78	14.83	33.01	23.44	23.92
	中	4.90	14.71	36.27	23.53	20.59
	西	3.62	13.12	31.67	31.67	19.91
respo	东	0.48	4.31	26.32	40.19	28.71
	中	0.00	0.98	30.39	32.35	36.27
	西	2.26	9.50	22.17	38.01	28.05
struc	东	0.96	10.05	26.79	34.45	27.75
	中	1.96	3.92	33.33	36.27	24.51
	西	1.36	8.14	24.43	35.75	30.32
depar	东	1.91	3.83	16.75	43.06	34.45
	中	1.96	0.98	21.57	38.24	37.25
	西	1.81	4.52	23.53	36.65	33.48
evalu	东	0.48	7.18	14.35	32.54	45.45
	中	1.96	1.96	15.69	20.59	59.80
	西	1.36	5.88	22.17	39.37	31.22

资料来源：笔者根据调研问卷整理。

第三节 调查问卷的信度和效度分析

分析效标关联效度的通常作法是对量表测量结果与有效标准进行相关分析。一般认为，相关系数越大，量表的效标关联效度越好，比较理想的相关系数区间为 0.4~0.8。如果属于连续型变量，则需要计算皮尔逊（Pearson）相关系数；如果属于分类变量，则需要计算肯德尔等级（Kendall）或斯皮尔曼（Spearman）等级相关系数。

一、调查问卷的信度分析

如前文所述，由于没有可成熟的量表可以借鉴，问卷中有关政府采购制度安全、市场安全和功能安全影响因素量表题项来源于对现有理论研究成果的梳理和实地调研的归纳总结，很难保证量表的可靠性。实证研究结论的可行性在很大程度上取决于量表的质量，在开展实证检验之前，必须将调查问卷中不适合本研究的题项剔除，提纯和优化量表题项，即进行调查问卷信度分析。

信度分析主要是为了检验量表内部的可靠性和一致性，需要考察各量表的 Cronbach's α 系数。它是一种常用的信度分析工具，可以定量描述量表中归属于同一变量的不同题项在共同指向相同属性上的程度差异。吴明隆（2018）认为，在量表的信度分析中需要考察题项总相关性、平方复相关和删除题项后的 α 系数三个指标。其中，题项总相关是指某一个题项与除此之外的其他题项之间的相关性，必须将题项总相关性小于 0.35 的题项删除，进行题项总相关校正；平方复相关就是其中一个题项与该题项之外的其他题项进行多元回归分析后，所得到的 R^2 值，需要将平方复相关指标值小于 0.15 的题项删除；删除题项后的 α 系数就是删除某一题项之后，所得到量表的 α 系数，如果该指标值大于未删除题项时量表的 α 系数，则表明该题项应该被删除。量表中每个题项需同时满足上述三个指标的最低可接受标准，从而保证题项能准确代表测量变量。

借鉴吴明隆教授的做法，对工作要求量表进行信度分析，相关结果如表 4-9 所示。可以发现，该量表所含 15 个题项的校正题项总相关系数均高于 0.4467，远大于 0.35 这一标准；平方复相关系数都高于 0.2201，远大于 0.15 这一标准；删除题项后的 α 系数，均明显低于未删除题项时量表的 α 系数，完全符合信度分析的最低可接受标准。同时，各维度的 α 系数分别为 0.794、0.725 和 0.807，最小值也达到了 0.725，这也充分说明，在各个维度内部，题项与题项之间已经达到了较高的一致性。

表 4 - 9　　　　　　　　　　　工作要求量表的各维度信度分析

题项	校正题项总相关	平方复相关	删除题项后的 α 系数	α 系数
conf	0.5578	0.3308	0.7605	
expe	0.6420	0.4324	0.7330	
supp	0.5211	0.2764	0.7715	0.794
resp	0.6094	0.3998	0.7436	
prog	0.5410	0.3089	0.7652	
compe	0.4911	0.2434	0.6721	
eproc	0.4589	0.2319	0.6868	
funct	0.5470	0.3008	0.6500	0.725
innov	0.4467	0.2201	0.6899	
inform	0.4731	0.2282	0.6801	
targe	0.6419	0.4204	0.7549	
rules	0.5608	0.3350	0.7797	
struc	0.6123	0.3897	0.7641	0.807
depar	0.5550	0.3167	0.7815	
evalu	0.5952	0.3672	0.7696	

二、调查问卷的效度分析

所谓效度，就是测量工具对事物特征所进行的测量可以达到的有效程度，即由测量工具得到的测量结果与考察对象本来特征的吻合程度，如果测量结果与考察对象内涵与外延的差异越小，则说明测量的效度越高。效度通常又被细分为表面效度、内容效度和结构效度三种类型。其中，由人们基于学术型共识或者常识性认知从主观上对测量结果与相关概念进行判断，二者的吻合程度就是表面效度，属于一种主观判断。内容效度反映的则是测量所用量表对相关概念全部外延的涵盖程度，即量表的题项内容是否具有代表性和适当性，它是基于专业层面对测量量表的完备性所进行的判断。而结构效度则是衡量测量结果与测量对象的理论结构和实际特征相吻合的程度，又可以进一步细分为区分效度和收敛效度。测量结果能够将所关注概念与其他概念区实现有效区分的程度即为区分效度。在测量量表中不同题项均是针对同一概念进行测量，收敛效度就是用于判断题项之间的相关程度大小的。对调查问卷中的各个量表进行效度分析，一方面可以有效排除不符合标准的问题题项，另一方面还可以减轻问题题项对探索新因子的干扰，有利于提高调研结论的准确性。

为了确保调研所用量表的表面效度和内容效度，研究吸收借鉴目前为学界、业界所广泛使用的成熟量表来应用于所涉及的变量测量，同时，结合深入的理论分析和深刻的现实讨论为对工作要求和工作资源量表进行调整修正，在此基础上确定量表的结构维度，最终按照这些维度构造的测量量表其实是当前该领域内广泛研究共识的集成。至于各个量表的结构效度，则通过探索性因子分析（exploratory factor analysis，EFA）来进行检验。①

探索性因子分析需要使用到 SPSS22.0 软件。具体的操作是，首先基于 KMO 指标和 Bartlett 球形检验法判断量表是否适合进行探索性因子分析。只有同时满足 KMO > 0.7 和 Bartlett 球形检验在 p < 0.001 水平上显著两个条件的分析结果才是有意义的。然后，运用主成分分析法、最大方差法对通过了 KMO 指标和 Bartlett 球形检验之后的量表进行公因子提取。最后使用正交法对公因子矩阵进行旋转，得到旋转公因子旋转矩阵。在提取公因子时，只提取特征值 > 1 的公因子，并筛选保留公因子上因子载荷 > 0.5 的题项。面对析出的因子结构，还需要开展理论分析，如果能够从理论层面给出合理解释，则说明量表具备良好的区分效度。如果析出的因子结构中，每个公因子题项均满足因子负荷 > 0.5 这个条件，则说明量表具备良好的收敛效度。

根据表 4 - 10 的计算结果，工作要求量表的探索性因子分析 KMO 值达到 0.9009，Bartlett 球形检验达到 p = 0.0000 < 0.001 的显著性，说明该量表适合进行探索性因子分析。

表 4 - 10　　　　　　　　　　KMO 和 Bartlett 检验

取样足够度的 Kaiser-Meyer-Olkin（KMO）检验		0.9009
Bartlett 的球形度检验	近似卡方	2 429.0234
	df	105.0000
	显著性	0.0000

探索性因子分析检验的最后结果如表 4 - 11 所示。运用 SPSS22.0 软件计算发现，特征根大于 1 的公因子有 3 个，其中，第 1 个公因子（对应于政府采购政策功能安全）的两个题项 metho、respo 因子负荷不满足大于 0.5 的条件；第 2 个公因子（对应于政府采购制度安全）的所有题项因子负荷均大于 0.5；第 3 个公因子（对应于政府采购市场安全）的四个题项 scale、trans、parti 和 dark 因子负荷不满足大于 0.5 的条件。根据公因子提取条件——公因子上的因子负荷必须大

① 吴明隆. 问卷统计分析实务——SPSS 操作与应用［M］. 重庆：重庆大学出版社，2018：266.

于0.5，同时考虑到这六个题项分属在不同的维度，也无法重新组合提炼形成一个具有现实意义且存在理论支撑的新维度，于是，对这六个题项进行剔除。剩余的题项在各自维度上的因子载荷均超过了0.5，完全符合前面提到的凯撒（Kaiser）判断标准，同时三个公因子的累计方差解释率达到了54.126%，并且因子结构也与理论设计完全相符。这充分表明了本研究的工作要求量表的结构效度良好。

表4-11　　　　　　　　　　　旋转公因子矩阵

题项	公因子		
	1	2	3
conf		0.6315	
expe		0.7591	
supp		0.5735	
resp		0.7585	
prog		0.7108	
compe			0.6262
eproc			0.6544
funct			0.7307
innov			0.6573
inform			0.5839
targe	0.7221		
rules	0.6373		
struc	0.7800		
depar	0.6566		
evalu	0.6965		

第四节　GPA框架下政府采购安全的影响因素实证检验

一、基准模型设定

本节基于政府采购安全理论假设，构建基准计量模型设定如式（4-1）：

$$y_i = \beta X_i + \varepsilon_i, (i = 1, \cdots, n) \qquad (4-1)$$

式（4-1）为多元回归模型，其中：n为样本量，X_i为所有解释变量组成的列向量，即$X_i = (1\ x_{i1}\ x_{i2} \cdots x_{ik})'$，$x_{ik}$即为个体i的第k个解释变量；$y_i$为个体i的被解释变量。

为全面分析各影响因素对政府采购各方面的冲击影响，分3个方程进行基准回归，3个方程被解释变量分别为制度安全、市场安全和功能安全。（1）制度安全方程中，解释变量主要从政府采购法律体系、政府采购管理等方面进行选取，包括政府采购法与招标法冲突（conf）、缺乏对评审专家的责任约定（expect）、缺乏对供应商的约束和评价机制（supp）、责任主体不明晰（resp）、政府采购管理流程重程序轻结果（prog）5个变量；（2）市场安全方程中，解释变量主要包括政府采购规模偏小范围偏窄（scale）、企业国际竞争力比较弱（compe）、中国跨国化指数低（trans）、中国国际公共采购参与度低（parti）、政府采购电子化水平不高（eproc）、采购不透明暗箱操作多（dark）、无法有效地发挥政策功能（funct）、中国资助创新能力不足（innov）、对GPA相关缔约方的情况掌握不够（inform）9个变量；（3）功能安全方程中，解释变量主要包括政府采购功能目标不够清晰（targe）、缺乏实现功能目标的有效操作细则（rules）、公开招标方式阻碍政策功能的实现（metho）、政策功能的责任不明确（respo）、政府采购结构和规模限制了功能的发挥（struc）、承担政策功能的责任部门不明确（depar）、缺乏政府采购功能的评价体系（evalu）7个变量。

为了进一步验证各影响因素对政府采购安全的影响机制，在上述计量模型的基础上，加入D_i与X_i的交互项，考察是否加入GPA对各解释变量的调节效应，D_i为是否加入GPA清单的虚拟变量，其中，$i=1$表示已经列入GPA出价清单，$i=0$表示没有列入出价清单。重新估计方程如式（4-2）：

$$y_i = \beta X_i + \gamma D_i X_i + \varepsilon_i \qquad (4-2)$$

根据研究主题，在制度安全方程中，主要考察政府采购法与招标法冲突（conf）、政府采购管理流程重程序轻结果（prog）对政府制度安全的边际效应是否受到D_i的调节效应影响；在市场安全方程中，主要考察企业国际竞争力比较弱（compe）、中国自主创新能力不足（innov）、对GPA相关缔约方的情况掌握不够（inform）对政府采购市场安全的边际效应是否受到D_i的调节效应影响；在功能安全方程中，主要考察政府采购功能目标不够清晰（targe）、缺乏实现功能目标的有效操作细则（rules）、缺乏政府采购功能的评价体系（evalu）对政府采购政策功能的边际效应是否受到D_i的调节效应影响。通过比较式（4-1）与式（4-2）中相应系数的显著性和符号，可以直观判断出调节变量的影响效应。

二、基准回归结果分析

本书采用Stata15软件，基准回归的估计结果如表4-12所示：其中，第（1）、（2）和（3）列分别为制度安全、市场安全和功能安全方程。

（一）政府采购制度安全影响因素实证分析

回归结果显示（见表 4－12），政府采购法与招标法的冲突（conf）、缺乏对评审专家的责任约定（expe）和政府采购管理流程重程序轻结果（prog）对 GPA 框架下政府采购制度安全冲击存在显著正向影响。其中，政府采购法与招标法冲突（conf）、政府采购管理流程重程序轻结果（prog）在 1% 的显著性水平上对政府采购制度安全冲击存在正向影响，两者对政府采购制度冲击的影响系数分别为 0.2014 和 0.1425，政府采购法律法规协调性提高一个单位，GPA 框架下政府采购的制度安全程度提高 0.2014 个单位，比政府采购管理流程规范性对政府采购制度安全的边际影响高出 0.0589 个单位。这说明政府采购领域法律冲突程度比政府采购管理流程对政府采购制度安全的冲击力度要大得多。这是因为在 GPA 框架下，中国的首要任务就是中国政府法律制度与 GPA 规制的接轨，GPA 第 22 条第 4 款要求"各参加方对其国内法律进行调整，使其法律、法规、管理程序及其采购实体所适用的规则、程序和做法与 GPA 精神、文本要求保持一致。"协调统一国内政府采购法律法规体系不仅是 GPA 对缔约方基本要求，而且是中国在 GPA 框架下政府采购安全运行的基本保障，国内法律法规不完善，内部不协调，很难保障中国供应商和纳税人的合法权益，也会使国外供应商在中国政府采购市场难以适应，甚至会造成不必要的国际贸易摩擦。缺乏对评审专家的责任约定（expe）估计系数在 5% 的水平上显著为正，主要由于评审专家有权无责日益成为中国政府领域的突出问题，对政府采购相关主体造成了严重的利益损失。如果中国现有评审制度不完善，纳税人的税款大量流向国外供应商，甚至腐败问题向国际政府采购市场蔓延，那么将与政府采购和 GPA 的立法宗旨相悖。综上可知，协调政府采购法律法规的冲突、明确政府采购主体责任、规范政府采购管理流程有利于提高中国政府采购制度安全度，验证了假说 1。

表 4－12　　　　　　　　政府采购安全影响因素单方程基准回归结果

解释变量	模型（1） y1	模型（2） y2	模型（3） y3
conf	0.2014 *** (4.8933)		
expe	0.1086 ** (2.2931)		
supp	0.0579 (1.3968)		

续表

解释变量	模型（1） y1	模型（2） y2	模型（3） y3
resp	0.0447 (0.9699)		
prog	0.1425 *** (3.3223)		
compe		0.1543 *** (3.8834)	
eproc		0.1399 *** (3.9016)	
funct		0.2918 *** (7.0300)	
innov		0.1339 *** (3.5348)	
inform		0.1371 *** (3.1910)	
targe			0.3637 *** (9.2668)
rules			0.1684 *** (4.3561)
struc			−0.0357 (−0.9643)
depar			0.0843 ** (2.2829)
evalu			0.1752 *** (4.8377)
常数量	1.9080 *** (9.9005)	0.7782 *** (3.7800)	0.8502 *** (5.2326)
样本量	532	532	532
F 统计量	29.39	62.37	83.21
R^2	0.2184	0.3722	0.4417
调整的 R^2	0.2110	0.3662	0.4363

注：括号中为标准误；*、**、*** 分别表示显著性水平10%、5%、1%。

（二）政府采购市场安全影响因素实证分析

表4－12第（2）列回归结果显示，企业国际竞争力比较弱（compe）、政府采购电子化水平不高（eproc）、无法有效地发挥政策功能（funct）、中国自主创新能力不足（innov）以及对GPA相关缔约方的情况掌握不够（inform）对GPA框架下政府采购面临的市场安全冲击均在1%的水平上存在显著正向影响，验证了假说2。

第一，无法有效地发挥政策功能（funct）变量对政府采购市场安全影响最大，回归系数为0.2918，即政府采购政策功能有效发挥提高1个单位，GPA框架下政府采购市场安全程度提高0.2918个单位。其理由在于：（1）政府采购政策功能发挥效应是政府采购制度和政府采购市场的一个综合性结果，只有在国内政府采购法律法规健全、政府采购实施细则操作性强，以及政府采购市场透明统一、市场主体购买国货行为自觉的条件下，政府采购政策功能才能有效实现；（2）中国目前政府采购政策功能在宏观上缺乏顶层设计，在中观层层面，政府采购政策功能层次不明确，主次不分；在微观层面，政府采购政策功能可操作性不强，导致中国目前政府采购政策功能实施效果不理想。由于政府采购政策功能与GPA的立法宗旨和非歧视性原则以及国民待遇原则相矛盾，因此，在国内政府采购制度体系不健全的条件下，GPA框架下有效发挥政府采购政策功能将难上加难。

第二，企业国际竞争力比较弱（compe）变量的估计系数为0.1543，即中国企业国际竞争力提升1个单位，GPA框架政府采购市场安全度提高0.1543个单位。加入GPA仅仅意味着为中国企业进入GPA缔约方政府采购市场提供了准入机会，根据迈克尔·波特的竞争优势理论，中国企业在国际政府采购市场上签订实际采购合同金额最终取决于中国企业在国际政府采购市场的竞争力。

第三，政府采购电子化水平不高（eproc）变量也是影响中国政府采购市场安全的重要因素之一，其回归系数为0.1399，即政府采购电子化水平提高1个单位，GPA框架下中国政府采购市场安全程度提高0.1399个单位。这主要是因为一方面电子化政府采购是GPA对缔约方的基本要求；另一方面电子化政府采购有利于提高政府采购市场透明度，有利于维护国际政府采购公平竞争秩序，实现"国际化阳光政府采购"；此外，电子化政府可以防止暗箱操作，遏制国际政府采购腐败行为。

第四，对GPA缔约方的情况掌握不够（inform）对GPA框架下政府采购市场安全产生显著影响，估计系数为0.1371，即对GPA缔约方政府采购相关资料掌握情况每增加1个单位，政府采购市场安全程度提高0.1371个单位，这主要由于中国加入参加GPA谈判是与GPA缔约方进行双边和多边谈判，与GPA所有缔约方达成一致共识，谈判才能结束。谈判需要对GPA现有47个缔约方的政府采购情况深入了解，尤其需要掌握 GPA 缔约方采购实体的采购规模，这样才能实现政府采购市场的对等开放。可是，由于政府采购与私人采购有着根本的区别，政府采购不是单纯的市场交易行为，还承载着国家的政策目标功能，因此，政府采购具有一定的"隐蔽性"，大部分国家的政府采购数据都是不公开的，即使在国际政府采购市场开放的趋势下，GPA 要求各缔约方每年提交政府采购相关数据，美国等国家最近几年也都没有履行这方面的义务，由此可见，获取其他国家的政府采购数据难度较大。

第五，自主创新能力对政府采购市场安全存在显著正向影响，回归系数为0.1339，即自主创新能力提高 1 个单位，GPA 框架下政府采购市场安全度提高0.1339 个单位。自主创新能力不仅是一个国家在国际竞争中获取竞争优势的核心要素，成为当今国际竞争的焦点，也是开放市场条件下确保政府采购市场安全的重要保障。因为只有拥有自主创新能力才能占据国际产业链的高端，才能保障产业链的安全，才能避免"中兴事件"再次发生。这也是美国在中国加入 GPA谈判中极力阻止中国政府采购促进自主创新的重要原因，不过，美国却一直以"国家安全"为由保护其国家的政府采购市场。

（三）政府采购功能安全影响因素实证分析

由表 4-12 的估计结果可知，政府采购功能目标不够清晰（targe）、缺乏实现功能目标的有效操作细则（rules）、缺乏政府采购功能的评价体系（evalu）在1% 的水平上对政府采购功能安全存在显著正向影响，回归系数分别为 0.3637、0.1684 和 0.1752。承担政策功能的责任部门不明确（depar）在 5% 的水平上对政府采购功能安全产生显著正向影响，回归系数为 0.0843。政府采购结构和规模限制了功能的发挥（struc）对政府采购政策功能存在负向关系，但不显著。其中，政府采购政策目标的影响程度最大，即政府采购政策功能目标明确性每提高1 个单位，GPA 框架下政府采购政策功能安全程度提高 0.3637 个单位，这是因为明确的政府采购政策功能目标在有效发挥政府采购政策功能中具有统领作用；政府采购政策功能操作细则保证政府采购政策功能目标落到实处，而不仅仅停留在法律层面，而完整、科学的政府采购政策功能绩效评价体系对绩效实现和提升具有导向作用。当然，在政府采购政策功能实施过程中，需要专门的政府采购政策功能监管主体，明晰的政府采购政策功能部门职责对实现政府采购政策功能至关重要。由此验证了假说 3。

政府采购结构和规模的系数为负，但不显著。在政府采购市场封闭的条件下，政府采购规模越大，越有利于政府采购政策功能实现，但在开放的市场条件下，政府采购规模越大，意味着政府采购开放的范围越大，政府采购面临的风险冲击越大，尤其在中国政府采购制度不健全、政府采购市场国际竞争力比较弱的情况下，政府采购开放程度越大，政府采购不安全程度越大。

三、是否列入 GPA 出价清单的调节效应

基于政府采购安全的考虑，中国采用渐进式开放的策略，中国加入 GPA 第六份出价清单中列入了北京等 19 个次中央政府，还有西藏等 12 个次中央政府暂时没有列入 GPA 出价清单。是否列入 GPA 出价清单作为一个重要的变量对政府采购安全产生重要影响，为此，研究在基准回归方程的基础上加入调节变量 D_i，表 4 – 13 第（1）列、第（2）列和第（3）列分别表示在表 4 – 12 第（1）、（2）和（3）列的基础上加入调节变量后的估计结果。

表 4 – 13　　　　　　　列入 GPA 出价清单的调节效应检验

模型（1） y1		模型（2） y2		模型（3） y3	
conf	0. 2724 *** (4. 8210)	compe	0. 1620 *** (2. 8893)	targe	0. 4553 *** (8. 0967)
expe	0. 1087 ** (2. 2888)	eproc	0. 1427 *** (3. 9498)	rules	0. 0873 (1. 5598)
supp	0. 0619 (1. 4985)	funct	0. 2942 *** (7. 0090)	struc	– 0. 0357 (– 0. 9528)
resp	0. 0413 (0. 8982)	innov	0. 1250 ** (2. 2046)	depar	0. 0747 ** (2. 0177)
prog	0. 0596 (1. 0556)	inform	0. 1245 ** (2. 1476)	evalu	0. 1627 *** (3. 1520)
conf_bid	– 0. 1278 * (– 1. 8819)	compe_bid	– 0. 0235 (– 0. 3308)	targe_bid	– 0. 1632 ** (– 2. 2159)
prog_bid	0. 1377 ** (2. 2004)	innov_bid	0. 0117 (0. 1645)	rules_bid	0. 1483 ** (2. 1234)
		inform_bid	0. 0226 (0. 3038)	evalu_bid	0. 0276 (0. 4182)
常数项	1. 9285 *** (9. 9116)		0. 7883 *** (3. 7945)		0. 8647 *** (5. 3187)
样本数	532		532		532
R^2	0. 2268		0. 3730		0. 4501
调整的 R^2	0. 2164		0. 3635		0. 4417

注：括号中为标准误；*、**、*** 分别表示显著性水平 10%、5%、1%。

（一） 列入 GPA 出价清单对政府采购制度安全的调节效应

表 4 - 13 第 (1) 列结果显示：(1) 政府采购流程管理重程序轻结果 (prog) 与 D_i 交互项 prog_bid 在 5% 的水平上显著为正，表明加入 GPA 出价清单起到了正向调节作用，加入 GPA 出价清单导致 prog 对制度安全的正向影响更大；(2) 政府采购法与招标法冲突 (conf) 与 D_i 交互项 conf_bid 的估计系数在 10% 的水平上显著为负，表明加入 GPA 出价清单在 conf 与制度安全之间存在负向调节作用，加入 GPA 出价清单后，conf 对制度安全的正向影响变小。conf 的估计系数与 conf_bid 的估计系数之和为正，表明从总体上看，conf 对制度安全的影响为正，与表 4 - 12 第 (1) 列的结果一致。综上可知，加入 GPA 出价清单在制度安全方程中存在显著的调节效应。

（二） 列入 GPA 出价清单对政府采购市场安全的调节效应

分别把企业国际竞争力比较弱 (compe)、中国自主创新能力不足 (innov)、对 GPA 相关缔约方的情况掌握不够清晰 (inform) 与调节变量 D_i 的交乘项 compe_bid、innov_bid、inform_bid 作为解释变量，加入表 4 - 12 第 (2) 列中，以考察列入 GPA 出价清单在市场安全方程中的调节作用。表 4 - 13 第 (2) 列结果显示：(1) compe_bid 的系数为负，但不显著；(2) 变量 innov_bid 和 inform_bid 对市场安全存在正向影响，均不显著。由此可知，列入 GPA 出价清单对市场安全不存在调节效应。

（三） 列入 GPA 出价清单对政府采购功能安全的调节效应

继续考察列入 GPA 出价清单对政府采购安全的影响，在表 4 - 12 第 (3) 列中基准回归基础上，将影响政府采购功能安全的核心因素政府采购功能目标不够清晰 (targe)、缺乏实现功能目标的有效操作细则 (rules)、缺乏政府采购功能的评价体系 (evalu) 与调节变量 D_i 交乘项 targe_bid、rules_bid、evalu_bid 作为新的解释变量，以验证列入 GPA 出价清单对政府采购功能安全的调节效应。实证结果表明：(1) targe_bid 在 5% 的水平上与政府采购功能安全存在负向影响，影响系数为 -0.1632，加入 GPA 出价清单会使政府采购功能目标不够清晰 (targe) 对功能安全的边际影响下降，但 targe_bid 的估计系数与 targe 的估计系数之和仍然为正，从总体上看，政府采购政策功能目标与 GPA 框架下政府采购政策功能安全存在正向影响，与 4 - 12 第 (3) 列的结果一致；(2) rules_bid 的估计系数在 5% 的水平上显著为正，表明列入 GPA 出价清单使缺乏实现功能目标的有效操作细则 (rules) 对功能安全的影响更大；(3) evalu_bid 的估计系数为正，但不显著，表明加入 GPA 出价清单使缺乏政府采购功能的评价体系 (evalu) 对功能安全的影响没有显著变化。由此可知，列入 GPA 出价清单对政府采购功能的调节效应具有不确定性。

四、联立方程实证检验

挪威奥斯陆大学的哈维尔莫（Haavelmo）教授在 1943 年为了全面、系统地反映经济系统运行的内在规律，提出了联立方程模型。在表现形式上，联立方程就是一组由多个单一方程构成的方程组，当然了，这些单一方程之间必须存在某种内在联系。在实证研究中，估计经济变量之间的关系时，单一方程模型的不足之处在于，既未能充分考虑变量之间的内生性，又忽视了它们之间的双向因果关系。相比较而言，联立方程模型更有利于获得一致性估计结果，因为它恰好可以有效规避变量之间内生性和双向因果关系带来的估计偏误。在理论阐述中，GPA框架下政府采购制度安全、市场安全和功能安全除了受各自因素的影响外，三种安全之间可能存在双向联动作用，考虑到单一方程模型估计结果可能会产生遗漏变量导致的内生性问题，基于此，构建包含政府采购制度安全、市场安全和功能安全联立方程组模型公式如下：

$$\text{insti}_i = \beta_0 + \beta_1 conf_i + \beta_2 expe_i + \beta_3 supp_i + \beta_4 resp_i + \beta_5 prog_i + \varepsilon_i \quad (4-3)$$

$$\text{mark}_i = \beta_0 + \beta_1 compe_i + \beta_2 eproc_i + \beta_3 funct_i + \beta_4 innov_i + \beta_5 inform_i + \varepsilon_i \quad (4-4)$$

$$\text{polic}_i = \beta_0 + \beta_1 targe_i + \beta_2 rule_i + \beta_3 struc_i + \beta_4 depar_i + \beta_4 evalu_i + \varepsilon_i \quad (4-5)$$

其中，insti_i、mark_i 和 polic_i 分别表示政府采购制度安全、市场安全和政策功能安全，各方程的解释变量含义与前文一致。

（一）总体样本的联立方程估计结果

总体样本数据的联立方程估计结果如表 4-14 所示：

表 4-14　　　　　　　　　　总体样本的联立方程检验结果

模型（1）insti		模型（2）mark		模型（3）polic	
mark	0.180 ** (0.0705)	insti	0.260 (0.160)	insti	0.283 ** (0.122)
polic	0.605 *** (0.0781)	polic	-0.0973 (0.138)	mark	0.118 * (0.0673)
conf	0.0878 ** (0.0349)	compe	0.130 *** (0.0398)	targe	0.277 *** (0.0455)
expe	0.0630 * (0.0363)	eproc	0.125 *** (0.0354)	rules	0.113 *** (0.0365)

续表

模型（1）insti		模型（2）mark		模型（3）polic	
supp	−0.0342 (0.0320)	funct	0.273*** (0.0410)	struc	−0.0333 (0.0327)
resp	−0.00644 (0.0351)	innov	0.134*** (0.0370)	depar	0.0482 (0.0350)
prog	0.0811** (0.0335)	inform	0.129*** (0.0438)	evalu	0.119*** (0.0340)
常数项	0.241 (0.253)		0.595** (0.241)		0.118 (0.231)
样本量	532		532		532
调整的 R²	0.374		0.395		0.496

注：括号中为标准误；*、**、***分别表示显著性水平10%、5%、1%。

第一，政府采购市场安全对政府采购制度安全在5%显著水平上存在显著正向影响，而政府采购制度安全虽然对政府采购市场安全也存在正向影响，但是并不显著。这意味着市场安全对制度安全存在单向因果关系，市场安全度每增加一个单位，制度安全将上升0.180个单位。但是，相比于市场安全对制度安全的影响，制度安全对市场安全的影响程度要小，影响系数为0.260，但不显著，验证了假设4中"政府采购市场安全对制度安全存在正向影响。"

第二，政府采购制度安全对政府采购政策功能安全存在正向影响，在5%显著水平上显著，回归系数为0.283，制度安全度增加1个单位，政策功能安全度提高0.283个单位；与此对应的是，当制度安全度下降时，意味着功能安全度下跌幅度为0.283个单位。政策功能安全对制度安全也存在正向影响，在1%的显著水平上显著，政策功能安全度每提高1个单位，政府采购制度安全提高0.605个单位，由此可见，制度安全与功能安全存在双向因果关系，政策功能安全对制度安全的影响程度要大，且更加显著，验证了假设5。

第三，政府采购市场安全对政策功能安全存在正向影响，在10%的显著水平上显著，政府采购市场安全度每提高1个单位，政策功能安全度提高0.118个单位。政策功能安全对市场安全存在负向影响，但不显著，验证了理论假说6。

（二）区域层面的异质性检验结果

为了进一步考察不同区域政府采购安全影响因素的异质性，考究不同区域政府采购制度安全、政府市场和政府采购功能安全三者之间的互动关系，本章分别从地理区域和是否列入 GPA 清单两个区域维度进行异质性检验。

1. 东、中、西部地区分样本异质性检验

本文的东、中、西部采用国家统计局的标准进行划分。东部地区的估计结果见表 4 - 15：（1）市场安全度每增加 1 个单位，制度安全程度将随之提高 0. 219 个单位，且在 5% 的显著性水平下显著。同时，政府采购制度安全度每提高 1 个单位，又会引起市场安全度在 1% 的显著性水平下增加 0. 778 个单位。由此可知，在东部地区，制度安全与市场安全存在双向互动关系，而且政府采购制度安全对市场安全的影响程度比市场安全对制度安全的影响程度要大。（2）政府采购制度安全对政策功能安全存在正向影响，但不显著；而政策功能安全在 1% 的显著水平上对制度安全存在显著影响，功能安全每提高 1 个单位，制度安全度增加 0. 537 个单位，政策功能安全对制度安全存在单向因果关系。（3）政府采购市场安全对政策功能安全存在正向影响，但不显著；政府采购政策功能安全对政府市场安全显著存在负向影响，影响程度比总体样本更大。

表 4 - 15　　　　　　　　　　东部地区联立方程估计结果

模型（1） insti		模型（2） mark		模型（3） polic	
mark	0. 219 ** (0. 101)	insti	0. 778 *** (0. 185)	insti	0. 0879 (0. 166)
polic	0. 537 *** (0. 112)	polic	- 0. 361 ** (0. 149)	mark	0. 120 (0. 0840)
conf	0. 0495 (0. 0524)	compe	0. 0562 (0. 0741)	targe	0. 251 *** (0. 0615)
expe	0. 0937 (0. 0631)	eproc	0. 109 ** (0. 0524)	rules	0. 212 *** (0. 0608)
supp	- 0. 122 ** (0. 0523)	funct	0. 254 *** (0. 0700)	struc	0. 0220 (0. 0542)
resp	- 0. 0256 (0. 0550)	innov	0. 106 * (0. 0600)	depar	0. 109 * (0. 0609)
prog	0. 0397 (0. 0550)	inform	0. 233 *** (0. 0703)	evalu	0. 143 ** (0. 0584)
常数项	1. 027 *** (0. 398)		- 0. 760 (0. 497)		0. 0671 (0. 360)
样本量	209		209		209
调整的 R^2	0. 267		0. 245		0. 551

注：括号中为标准误；*、**、*** 分别表示显著性水平 10%、5%、1%。

中部地区的估计结果见表 4-16：（1）市场安全对制度安全存在负向影响，但不显著；同时，政府采购制度安全对市场安全度存在正向影响，也不显著。（2）制度安全对政策功能安全存在正向影响，在 1% 的显著水平上显著，制度安全度每提高 1 个单位，政策功能安全提高 0.873 个单位，与东部地区一样，制度安全对政策功能安全存在单向因果关系。（3）政府采购市场安全对政府采购政策功能安全存在正向影响，但不显著；政府采购政策功能安全对市场安全存在负向影响，但不显著。

表 4-16　　　　　　　　　　　中部地区联立方程估计结果

模型（1） insti		模型（2） mark		模型（3） polic	
mark	−0.0410 (0.151)	insti	0.170 (0.212)	insti	0.873 *** (0.164)
polic	0.976 *** (0.204)	polic	−0.0412 (0.204)	mark	0.0814 (0.128)
conf	−0.0484 (0.0853)	compe	0.220 *** (0.0764)	targe	0.0589 (0.0642)
expe	0.0233 (0.0762)	eproc	0.115 (0.0722)	rules	−0.0315 (0.0794)
supp	0.0282 (0.0796)	funct	0.297 *** (0.0781)	struc	−0.00274 (0.0706)
resp	0.0136 (0.0715)	innov	0.287 *** (0.0754)	depar	0.0232 (0.0767)
prog	0.0262 (0.0774)	inform	0.0056 (0.0914)	evalu	0.0402 (0.0951)
常数项	0.234 (0.475)		0.500 (0.427)		−0.349 (0.465)
样本量	102		102		102
调整的 R^2	0.338		0.560		0.374

注：括号中为标准误；*、**、*** 分别表示显著性水平 10%、5%、1%。

西部地区的估计结果见表 4-17：（1）政府采购市场安全对制度安全存在正向影响，不显著；政府采购制度安全对市场安全度存在负向影响，也不显著。

（2）政府采购制度安全对政策功能安全存在正向影响，在 1% 的水平上显著，制度安全度每提高 1 个单位，政策功能安全度提高 0.390 个单位，与东、中部地区一样，政府采购制度对政府采购政策功能存在单向影响。（3）政府采购市场安全对政府采购政策功能安全存在正向影响，但不显著；政府采购政策功能安全对市场安全存在正向影响，也不显著。

表 4 – 17　　　　　　　　　　西部地区联立方程估计结果

模型（1） insti		模型（2） mark		模型（3） polic	
mart	0.131 (0.112)	insti	− 0.104 (0.238)	insti	0.390 *** (0.144)
polic	0.712 *** (0.114)	polic	0.298 (0.206)	mart	0.0757 (0.117)
conf	0.112 ** (0.0506)	compe	0.119 ** (0.0607)	targe	0.284 *** (0.0700)
expe	0.0733 (0.0541)	eproc	0.138 ** (0.0655)	rules	0.0396 (0.0494)
supp	0.0757 (0.0524)	funct	0.287 *** (0.0663)	struc	− 0.0203 (0.0571)
resp	− 0.0746 (0.0551)	innov	0.0963 (0.0598)	depar	− 0.0408 (0.0539)
prog	0.0593 (0.0503)	inform	0.0541 (0.0729)	evalu	0.0925 * (0.0481)
常数项	− 0.189 (0.435)		0.999 ** (0.392)		0.527 (0.383)
样本量	221		221		221
调整的 R²	0.398		0.273		0.440

注：括号中为标准误；*、**、*** 分别表示显著性水平 10%、5%、1%。

2. 是否加入 GPA 异质性检验结果

进一步考察是否加入 GPA 清单对政府采购安全影响机制以及政府采购制度安全、市场安全和功能安全三者之间的交互影响关系，其估计结果见表 4 – 18 和表 4 – 19。

表 4 - 18 列入加入 GPA 出价清单的联立方程估计结果

模型（1）insti		模型（2）mark		模型（3）polic	
mark	0. 154 * (0. 0891)	insti	0. 815 *** (0. 174)	insti	0. 478 *** (0. 142)
polic	0. 664 *** (0. 0999)	polic	- 0. 545 *** (0. 160)	mart	0. 0333 (0. 0707)
conf	0. 0462 (0. 0412)	compe	0. 128 ** (0. 0537)	targe	0. 188 *** (0. 0469)
expe	0. 0606 (0. 0478)	eproc	0. 101 ** (0. 0440)	rules	0. 129 ** (0. 0521)
supp	- 0. 0853 ** (0. 0387)	funct	0. 290 *** (0. 0549)	struc	0. 00545 (0. 0445)
resp	0. 00230 (0. 0410)	innov	0. 189 *** (0. 0514)	depar	0. 0868 * (0. 0477)
prog	0. 0337 (0. 0416)	inform	0. 150 *** (0. 0571)	evalu	0. 116 ** (0. 0489)
常数项	0. 682 ** (0. 326)		- 0. 344 (0. 396)		- 0. 339 (0. 303)
样本量	310		310		310
调整的 R^2	0. 279		0. 112		0. 463

注：括号中为标准误；＊、＊＊、＊＊＊分别表示显著性水平10%、5%、1%。

表 4 - 19 未列入加入 GPA 出价清单的联立方程估计结果

模型（1）insti		模型（2）mark		模型（3）polic	
mart	0. 117 (0. 106)	insti	- 0. 150 (0. 222)	insti	0. 341 ** (0. 137)
polic	0. 670 *** (0. 109)	polic	0. 349 * (0. 189)	mart	0. 100 (0. 110)
conf	0. 123 ** (0. 0514)	compe	0. 125 ** (0. 0606)	targe	0. 315 *** (0. 0701)
expe	0. 0913 * (0. 0549)	eproc	0. 145 ** (0. 0623)	rules	0. 0380 (0. 0504)

续表

	模型（1） insti		模型（2） mark		模型（3） polic
supp	0.0906 * (0.0536)	funct	0.300 *** (0.0663)	struc	− 0.0354 (0.0573)
resp	− 0.0912 (0.0560)	innov	0.0988 (0.0604)	depar	− 0.0378 (0.0554)
prog	0.0698 (0.0511)	inform	0.0500 (0.0731)	evalu	0.106 ** (0.0488)
常数项	− 0.125 (0.389)		0.849 ** (0.365)		0.508 (0.345)
样本量	222		222		222
调整的 R²	0.443		0.296		0.477

注：括号中为标准误；*、**、***分别表示显著性水平10%、5%、1%。

第一，列入GPA出价清单的异质性检验结果。如表4－18所示：（1）政府采购市场安全对政府采购制度安全的影响系数为正，且在10%的显著性水平下显著；同时，政府采购制度安全对政府采购市场的影响在1%的显著水平上显著为正，影响系数为0.815。相比总体样本估计结果，政府采购市场安全对制度安全的影响程度小，而制度安全对市场安全影响程度要大得多，这也印证了GPA规制要求各缔约方必须完善各自政府采购制度。（2）政府采购制度安全对政府采购政策功能安全存在正向影响，在10%显著水平上显著，影响系数为0.478，这表明在GPA框架下，完善政府采购制度对实施政府采购政策功能至关重要。同时，政府采购政策功能安全对政府采购制度安全也存在正向影响，在1%的显著水平上显著，影响系数为0.664，由此可见，政府采购制度安全与政府采购功能安全存在交互影响关系，相对总体样本而言，影响程度更大，且更加显著，进一步验证理论假说5。（3）政府采购市场安全对政府采购政策功能安全存在正向影响，但不显著；政府采购政策功能安全对政府采购市场安全存在显著负向影响，再次验证了假设6。

第二，未列入GPA出价清单的异质性检验结果。如表4－19所示：（1）政府采购市场安全对政府采购制度安全的影响系数为正，但不显著，影响程度比总体样本低；政府采购制度安全对政府采购市场存在负向影响，也不显著，这个估计结果与总样本和列入GPA出价清单相反。（2）政府采购制度安全对政府采购政策功能安全存在正向影响，在5%显著水平上显著，影响系数为0.341，影响程度介于总体样本与列入 GPA 出价清单之间；政府采购政策功能安全对政府采购制度安全也存在正向影响，在 1% 的水平上显著，政策功能安全度每提高 1 个单位，政府采购制度安全提高 0.670 个单位，影响系数比总体样本和列入 GPA 出价清单的估计结果均大。由此可知，政府采购制度安全与政府采购功能安全存在交互影响关系，政府采购政策功能安全对政府采购制度安全的影响程度要大，且更加显著。（3）政府采购市场安全对政府采购政策功能安全存在正向影响，但不显著；政府采购政策功能安全对政府采购市场安全存在正向影响，在 10% 的水平上显著，这与西部地区样本估计结果一致，但回归系数比西部地区该变量的系数大，可能的原因是未列入 GPA 出价清单地区政府采购政策功能体系越完善，越有利于培育国内企业竞争力。

五、实证研究结论

本章运用"GPA 框架下政府采购安全运行机制"的调研数据，构建多元回归和联立方程模型，对政府采购安全的影响因素、机制及政府采购安全各维度的交互影响进行实证研究。研究发现：（1）完善的政府采购法律法规、明晰的政府采购主体责任、健全的供应商约束机制和规范的政府采购流程有利于提高政府采购制度安全度；（2）企业国际竞争力、政府采购电子化水平、政府采购政策功能体系、中国自主创新能力以及对 GPA 相关缔约方的政府采购情况掌握详细程度对政府采购市场安全产生正向影响；（3）政府采购功能目标、实施细则、政策功能的责任部门设置及政策功能绩效评价体系均对政府采购政策功能安全产生明显正向影响；（4）是否列入 GPA 出价清单虚拟变量对政府采购制度安全、市场安全和功能安全均存在调节效应，但对政府采购政策功能安全调节效应不明显；（5）总体样本而言，政府采购市场安全与政府采购制度安全、政府采购制度安全与政府采购功能安全、政府采购市场安全和政府采购政策功能安全均存在双向联动关系，除了政府采购政策功能安全对政府采购市场安全存在负向影响，其他均为正向影响。

此外，通过对东、中、西部异质性的分析可知：（1）政府采购市场安全与政府采购制度安全的交互影响关系在不同区域差异明显，不能一概而论。在东部地区，政府采购制度安全与政府采购市场安全存在明显的双向影响关系，而且政府采购制度安全对政府采购市场安全的影响程度比政府采购市场对政府制度安全的影响程度要大。中、西部地区政府采购市场安全对政府采购制度安全的负向影响，以及制度安全对市场安全的负向影响，均不显著。（2）东、中、西部三个区域政府采购制度安全与政府采购政策功能安全存在双向正影响，但中部地区的影响要大于东、西部地区。（3）东、中、西部三个区域政府采购市场安全对政府采购政策功能安全的正向影响，均不显著；西部地区政府采购政策功能安全对政府市场安全存在正向影响，而东、中部地区政府采购政策功能安全对政府市场安全存在负向影响，东部地区的影响大于中部地区。就是否列入 GPA 出价清单而言，列入 GPA 出价清单政府采购制度安全、市场安全和功能安全三者交互影响程度大于未列入 GPA 出价清单的地区。

第五章

GPA 缔约方维护政府采购安全的经验借鉴

GPA 缔约方既有发达的市场经济国家，也有新兴的发展中国家。梳理和总结 GPA 缔约方政府采购制度建设情况，政府采购市场安全维护措施，乃至 GPA 框架下政府采购政策功能的实现机制，不仅可以为中国加入 GPA 前，如何完善政府采购制度，实现国内立法与国际规制的有效衔接提供启发，而且为中国加入 GPA 进行谈判时，如何确定出价提供范围和充分利用例外条款提供示范价值，甚至为中国加入 GPA 后，如何有效防范政府采购市场风险，有效实现政府采购政策功能提供国际经验借鉴。

第一节 GPA 缔约方政府采购制度体系

一、完善政府采购法律法规体系

（一）美国政府采购法律法规体系

美国的政府采购法律法规体系较为完善，目前直接或间接涉及政府采购方面的法律法规 4 000 多部（刘小川和唐东会，2009）。这些法律法规对政府采购管理机构、采购流程、采购主体等方面进行系统规定。例如《联邦采购条例》作为美国政府采购领域指导性法律，将有关法律的规定加以综合和细化；《联邦政府采购政策办公室法案》则详细规定了如何设置政府采购组织管理机构；《合同竞争法》则对政府采购合同管理办法进行了明确。除此之外，还有《联邦政府行政服务和财产法》《购买美国产品法》《信息自由法》《小企业法》等法律，对美国政府采购活动从不同侧面进行了约束。目前，美国已形成了包含法律、条例、实施细则 3 个层次的政府采购法律体系。联邦政府主要围绕国家治理对政府采购法律体系的内容进行规制。在确定政府采购功能和目标的问题上，政府采购的社会公共政策功能不仅没有被美国政府摒弃，反而还被专门拟定的法规条文予以强化。具体表现为三个方面：一是鼓励采购实体在实施采购活动过程中把合同授予国内供应商；二是对国内中小企业利益进行保护；三是通过倾向购买节能环保型产品强化保护生态环境，实现可持续发展战略目标。美国各个政府采购实体在既定的法律框架下，结合实际情况制定政府操作措施，确保采购活动全过程都有法可依。

（二）欧盟政府采购法律法规体系

作为一种区域性组织，欧盟的政府采购立法可以分为一级立法：《欧盟运行条约》（以下简称《条约》）和次级立法：采购指令两级，所有政府采购都必须遵守。其中，一级立法《条约》除了约定健康、公共安全、权力行使等方面的服务不受规制外，明确禁止设置进入壁垒或者歧视其他成员国，以保障政府采购市场一体化。采购指令则是一种相对灵活的法律形式，它允许各成员国结合实际情况来贯彻和执行。欧盟要求采购指令的制定必须遵循透明度、非歧视性和竞争性 3 个基本原则。欧盟早在 1989 年和 1992 年就颁布了规范政府采购投诉处理的两个指令，2004 年又修订合并了 1993 年出台的《货物采购指令》和《公共工程采购指令》，以及 1992 年出台的《公共服务指令》，同时颁布了《关于协调政府采购货物、工程和服务程序的指令》和《关于协调水、能源、交通和电信部门采购程序的指令》，并对公共事业指令也进行了修订，还对电子化政府采购、特许权经营、公私合作等方面做了规定。为了对公共采购制度进行深度完善和修改，欧盟于 2011 年 12 月在《单一市场法案》中，又采纳了修订政府采购的提案，包括：修订 2004/17/EC 号指令（水资源、能源、交通和邮政服务部门的采购）、2004/18/EC 号指令（公共工程、供应和服务合同），并推出了有关特许权的指令。

虽然表面上看欧盟制定采购指令的 3 个基本原则与 GPA 相一致，但是，事实上二者存在较大差异。这种差异不仅是规范表现形式不同，更主要的是强调的重点不一样。其中，欧盟的采购指令的核心原则是竞争性原则，以实现欧盟成员国之间的自由贸易为追求，而不是全球自由贸易。其实，欧盟的采购指令是一种集团方式的自由贸易，依然带有保护主义色彩，只不过这种保护是一种集团式的贸易保护，本质上是背离非歧视原则的。

（三）日本政府采购法律法规体系

日本的法律法规体系主要以国内相关立法和 WTO《政府采购协议》为基础。日本国内的一般性法规主要包括：1947 年《会计法》《预算决断与账目公开条例》以及有关地方政府的《地方自治法》，1962 年的《合同式商业交易法规》以及包含在其他法律和条例中的条文。为了更好地履行 GPA 有关义务，日本在1980 年制定了《有关地方政府或特定服务程序的命令》和《实施细则》，在

1995 年 11 月又制定了《地方自治法实施令特别实施细则》。至此，日本形成了以《会计法》和地方特例法规为基本法，以中央政府各部门和地方政府采购的相关法规为细则的法律体系。值得一提的是，日本充分利用国内立法例外保护本国的产业免于 GPA 规制下的公平竞争。日本政府把"以有偿转让为目的取得的货物或为该货物所必须直接确定的服务合同、以防卫厅经费采购的货物合同和涉及国家秘密的货物合同或者特定服务合同"排除在日本政府采购法的约束范围之外，这无形中把部分本该受 GPA 约束的范畴排除在 GPA 规制外。此外，日本在政府采购法律中也强调非歧视和开放原则，只不过相关规定比较宽泛，难以保障政府采购贸易的真正自由化。表面上看日本也允许 GPA 缔约方参与国内市场竞标，实际上日本设置了各种隐形障碍来阻止国外的供应商竞标。在政府采购供应商的选择上，国内外供应商之间并不是法律意义上的同等竞争，因为日本各级政府是具有较大自由裁量权。①

二、政府采购管理体制建设

（一）管理体制适应不同的发展阶段和国情特点

西方现代的政府采购管理体制以制度体系的改革和创新，以及政策功能的完善为主要特征，管理体制设计更加灵活，更加侧重制度的有效性，简化采购程序、运用了信息技术网络技术，提高采购效率。如美国在 1994 年颁布《联邦采购合理化法案》，1996 年颁布《克林格尔—科享方案》，帮助美国政府采购模式从集中采购转变为集中、分散相结合的模式；努力学习商业化采购的成功经验、策略、技术和方法，并不断扩大运用范围；大力发展政府采购的电子商务方式。

（二）政府采购的管理机构层级较高、能力较强

美国政府采购主要管理机构和采购执行机构分别为联邦政府采购政策管理办公室和联邦服务总署。联邦政府采购政策管理办公室是总统行政和预算办公室下设的一个职能机构，其办公室主要由总统任命经参议院批准，机构现有工作人员 30 余人。作为联邦政府主管政策的机构，它主要负责政策的制定，不负责执行和监督，对美国政府采购政策的制定具有重要影响。联邦服务总署成立于 1949 年，该机构既是政府采购政策制定的重要参与者，也是政府采购政策的具体执行者。一方面该机构可以按照《联邦采购条例》制定部门采购规则，并且只要通过了联邦采购政策办公室的核准，就可以颁布实施；另一方面

---

① 屠新泉，王颖. 美国政府采购自由化的过程、现状和启示 [J]. 亚太经济，2009 (5)：46 - 50.

作为联邦政府的主要采购机构，负责联邦政府部门通用商品及有关服务的集中采购工作。

英国的政府采购管理机构主要是政府商务办公室。1999 年，英国政府在财政部设立了政府商务办公室，负责国内政府采购的政策、标准制定、国际谈判，承担对政府采购进行指导和监督的职能，并协助提升政府各个部门的采购业务能力。2010 年，政府商务办公室则被转入内阁办公室，成为"效率与改革组"的有机组成部分，直属于中央政府，机构层级提升，权威性增强。

（三）政府采购机构设置合理，权责体系清晰

从西方发达国家的政府采购发展历程看，管理体制不断改革完善，机构设置渐趋合理，权责体系比较清晰。以美国政府采购机构设置和权责体系为例，美国政府采购机构包括决策机构、执行机构、监督管理机构和争议投诉机构，具体机构名称和主要职责如表 5 - 1 所示：

表 5 - 1　　　　　　　　　　美国政府采购机构及主要职责

机构类型	机构名称	主要职责
决策机构	联邦采购政策办公室	制定政府采购政策，引导和协助政府采购机构的设立
执行机构	联邦政府总务管理局	（1）负责除国防采购外的几乎所有的采购，能代表联邦政府许多民事机关和缺乏采购信息来源的小机构购买货物和服务、处理房地产购买、租用和建设服务等工作； （2）有权制定和颁布《联邦采购条例》、设置采购标准和规范等
监督管理机构	联邦会计总局	监督和审计政府采购项目，评估行政机关的采购计划，并根据评估结果提出修改建议
监督管理机构	行政管理与预算局	指导政府采购制度的制定，负责发布适用于各行政机关的规章制度，协调采购活动的实施，约束政府采购的执行
争议投诉机构	合同上诉理事会	该机构是采购机关内部设立的行政性法院，负责裁定政府和承包商之间的合同纠纷
争议投诉机构	美国联邦投诉法院	该机构是听证、处理政府合同纠纷和其他事务的专门联邦法院，具有合同纠纷处理职能。如果不服合同上诉理事会或者联邦赔偿法院的裁决结果，可以上诉美国联邦巡回上诉法院，寻求最终的裁定

资料来源：笔者根据相关资料自行整理。

三、公开透明的政府采购制度

为保证政府采购制度的公平性以及合理性，各国均制定了相应的政策，注重

在政府采购过程中的信息披露。以英国为例,英国政府要求中央政府部门、公共机构、国民卫生保健体系以及其他政府性基金组织都应遵守政府采购透明制度的规定。其一,中央政府各部门所有信息通信技术合同都必须通过互联网在线上进行公布;其二,采购金额超过1万英镑的采购招投保文书都必须在一个指定的网站上进行公布,社会各界均可以免费获取这些资料;其三,所有中央政府授予的合同都必须全文向社会发布,即必须将政府采购合同的全部内容都发布在网上,任何人都能够及时、全面获取所采购产品或服务的详细信息,以及合同中一些具体化条款。该制度设计目的是让市场更加透明,在国内形成有序竞争的政府采购市场,进一步降低腐败程度。

第二节　GPA 缔约方维护政府采购市场安全的举措

一、政府采购市场开放出价策略

(一)美国政府采购市场开放的出价策略

美国加入 GPA 的最新出价承诺(见表 5-2)。[①] 实体范围承诺:中央采购实体开放了教育部、商务部等 89 个部门及下属机构,美国联邦层级的政府机构基本上纳入 GPA 的管辖,其中,美国援引 GPA 第三条例外规定为国土安全部、美国国际开放总署 8 个采购实体规定了例外项目,包括军用和军民两用物资共FSC84 类不受 GPA 约束;次中央采购实体开放华盛顿、加利福尼亚、夏威夷等37 个州,开放程度不到地方政府的 75%,在次级中央政府出价中,美国充分利用例外条例,几乎把促进贫困地区或少数民族企业、伤残退伍军人及妇女所拥有企业以及环境保护等政策功能都囊括在 GPA 规制之外;其他实体分清单 A、清单 B 列举,仅仅开放巴尔的摩港口等 10 个机构。商品品目开放承诺:开放了所有货物项目、CPC51 类下的工程项目以及服务通用目录(即 MTN,GNS/W/120号文件)所列除五类服务以外的全部项目。美国在 GPA 出价中,一方面,充分利用例外条款,把小企业或少数民族企业预留的合同等排除在 GPA 规制之外;另一方面,利用对等开放的原则,附件 2 和附件 3 对加拿大、日本和韩国的采购实体以及采购目录进行例外排除。

---

① WTO《政府采购协议》(GPA)最初于 1979 年达成,经过多轮修改于 1994 年形成目前版本(即1994 版)1994 版规定参加方在协议生效后 3 年内,继续就协议本文和扩大出价开展新一轮谈判。根据该规定,参加方开展了历时近 15 年的谈判。采购文员会召开正式会议,一并颁布了 GPA 新文本(也称 2012版)和各方新一轮出价。本部分新一轮出价指的是 GPA2012 版,下同。

表 5 - 2　　　　　　　　　　　美国政府采购市场开放出价情况

实体或范围		开放清单或项目
中央采购实体	开放实体	国务院、教育部等 89 个部门及下属机构
	门槛价	货物和服务：13 万 SDR；建筑服务：500 万 SDR
	例外排除	（1）为农业部、商务部、国防部、能源部、国土安全部、总务署、美国国际开发署 8 个采购实体规定了例外项目； （2）货物种类上，根据 FSC 分类，包括军用和军民两用物资共 84 类不受 GPA 约束
次中央采购实体	开放实体	华盛顿、加利福尼亚、夏威夷等 37 个州
	门槛价	货物和服务：33.5 万 SDR；建筑服务：500 万 SDR
	例外排除	（1）怀俄明州等 12 个州对建筑用钢（包括对分包合同的要求）、机动车辆和煤的采购；（2）促进贫困地区或少数民族企业、伤残退伍军人及妇女所拥有的企业发展的任何优惠措施或限制性条件；（3）保护环境；（4）公共运输和高速公路；（5）服务采购
其他实体	开放实体	清单 A 包括田纳西河流域开放管理局等 7 个机构；清单 B 涵盖巴尔的摩港口等 3 个实体
	门槛价	货物和服务（清单 A）：25 万 SDR；货物和服务（清单 B）：40 万 SDR 建筑服务：500 万 SDR
	例外排除	（1）纽约州和新泽西州的港口管理局用于维护、修理及运营材料和耗材、区域内生产的特定采购；（2）巴尔的摩港口、纽约电力管理局对建筑用钢（包括对分包合同的要求）、机动车辆和煤的采购；（3）机场采购
货物		所有货物项目
服务		所有服务项目，其中排除项目为：（1）所有运输服务，包括发射服务（CPC71、72、73、74、8859、8868）；（2）与政府设施或用于政府目的的私人所有设施，包括联邦资助的研发中心的管理和运营相关的服务；（3）公共设施服务；（4）研究与开发；（5）海外军事力量提供支持的任何服务的采购
建筑服务		除疏浚服务外，CPC51 类下所有工程
总注释		（1）不涵盖小企业或少数民族企业预留的合同；（2）不涵盖政府向个人或出价清单中未明确涵盖在内的政府机构提供的货物与服务；（3）附件 3 的 A 类和 B 类以及附件 3 备注 1 关于乡村发电融资计划的承诺对加拿大进行例外排除；（4）附件 2 和附件 3 只对韩国开放 1 500 万 SDR 以上工程及此类服务的采购；（5）美国航空航天局有关货物、服务和工程采购对日本进行排除；（6）附件 3 所列就负责发电或配电的实体授予的合同（包括备注 1 至备注 3 有关乡村发电融资计划的承诺）对日本进行了排除；（7）不涵盖构成采购合同的一部分，或者与采购合同相关的运输服务的采购

资料来源：根据 GPA 缔约方新一轮出价整理。

（二）韩国政府采购市场开放的出价策略

1. "中央采购实体"承诺

韩国中央采购实体开放范围包括审计监察院、总理办公室、战略和财务部等

42个部门。对于开放对象，中央实体承诺货物和服务的门槛价为13万特别提款权、工程的门槛价为500万特别提款权。其中，韩国援引GPA涉及国家安全理由，为国防部和国防采购项目管理厅两个采购实体规定了例外排除，在货物种类上，根据《联邦产品与服务代码》（FSC）分类，仅列举了车身机构部件、机动车动力驱动部件等40种产品受GPA的约束。此外，韩国为其《国家合同法》及其总统法令进行的单一招标采购和为中小企业预留的采购，以及根据《谷物管理法》《农渔畜产品销售和价格稳定法》和《牲畜法》对农渔畜产品的采购规定为例外项目。

2. "次中央采购实体"承诺

韩国的次中央采购实体分为A、B两类出价，其中，A类包括首尔市政府、釜山市等16个次中央级政府；A类采购实体采购货物、服务和建筑服务的门槛价分别为20万、20万和150万特别提款权；B类涵盖首尔市地方政府、釜山市地方政府和仁川广域地方政府管辖的51个区级地方政府，B类采购实体采购货物、服务和建筑服务的门槛价分别为40万、40万和150万特别提款权。根据《关于地方政府作为合同方的法案》及其总统法令规定的为中小企业预留的采购排除在GPA规制之外。

3. "其他实体"承诺

韩国其他实体列举了韩国发展银行、韩国工业银行等25家单位，货物、服务和建筑服务的门槛价分别为40万、40万和150万特别提款权，根据《公共机构管理法案》《公共机构和半政府机构合同法规》《地方公共企业法案》和《地方公共企业法案实施法规》规定为中小企业预留的采购作为例外排除；交通运输服务采购项目以及韩国电力公司和韩国燃气公司采购有关电力服务、技术检验服务等11类服务项目排除在GPA规制之外；韩国铁路网络管理局仅仅开放以下项目：建设和采购铁路常规设施、常规铁路设施监管、常规铁路实施管理。

4. 服务和建筑服务清单

在韩国出价清单附件4、附件5中，使用正面列举方式对服务和建筑服务进行承诺。按照MTN.GNS/120（即服务通用目录）列举了开放税收服务等59类CPC开放项目，其中渔业咨询服务等25类为部分开放项目；开放CPC51建设工程项目，但对于根据《基础设施私人参与法案》预留给中小企业的采购项目排除在GPA的约束之外。

5. 总注释

一方面无论是中央采购实体、次中央采购实体还是其他实体，韩国均对中小企业预留进行了排除；另一方面坚持互惠原则，实行对等开放，针对挪威和瑞士在附件1、附件2和总注释中未对韩国开放的实体，韩国在总注释中把韩国铁路公社和韩国铁路网络管理局不对挪威和瑞士的供应商和服务提供者开放。此外，韩国对支持人类食品供给项目进行的采购和机场采购项目进行了例外排除。

（三）出价清单中政府采购政策功能保留

在最新一轮 GPA 出价中，13 个 GPA 缔约方共 47 个国家或地区明文约定了 12 个政府采购政策功能（见表 5-3），其中，只有国家安全、环境质量和伤残退伍军人三个政策功能是 GPA 第三条例外条款认可的，其他 9 个政策功能与 GPA 规制不相符，GPA 缔约方以例外的方式予以排除。就缔约方而言，加拿大是保留政府采购政策功能最多的国家，保留了支持特区经济发展、维护国家安全等 8 个政策功能；其次是美国，保留了扶持中小型企业、妇女拥有企业等 7 个政策功能。就政府采购政策功能而言，有 10 个缔约方对国家安全和扶持小型企业发展两个政策功能予以保留，有 7 个缔约方把支持农业和扶持少数民资企业的政策功能排除在 GPA 规制之外。以上分析表明，GPA 还是为缔约方实施政府采购政策功能预留了一定的法律空间。

表 5-3　　　　GPA 缔约方在最新一轮出价（GPA2012）中政府采购政策功能保留汇总

GPA 缔约方	政府采购政策功能											
	国家安全	农业支持	贫困地区	特区经济发展	环境质量	中型企业	小型企业	少数民族企业	妇女拥有企业	支持国货	伤残退伍军人	原住民
加拿大	√	√	√	√	√		√					√
亚美尼亚		√										
冰岛	√	√					√	√				
以色列										√		
日本	√											
韩国		√				√	√					
列支敦士登	√	√					√					
荷属阿鲁巴												
挪威	√					√	√					
新加坡	√					√	√	√				
瑞士	√											
美国	√		√		√		√	√	√		√	
欧盟及成员国	√	√					√	√				

资料来源：笔者根据 GPA 缔约方新一轮出价整理。

二、以"国家安全"为由歧视其他国家产品

国家安全例外是 GPA 的例外条例之一,"国家安全"成为各成员国保护其政府采购市场的重要理由。2006 年,美国以"安全"为由拒绝联想集团参与美国政府计算机采购,该事件就是在当时引起广泛关注的"联想安全门事件","联想安全门事件"可被视为美国政府采购信息安全领域的经典案例。2013 年 3 月 28 日,美国总统奥巴马签署法令,禁止有关政府部门向中国购买资讯科技产品。"信息安全"成为美国政府拒绝采购中国信息产品的主要理由,该法令将会给包括联想集团在内的众多中国企业带来巨大损失。据《华尔街日报》援引知情人士的话说,美国官员正在敦促拥有美国军事基地的国家禁止在其无线和互联网网络上使用华为设备,其理由是华为对美国构成了安全威胁。

三、设置国际贸易隐性壁垒

1. 设置技术壁垒

在 GPA 2012 第 10 条"技术规格"中规定:"采购实体不得以对国际贸易造成不必要障碍为目的或产生此种效果。"可见,利用技术规格歧视外国产品进口的做法被明确禁止。然而,GPA 同时也设立了一般例外和安全例外,而技术规格往往是与一个国家的安全、环境保护和健康等联系在一起,GPA 的两个例外为其成员实施技术规格预留了一定的空间。此外,在国际贸易中,技术规格作为一种非关税贸易壁垒,具有形式上合法、方式上复杂、隐蔽以及实施效果的歧视性特征,成为各国政府在采购实践中常用的保护措施之一。日本在这一方面的做法最具典型性和代表性。比如,它们在电信产品采购中会规定所有参与投标的产品必须满足国外供应商无法满足的电报电话公司的规格。

2. 利用"第三方机构"进行采购

所谓"第三方机构"是指政府机构和民间组织(主要指企业)联合创办的一种采购机构,它们的性质与政府机构接近。日本是所有 GPA 缔约方中,最擅长利用"第三方机构"去采购那些本应由政府承担采购责任的货物和服务。据 1993 年日本统计资料,仅地方政府出资 25% 以上的"第三方机构"近 7 000 家,如果算上中央一级的机构,其数额十分庞大。这些机构承担巨额的政府采购任务,但并没有纳入日本政府采购法的管辖范畴,当然也被隐性排除在 GPA 规制之外。这些对 GPA 协议中未明确的"例外"运用实质是对国外供应商构成了一种歧视,使得日本可以充分利用他们回避国内产业和产品面临的竞争。

四、GPA 缔约方政府采购市场实际开放程度

根据 GPA 缔约方向 WTO 提交报告数据显示(见表 5 - 4):美国、欧盟、挪

威、韩国、日本和加拿大 GPA 覆盖的政府采购数据分别约为 8 374.62 亿美元、
3 285.89亿美元、50.18 亿美元、183.73 亿美元、249.81 亿美元和 22.5 亿美元
GPA 覆盖的政府采购额占总采购额的比重分别为 48.26%、20.19%、11.96%、
17.45%、6.15% 和 1.01%，美国和其他 5 个最大的 GPA 缔约方平均占比为
17.50%，其中，中央采购实体、次中央采购实体和其他实体的占比分别为
7.93%、19.80% 和 1.66%。数据分析表明，第一，总体上看，在 GPA 缔约方完
善的法律法规和其他方式层层保护下，GPA 缔约方政府采购市场开放实际程度并
不高，即在发达国家中，GPA 的效应并不明显；第二，从开放的范围看，次中央
实体的开放程度相对较高，其他实体的开放程度很低。然而，中国在没有加入
GPA 的情况下实际开放程度已经达到了 15%，高于韩国、挪威和加拿大，如果
不采取相应措施，这一比例会大大增加。正如贾根良教授所言，加入 GPA 对中
国而言，意味着跨国公司单方面的进入。

表 5 - 4　　　　　　　　**2010 年美国及其他 5 个最大的 GPA 缔约方**
向 WTO 报告的政府采购数据　　　　单位：亿美元

缔约方	GPA 涵盖的政府采购额				总采购规模
	中央采购实体	次中央采购实体	其他实体	合计	
美国	1 980.24	6 278.18	116.19	8 374.61	17 352.19
欧盟	1 114.44	1 742.54	428.91	3 285.89	16 276.15
挪威	18.46	28.21	3.51	50.18	419.55
韩国	13.85	32.79	137.09	183.73	1 052.99
日本	133.00	116.81	—	249.81	4 065.00
加拿大	22.50	—	—	22.50	2 236.08
合计	3 282.49	8 198.53	685.70	12 166.72	41 401.96

注："—"表示没有报告数据。
资料来源：GAO analysis of data from statistics submitted by parties to the World Trade Organization（WTO）
Agreement on Government Procurement（GPA）and macroeconomic data from the United Nations' National Accounts
Official Country Data and the International Monetary Fund's Financial Statistics and World Economic Outlook. ｜ GAO -
17 - 168.

第三节　GPA 缔约方政府采购政策功能实践

一、GPA 缔约方中央采购实体的作用分析

（OECD）公共治理委员会于 2016 年采用网络问卷调研方式进行了"公共采

购调查"，截至 2016 年 7 月 22 日，共有 33 个国家提交了调研问卷，其中包括哥伦比亚、哥斯达黎加、印度、立陶宛、秘鲁和罗马尼亚 6 个非 OECD 成员。33 个国家中涵盖了包括日本、英国、德国和韩国在内的 26 个 GPA 成员（截至 2018 年 12 月 31 日），GPA 成员为 47 个，[①] 因此，选取 26 个 GPA 成员的调研数据为样本进行分析具有一定的代表性。此次调研收集来自 OECD 中央一级政府采购数据，受访对象为政府采购主要从业人员、中央政府采购政策制定的负责人和中央采购机构的高级官员。

（一）GPA 缔约方中央采购实体的设置概况

"公共采购调查"中，GPA 缔约方中央采购实体（central purchasing body, CPB）设立情况如图 5-1 所示。在中央一级设立一个 CPB 的有冰岛、韩国、葡萄牙、斯洛文尼亚、立陶宛，占 GPA 成员数量的 19.23%；在中央一级设立多个 CPB 的有奥地利、加拿大等 14 个国家，占 GPA 成员比重的 53.83%；在中央和地方均设立 CPBs 的仅有芬兰、德国、匈牙利和意大利 4 个国家；GPA 成员和非 GPA 成员均没有将中央采购实体单独设置在地方，仅有日本、荷兰和罗马尼亚 3 个国家没有设立中央采购实体。[②]

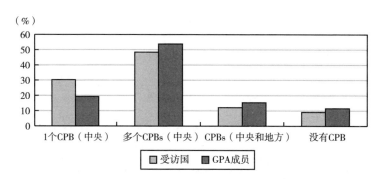

图 5-1 受访国和 GPA 成员中央采购实体设置比重
资料来源：笔者根据 2016 OECD "公共采购调查" 数据整理。

（二）GPA 缔约方中央采购实体的职能

中央采购实体在不同的国家履行不同的职能，具体而言，主要体现在以下四个方面（如图 5-2）：第一，CPB 作为国家系统的管理者，颁布公共采购框架协议或有关采购的各种综合性文件，并下令执行。24 个受访国家 CPB 履行这一职

---

① 资料来源：https://www.wto.org/english/tratop_e/gproc_e/memobs_e.htm#parties。
② 笔者根据 2016 OECD "公共采购调查" 数据整理。

能，其中 18 个是 GPA 成员，占受访国和 GPA 成员比重分别为 0.55 和 0.69；第二，CPB 作为采购机构，履行采购需求管理和采购职能，意大利、韩国、英国等 15 个 GPA 成员中央采购实体具有这一功能，占受访国和 GPA 成员的比重分别为 0.45 和 0.58；第三，新西兰、西班牙、英国等 7 个 GPA 成员中央采购实体制定政府采购政策；第四，加拿大、奥地利、丹麦等 8 个 GPA 成员中央采购实体组织协调采购官员培训。有些国家的中央采购实体同时发挥这四项职能，如丹麦、新西兰；有的国家只履行其中某一项职能，如葡萄牙、瑞典、立陶宛、斯洛伐克的中央采购实体只履行管理职能，罗马尼亚的中央采购实体仅履行采购职能。当然，除了这四项职能外，芬兰的多个 CPB 在中央政府一级提供两项额外服务，即交钥匙投标服务（turn – key tendering services）[1] 和电子投标工具。

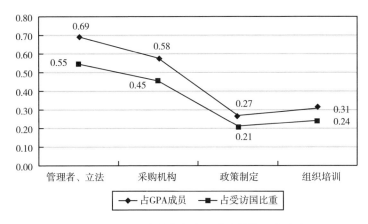

图 5 – 2　GPA 缔约方中央采购实体的职能分布

资料来源：笔者根据 2016 OECD "公共采购调查" 数据整理。

二、GPA 缔约方政府采购政策功能的构成及分布特征

（一）GPA 缔约方政府采购政策功能的构成

"公共采购调查" 从绿色政府采购、支持中小企业发展、扶持创新产品和服务、支持妇女企业和鼓励负责任的商业行为五项政府采购政策功能在中央一级政府的实施情况进行数据收集。政府采购除了 "公共采购调查" 列举的五种政策功能外，GPA 成员在政府采购实践中还积极探索其他政策功能。为了扭转联邦政府采购合同中本地供应商中标低的局面，加拿大政府制定了原产地采购战略（procurement strategy for aboriginal business，PSAB），PSAB 旨在通过强制性、选

---

① 交钥匙投标服务主要指根据客户的不同要求提供设计、生产、安装和售后的一体化服务。

择性预留以及供应商开发活动计划，提高符合条件的本地供应商参与政府采购，从而增加本地供应商在政府采购合同的授予金额，并且 PSAB 不受贸易协定义务的约束。PSAB 包括两种预留方式，一种是强制性预留，强制性预留只要本地供应商能够符合最优价值、信誉良好等承包业务要求，价值在 5 000 美元及以上的政府采购合同只保留给这些供应商；另一种是自愿性预留，可用于预留本地供应商投标的其他合同（包括价值低于 5 000 美元的合同）。与此同时，加拿大还制定了产业和区域福利政策（industrial and regional benefits，IRB）、工业和技术利益福利政策（industrial and technological benefits，ITB），这两项政策鼓励公司在加拿大建立或扩大其影响力，加强加拿大的供应链，发展加拿大的工业能力。根据这两项政策，主承包商及其主要供应商被要求在加拿大投资与他们所担保的合同价值相等的金额。ITB 政策主张支持加拿大国防部门长期可持续性增长；支持加拿大主要承包商和供应商的增长，包括该国所有区域性的中小型企业；通过研发促进创新，增加了加拿大公司的出口潜力。ITB 政策价值主张是选择供应商的一个重要标准。

（二）GPA 缔约方推行政府采购政策功能统计分析

绿色政府采购作为政府采购一项重要功能，受访的 26 个 GPA 成员的中央一级政府全面实施该政策功能。奥地利、芬兰等 8 个成员的中央一级采购实体制定了绿色政府采购战略或政策；加拿大、日本等 21 个成员的中央政府制定了该政策，只有挪威 1 个成员废除了政府采购政策功能。有关政府采购促进中小企业发展方面，在受访成员中，仅冰岛中央政府没有制定该政策；意大利、希腊和挪威等 6 个成员的中央采购实体制定了该政策；德国、新西兰和日本等 19 个成员的中央政府制定了政府采购促进中小企业发展战略。可见，GPA 成员非常重视政府采购促进中小企业发展政策功能。支持政府采购创新产品和服务一直都备受 GPA 成员的青睐。加拿大、芬兰和意大利等 8 个 GPA 成员的中央采购实体均制定了政府采购促进创新的政策；英国、瑞典、韩国等 15 个 GPA 成员的中央政府制定了政府采购促进创新产品战略。只有希腊、冰岛、以色列、日本、斯洛伐克、罗马尼亚 6 个成员的中央政府一级没有制定该政策。利用政府采购支持负责任的商业行为是 GPA 部分成员一贯采取的政策。奥地利、匈牙利、挪威、罗马尼亚等 6 个成员的中央采购实体制定了该政策；丹麦、新西兰、瑞典等 11 个成员的中央一级政府制定了政府采购支持负责任商业行为战略；加拿大、爱沙尼亚、德国、希腊、冰岛、以色列、意大利、日本、韩国、荷兰、斯洛伐克、英国等国家的中央政府从来就没有推行该项政策。相比以上四个政策功能，GPA 成员只有少数几个成员在中央一级政府推行政府采购支持妇女拥有的企业政策。匈牙利中央政府采购实体制定了该政策,以色列、日本和韩国 3 个成员的中央一级政府制定了政府采购扶持妇女企业发展战略。加拿大、德国、芬兰、意大利等 22 个 GPA 成员中央政府从来没有制定该政策。

就中央采购实体而言,30.8% 的采购实体制定了绿色采购政策和政府采购支持创新政策,23.1% 的采购实体制定了支持中小企业发展和支持负责任商业行为的政策,仅 3.8% 的采购实体制定了支持妇女企业的政府采购政策(见表 5 - 5)。就中央政府而言,80.8% 制定了绿色政府采购政策,73.1% 制定了支持中小企业发展政策,支持创新和支持负责任商业行为分别为 57.7% 和 42.3%。由此可见,大部分 GPA 缔约方中央一级政府执行绿色政府采购、支持中小企业发展和支持创新三项政府采购政策功能。

表 5 - 5　　　　　GPA 缔约方中央政府推行政府采购政策功能情况汇总　　　　　单位:%

实施	绿色采购	支持中小企业发展	支持创新	支持妇女企业	支持负责任的商业行为
采购实体制定政策	30.8	23.1	30.8	3.8	23.1
中央政府制定政策	80.8	73.1	57.7	0.0	42.3
战略/政策已废除	3.8	0.0	0.0	11.5	0.0
没有战略/政策	0.0	3.8	23.1	84.6	46.2

资料来源:笔者根据 2016 OECD "公共采购调查" 数据整理。

三、GPA 缔约方实施政府采购政策功能的具体措施

(一) 绿色政府采购

GPA 成员实施绿色政府采购形式呈现多样性。有的成员是通过立法确定其功能,如斯洛文尼亚颁布了《绿色公共采购法令》;日本政府制定了《促进国家和其他单位采购生态友好型商品和服务的法律》。有的成员是制定指导性文件推行该功能,如爱沙尼亚环境部编制了一份关于可持续绿色采购的政策和指导文件;以色列政府出台的促进"绿色政府"决定为各部委提供了具体的指导,决定包括:(1) 减少水、纸、电的消耗;(2) 减少废物(具体指易损件);(3) 增加环保材料在政府采购中的比重。丹麦政府制定的《中央公共采购政策》和《智能公共采购战略》均体现了绿色公共采购主题。有的成员是通过制定行动计划来推行的,如波兰政府制定《2013 - 2016 年可持续公共采购国家行动计划》(National Action Plan on Sustainable Public Procurement for 2013 - 2016,

NAPSPP 2013 – 2016），该计划涉及绿色公共采购（green public procurement, GPP）。尽管 NAPSPP 2013 –2016 不具有强制性法律效力，但它为绿色采购确立了一些目标。加拿大国家绿色采购政策要求合同主管部门考虑将环境绩效考虑纳入采购评估标准。

（二）支持中小企业发展

GPA 成员中央政府在执行政府采购促进中小企业的政策功能时，主要采用七种不同举措（见图 5–3）。第一，为鼓励中小企业参与采购，政府制定了具体的立法条文或政策（如预留、投标优惠），50% 的 GPA 成员中央政府制定了相应的政策。日本政府制定了《确保中小企业从政府和其他公共机构收到采购订单的法案》；爱沙尼亚把支持中小企业参与公共采购作为《政府行动计划》的一项战略目标，公共采购指令举措已经纳入《公共采购法案》。斯洛文尼亚国家公共采购立法对公共采购促进中小企业发展的若干规定：公布较低门槛价、强制分批、提交自我申报而不需要提交证明材料等。西班牙对《公共部门采购支持中小企业公共采购的合并法 3/2011》的主要内容进行了修改。丹麦也出台了《中小企业支援行动计划》和《中小企业支援策略》，新《公共采购法》旨在使中小企业更容易获得公共采购服务。第二，中央政府设立了专门研究中小企业的机构，包括意大利、英国等 8 个成员中央政府成立了专门针对政府采购扶持中小企业发展的机构，如德国成立了专门的信息中心帮助中小企业投标。第三，为中小型企业举办各种培训和讲座，新西兰、瑞典等 15 个成员都举办此类培训。第四，有关政府采购扶持中小型企业发展的文件或指南可随时在网上查阅，69% 的 GPA 成员有关中小企业发展的文件在网上都能查询。第五，实行合同分包，受访的 26 个成员中有 21 个成员采取了合同分包的方式帮助中小企业获得政府采购合同，尤其像爱沙尼亚、冰岛这些成员的企业几乎是中小型企业，合同分包是它们惯用的做法。第六，简化中小企业参与投标的行政程序，有德国、英国等 12 个成员在政府采购实践中为鼓励中小企业参与政府采购，简化招投标的行政程序。第七，对中小企业实行财政优惠政策，只有韩国和罗马尼亚采用这一措施。波兰虽然没有财政优惠政策，但在公共采购方面，中小型企业得到波兰企业发展机构的资助。绝大部分 GPA 成员采取组合策略，如以色列、韩国、瑞典和英国除没有采取财政优惠外，其他 6 种措施均采用。

（三）支持创新产品和服务

GPA 成员主要从立法、机构设立、政策优惠等方面推行政府采购促进创新产品和服务。第一，立法或政策制定方面，为鼓励政府采购促进创新产品和服务，

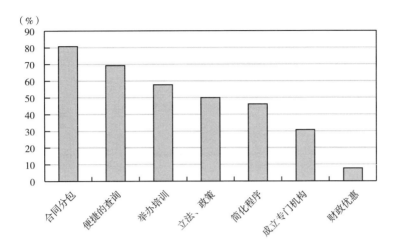

图 5 - 3　GPA 缔约方政府采购支持中小企业措施的分布

资料来源：2016 OECD "公共采购调查" 数据。

加拿大、日本、韩国、瑞典等 15 个 GPA 成员制定了具有创新产品和服务的公司参与政府采购的立法或政策。加拿大制定《创新项目建设招标通知书的征求意见稿》，西班牙颁发《A2.0 创新公共采购指南》，挪威从 2013 年开始就实行了国家创新战略，丹麦 2013 年制定的《智慧公共采购战略》，旨在公共采购促进创新，波兰没有单独的政府采购促进创新发展的战略，但在各种分散性的国家文件提倡创新采购，如 "创新和经济效率战略" "充满活力的波兰 2020"、业务计划智能增长、教育和发展、新的金融视角等；第二，机构设立方面，丹麦、意大利、英国等 12 个 GPA 成员在中央成立了各自的政府采购扶持创新机构；第三，有关创新采购的文件或指南可在网上随时获得，西班牙、新西兰、德国等 16 个 GPA 成员的网站随时能查阅创新采购的文件或指南；第四，制定了创新型企业优惠政策，如配额等，只有西班牙针对创新型企业制定了优惠政策；第五，财政支持，加拿大创新建设项目从 2012 年试点过渡到永久性项目后，2016 年拨给加拿大建设创新项目的年度资金为 3 000 万美元。图 5 - 4 表明，创新文件网络便捷获取、制定政府采购促进创新的法律或政策、设立创新机构是 OECD 和 GPA 成员采取的主要措施。

(四) 支持妇女经营的企业

相对于绿色政府采购、支持中小企业发展和支持创新政策，GPA 成员只有少数几个在中央一级政府推行政府采购支持妇女拥有的企业政策。在 GPA 的 26 个成员中，匈牙利中央政府采购实体制定了该政策，以色列、日本和韩国 3 个成员

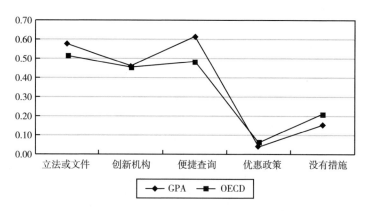

图 5-4　OECD 和 GPA 成员方政府采购促进创新的具体措施及分布

资料来源：2016 OECD "公共采购调查" 数据。

的中央一级政府制定了政府采购扶持妇女企业发展战略。加拿大、德国、芬兰、意大利等 22 个 GPA 成员的中央政府从来没有制定政府采购促进妇女企业发展战略。以色列是推行该政策的典型，早在 2002 年，以色列法律规定政府采购向妇女企业倾斜。日本内阁办公室性别平等局在 2016 年 3 月制定的指导方针支持妇女拥有的企业。

（五）支持负责任的商业行为

利用政府采购支持负责任的商业行为是 GPA 部分成员一贯采取的政策。2015 年，挪威制定了 "打击与采购工作有关犯罪的政府战略"，该战略包括可持续采购内容。波兰在采购程序和采购合同的履行中，要求承包商和分包商遵守《劳动法》《税法》《社会法规》《环境保护法》《刑法》等法律所规定的义务，促进了负责任的商业行为。斯洛文尼亚在《公共采购法》中对政府采购支持负责任商业行为进行了若干规定，例如向分包商直接付款的可能性，公共采购中关于财产保险的限制等。西班牙《公共采购法》第 3/2011 号综合文案，根据负责任的商业行为确定了额外的选择标准。

第四节　GPA 缔约方确保政府采购安全的经验借鉴

中国正处于加入 GPA 的攻坚阶段，有准备地开放政府采购市场对中国经济社会发展意义深远。"他山之石，可以攻玉"，结合美国、欧盟、日本等 GPA 缔约方实践经验，具体而言，中国可以从以下几个方面得到启示。

一、完善政府采购法律与制度体系

（一）建立健全政府采购法律法规

针对中国政府采购法律法规中存在的问题，结合 GPA 缔约方的经验做法，在今后的工作中，首先，需要建立健全政府采购法律法规体系。包括：（1）对政府采购政策功能单独立法。在现有的体现政府采购政策功能的法律法规，如《中华人民共和国中小企业法》《中华人民共和国循环经济促进法》《中华人民共和国科学技术进步法》《残疾人保障法》《中华人民共和国节约能源法》《公共机构节约条例》的基础上，依据中国经济发展需要，考虑颁布购买国货、政府采购促进区域平衡发展法、政府采购扶持少数民族地区发展等法律法规。（2）《政府采购法》及其实施条例的修订与完善，比如在《政府采购法》中增加对国货的定义，重新界定政府采购规制的范围，以及各省级人大、政府和财政部门应根据本地区政府采购的实际情况制定相应实施条例和细则。其次，保障相关法律之间的协调性，避免冲突。既要考虑《招标投标法》和《政府采购法》的法律合并，还必须要求各地方做好政府法规章程与《政府采购法》的衔接，划清相关部门在政府采购中的主要职责。

（二）保障政府采购的公开透明

公开透明是政府采购的基本原则之一，是制定制度、执行制度的基本准则。

中国政府采购制度实施以来，因信息不对称导致的供应商合谋串标、围标现象屡禁不止，严重违背了公开透明基本原则，损害了纳税人的权益，不利于国内统一竞争市场的形成。借鉴欧美等国家的做法，中国政府采购透明度应当从政府采购信息公开的广度和深度进行研究实践。首先，继续推动信息公开平台的建设和完善。在"中国政府采购网 + 地方分网"模式的推进中，应当推动地方分网的标准化建设，实现各个信息平台的互联互通以及信息共享。其次，强化公开信息的标准化建设，制定政府采购信息公开的量化标准，做到政府采购信息公开"量"与"质"的统一。最后，定期开展政府采购透明度评估。增强政府公开采购信息驱动力的有效措施就是对政府采购透明度进行评估。对相关机构来说，政府采购透明度评估有助于其认识到信息公开工作的不足之处，从而有针对性地进行整改，推动政府采购体系的透明度建设；对社会公众和其他监督而言，有利于形成良好的社会氛围可以为提升自我监督和社会监督的效果以及为采购权的回归创造条件。

二、增强政府采购市场国际风险防范能力

（一）合理界定政府采购的范围

GPA 的采购范围包括货物、工程和服务，缔约方以出价清单的方式列明适用

和不适用的货物、服务和工程类型。中国应借鉴 GPA 缔约方出价经验，在 GPA 谈判过程中，明确界定中国政府采购开放的范围。特别是明确"国货"标准，在采购清单中对"国货"给予特殊照顾。目前，中国在部分规章中也对"国货"标准进行了界定。比如，在《政府采购法》第十条第（三）款规定："前款所称本国货物、工程和服务的界定，依照国务院有关规定执行。"在 2004 年 8 月召开的国务院第 61 次常务会议上通过的《中华人民共和国进出口货物原产地条例》中，对于产品原产地的认定标准是"完全获得"和"实质性改变"。不过，目前中国"国货"标准尚未上升到法律层面，建议尽快制定法律并实施。尽管 GPA 对采购对象的原产地作出了约束，但是世界上仍有很多地区没有加入 GPA 协定，"国货"标准对这部分国家仍然适应。而即使采购对方是 GPA 成员，在 GPA 采购主体之外和门槛价以下也可以适应。

充分利用例外条款，在部分领域禁止外国产品的采购。即在采购时，灵活运用"协议例外"所赋予的正当理由，比如国家安全、环境保护等，对外国供应商进入中国的政府采购市场进行必要的限制，从而达到对国内工业进行保护的目的。

（二）设置技术壁垒保护本国产业

政府采购市场开放的过程中，日本政府为了提高国内供应商的竞标能力，限制和阻碍国外供应商进入国内政府采购市场，一方面通过对竞标企业设置严格的技术规格和复杂的评判标准，隐性地把国外供应商排除在竞标大门之外；另一方面，拆分政府采购合同，即日本政府往往通过将门槛价以上"大合同"和"专项合同"拆分成门槛价以下的"小合同"，灵活规避 GPA 规制要求缔约方采购实体开放门槛价以上的政府采购市场；与此同时，日本还利用"第三方机构"，"第三方机构"实质为各级政府免受 GPA 约束的采购代理机构，这样把部分政府采购排除在 GPA 规制之外。

三、注重政府采购政策功能与 GPA 规制的契合

（一）构建适合社会经济发展政府采购政策功能体系

中国《政府采购法》明确了政府采购政策功能，并且出台部分规章制度。中国政府也非常重视政府采购促进创新功能，陆续出台了多项法案，但迫于加入 GPA 谈判的压力，2011 年财政部宣布暂停执行有关政府采购促进自主创新的四个文件。因此，政府采购政策功能的构建不仅要考虑中国现有政策功能执行效果，同时需要基于中国社会主要矛盾的变化，构建基于经济、社会公平与正义，且具有可操作性的政府采购政策功能体系。具体如下：第一，继续发挥政府采购

促进绿色发展、节能环保的功能；第二，强化政府采购促进中小企业发展政策功能，创新政府采购合同模式解决民营企业融资难、融资贵的问题；第三，将购买社会公平纳入政府采购政策功能，具体而言，结合社会主要矛盾的变化，把扶持不发达地区、促进区域平衡发展、乡村振兴和支持农业发展等纳入政府采购政策功能范畴；第四，支持创新仍然是政府采购的一项重要功能，不但不能弱化，还需要加强；第五，购买正义不失为一种政策功能，具体指政府采购鼓励诚信经营，支持负责任的商业行为等。

（二）充分利用例外排除

GPA2012 规定了五种不适用该协议的除外情形，分别是：（1）军事采购，包括武器、弹药或战争物资的采购，或者以国家安全或国防为目的的采购；（2）用于满足公共安全、社会秩序或道德、秩序所需的措施；（3）用于保护人类、动植物生命或健康所需的措施；（4）用于保护知识产权所需的措施；（5）为慈善机构、残疾人或监狱囚工提供货物或服务的措施。对于属于这五种情形的政府采购，政府完全可以实施科技创新产品的优先采购与首购制度来进行政府采购激励。

第六章

GPA 框架下中国政府采购安全的体系构建

本章以习近平总体国家安全观为指导,针对 GPA 框架下中国政府采购面临的安全冲击,基于政府采购安全影响因素的实证结论,在借鉴 GPA 缔约方先进经验的基础上,尝试构建了基于政府采购制度、市场和功能三位一体的政府采购安全保障体系。首先,提出了政府采购安全总目标,即确保政府采购制度能有效运行,实现政府采购政策功能正常发挥,维护国际政府采购市场公平竞争秩序,最终达到维护国家利益和社会利益目的。为了实现政府采购安全总目标,在制度层面,需要树立"物有所值"的政府采购制度目标理念,完善政府采购法律法规,规范政府采购管理流程,争取参与国际采购规制制定的话语权;在市场层面,需要调整出价策略,谨慎国有企业出价范围,积极参与国际政府采购市场竞争,积累国际采购经验,提升企业跨国经营能力;在政策功能层面,坚持以问题为导向调整政策功能,完善政府采购实施细则,恢复政府采购技术创新政策功能。当然,政府采购安全保障离不开国际化的政府采购专业人才。

第一节 GPA 框架下中国政府采购安全目标定位

一、政府采购安全总目标

党的十八届三中全会《中共中央关于全面深化改革若干重大问题的决定》(以下简称《决定》)指出国家安全和社会稳定是改革发展的前提。中国必须坚持总体国家安全观,构建集政治安全、国土安全、军事安全、经济安全、文化安全、社会安全、科技安全、信息安全、生态安全、资源安全、核安全等于一体的国家安全体系。政府采购安全是集信息安全、生态安全、经济安全等于一体的非传统安全,政府采购安全不仅是国家安全的重要组成部分,而且是实现国家安全的重要保障。在 GPA 框架下,构建维护中国政府采购安全体系,首要问题是确定政府采购安全的目标定位,唯有如此,才能在目标明确的前提下,科学应对风险冲击。《政府采购法》开宗明义确定了立法宗旨：为了规范政府采购行为，提高政府采购资金的使用效益，维护国家利益和社会公共利益，保护政府采购当事人的合法权益，促进廉政建设。维护国家利益和社会利益作为政府采购立法的核心宗旨，政府采购安全的本质也是政府采购相关主体的利益不受风险或威胁的冲击，因此，政府采购安全目标既需要反映《政府采购法》宗旨，又需要体现政府采购安全的内涵，因此，本书把政府采购安全的目标界定为：在内外风险冲击的条件下，通过健全政府采购制度、提升政府采购市场风险防范能力等举措，确保政府采购制度能有效运行，实现政府采购政策功能正常发挥，维护国际政府采购市场公平竞争秩序，最终达到维护国家利益和社会利益目的。政府采购安全目标如图 6 - 1 所示。

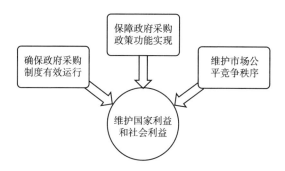

图 6 - 1　GPA 框架下政府采购安全目标体系

二、政府采购安全具体目标

（一）确保政府采购制度正常运行

GPA 在序言中强调"认识到政府采购制度的完整性和可预见性，对公共资源管理的效率和效力，对参加方经济运行和发挥多边贸易体制功能都是必不可少的。"GPA 第 22 条第 4 款规定"每一参加方应保证，在不迟于本协议对其生效之日，使其法律、法规、管理程序及其采购实体所适用的规则、程序和做法符合本协议的规定。"GPA 一方面对缔约方政府采购制度对国际公共采购市场贸易的贡献给予肯定，另一方面强调缔约方国内政府采购制度需要与国际政府采购规制相适应。然而，中国政府采购制度起步较晚，无论在政府采购原则、适应范围、采购程序还是救济制度等方面与政府采购国际规制还存在一定的差距，甚至是冲突。因此，加入 GPA，确保中国政府采购制度在国际轨道上安全运行是维护政府采购安全的重要目标之一。

（二）维护国际政府采购市场公平竞争秩序

GPA 在序言中强调"认识到需要就政府采购建立一个有效的多边框架，以期实现国际贸易进一步自由化和扩大、改善国际贸易行为框架；认识到有关政府采购措施的制定、采纳或应用，不应用于对本国供应商、货物或服务的保护，或者对外国供应商、货物或服务造成歧视。"可见，GPA 作为 WTO 的一个诸边协议，其目的是促进缔约方开放政府采购市场，扩大国际贸易自由化，实现公平竞争。为此，GPA 通过非歧视性、国民待遇和透明度等原则得以保障，而且在 GPA 出价中强调对等开放。然而，由于缔约方政府采购制度、经济实力、产业国际竞争力等方面存在较大的差异，GPA 对等出价只能保证名义上的对等，很难实现实际对等开放。因此，GPA 在其序言中提到"认识到本协议下的程序性承诺，应当在适应每一参加方特殊情况方面有充分的灵活性。"中国应充分利用 GPA 的例外条款和发展中国家的身份参与加入 GPA 的谈判，最大限度实现政府采购市场实际对等开放的诉求，保证中国供应商能平等参与国际政府采购市场竞争，把维护国际政府采购市场公平竞争秩序作为中国政府采购安全保障的核心目标。

（三）保障政府采购政策功能有效实现

根据《政府采购法》和 GPA 对政府采购的定义，政府采购资金来源于公共财政资金，政府采购的目的是满足公众对货物、服务和工程的需要，政府采购行为具有"政府目的"的属性，这决定了政府采购必须承载着体现国家政策功能的导向，[①] 政府采购不仅是国家实施宏观调控、资源配置的重要财政支出手段，而且肩负着维护社会的公平与正义、国家安全等重要政策功能。如前文所述，政府采购主要包括资源配置效率、购买社会公平和维护国家安全三个政策功能，中国目前实施的政策功能涵盖了反腐倡廉、扶持中小企业发展、促进绿色发展和自主创新、支持监狱企业、帮扶残疾人就业等。GPA 在序言中指出"认识到应当考虑发展中国家特别是最不发达国家，在发展、财政和贸易方面的需要。"这说明，GPA 为其缔约方政府采购政策功能的实施预留了一定的法律空间。当然，加入 GPA 不能影响中国政府政策功能的实施，尤其是政府采购促进自主创新等维护国家安全的政策功能，这是中国加入 GPA 的前提。

第二节　构建开放式现代化的政府采购制度

中国政府采购所处的环境发生了根本性变化，从国内看，2018 年习近平总

---

① 章辉. 中国政府采购市场开放风险与防范［M］. 上海：上海三联书店，2014：132.

书记主持召开的中央全面深化改革委员会第五次会议通过了《深化政府采购制度改革方案》，这是新中国成立以来第一次在如此高层级讨论政府采购制度建设和改革的问题。从国际形势看，中国的经济总量连续 10 年排在世界第二，中美贸易摩擦不断升级，外部压力逐渐加码；并且在 2018 年 4 月博鳌亚洲论坛上，习近平对国际社会作出了中国要加快加入 WTO《政府采购协议》进程的庄严承诺，中国政府采购融入国际化进程已是大势所趋。因此，中国政府采购制度优化需要认清政府采购面临的国际国内形势，需要与 GPA 等国际政府采购规制有效结合，将采购国货、自主创新等政策统一研究和考量，形成既与国际接轨又能体现中国特色的政府采购制度体系。

一、树立"物有所值"的政府采购制度目标理念

政府采购作为财政支出的一种重要方式，应该追求经济效益、社会效益和环境效益等在内的综合绩效最大化。从国际发展趋势看，无论是国际政府采购规制还是各国政府采购实践，都趋向于把"物有所值"作为政府采购追求的目标。财政部在 2013 年全国政府采购工作网络视频会议上，首次提出要确定政府采购"物有所值"制度目标。"物有所值"的制度目标理念将成为推进中国政府采购制度深化改革的思想精髓。

首先，关注采购项目全生命周期。"物有所值"的制度目标要求在制度设计上体现全生命周期的成本与效益。在政府采购过程中，不仅考虑商品的价格、性能、服务，还要综合考虑运行、维护成本，以及在商品生命周期结束后的处置成本，如对环境、健康和安全的影响等，物有所值更强调采购人的需求达到更加理想的综合效益，即好用、耐用、环保和价格的适合等因素构成的最佳综合效益。① 在"物有所值"制度目标理念的指引下，中国在政府采购需要计划中不仅只设立价格指标，还包括健康、环境、安全等其他指标体系。一方面有利于规避"异常低价投标"现象发生，保护公众合法权益；另一方面为在 GPA 框架下为国外供应商进入中国政府采购市场设置了隐性壁垒。

其次，关注采购项目的综合绩效。"物有所值"制度目标可以突破 GPA 的一些藩篱，把绿色发展、促进自主创新和中小企业发展、协调区域平衡发展等政府采购政策功能融入政府采购需要计划和评标指标体系中，这样使得政府采购促进创新产品等政策功能实现成为可能，也使采购决策更加科学，更能满足公众的需

---

① 贾康，王桂娟. 中国加入《政府采购协议》（GPA）的挑战与策略［M］. 上海：立信会计出版社，2015：132.

求，同时，使采购主体由被动变成主动。英国近年来推行的可持续采购（sustainable public procurement，SPP）就是一个典型。可持续采购被视为促进环保产品设计和激励制造商生产减少环境影响的产品的一种有希望的方法。可持续采购需要将环境因素、生态标签和生态设计贯穿于整个政府采购过程中，打造"最具经济优势"的采购项目。

最后，拓展政府采购政策功能空间。在政府采购实践中，各级政府采购机构片面强调节支，把节约多少采购资金作为政府采购绩效的重要评价标准，甚至把"节支"和"最低价格"作为评判政府采购活动的唯一目标，异常低价中标时常发生，这毫无疑问是对中国政府采购法律宗旨的曲解。导致在政府采购过程中，重价格、轻综合效益，尤其是政府采购政策功能难以推行，如前文所述，据统计，中国不到1/3地方政府实施政府采购政策功能，政府采购政策功能效果欠佳。"物有所值"制度目标理念能避免政府采购理论界和实务工作者局限于政府采购节支的功能，有利于拓宽政府采购功能的范畴。

二、完善政府采购法律法规体系

GPA 第 22 条第 4 款要求各参加方对其国内法律进行调整，使其法律、法规、程序和做法等与 GPA 精神、文本要求保持一致。因此，中国加入 GPA 的首要任务就是解决国内政府采购法律制度与 GPA 和其他国际政府采购规制衔接问题。根据表 6 - 1 中数据计算可知 GPA 框架下，就如何完善中国政府采购法律法规体系，88.35% 的受访者认为政府采购立法宗旨中需要明确政府采购政策功能，83.27% 的受访者赞同《政府采购法》中增加非歧视性原则，认为需要完善政府采购救济制度和重新界定政府采购适应范围的人数占受访者的比重分别为79.51% 和 71.80%。当然，还有部分受访者指出需要加强《政府采购法》与其他法律的协调问题，需要增强采购人的主体责任意识等。

表 6 - 1　　　　　GPA 框架下完善政府采购法律法规体系评价表　　　单位:%

制　　度	评　　价				
	完全不同意	不同意	不确定	同意	非常同意
立法宗旨中明确政府采购功能导向	0.00	0.75	10.90	31.02	57.33
《政府采购法》中增加非歧视原则	1.69	2.44	12.59	38.72	44.55
重新界定政府采购的适应范围	0.94	5.26	21.99	34.21	37.59
完善政府采购救济机制	3.38	2.44	14.66	38.91	40.60

资料来源：笔者根据调研问卷整理。

（一）立法宗旨中明确政府采购政策功能导向

中国政府采购法第一条确立了立法宗旨，但在立法宗旨中并没有明确政府采购的政策功能导向。《政府采购法》第九条规定"政府采购应当有助于实现国家的经济和社会发展政策目标，包括保护环境，扶持不发达地区和少数民族地区，促进中小企业发展等"。《政府采购法实施条例》第六条规定"国务院财政部门应当根据国家的经济和社会发展政策，会同国务院有关部门制定政府采购政策，通过制定采购需求标准、预留采购份额、价格评审优惠、优先采购等措施，实现节约能源、保护环境、扶持不发达地区和少数民族地区、促进中小企业发展等目标"。以上两条法律条文分别对政府采购政策功能和实现政府采购政策功能的具体措施进行了规定，不难看出，《政府采购法》已充分注意到政府采购的政策功能。但"应该有助于"和"应该根据"体现了政府采购政策功能并不是强制性条款。因此，《政府采购法》作为政府采购领域的基本法，立法宗旨中需要明确政府采购功能导向。政府采购政策功能导向是中国制定具体政府采购政策功能立法和各种规章制度的依据。

（二）《政府采购法》中增加非歧视性原则

公开透明、公平竞争、公正和诚实信用是《政府采购法》的四个基本原则，建立在规范政府采购行为和保护政府采购相关利益主体的合法权益基础上，是封闭政府采购市场条件的产物，在当时和今后都有其存在的合理性，但是，随着中国政府采购国际化步伐的进一步加快，不仅是加入GPA的进程，还包括中国向亚太经济合作组织承诺2020年开放政府采购市场、中国与以色列自贸协定政府采购谈判议题，以及中国与"一带一路"沿线国家政府采购市场开放等，政府采购市场必然要求中国接受和吸纳GPA等国际规制，平等对待各缔约方的供应商。在《政府采购法》中确定非歧视性原则，不仅有利于国内形成统一的政府采购大市场，提高国内政府采购市场竞争力，而且有利于中国与GPA规制接轨，此外，还有利于中国倡导制定区域性政府采购协定。值得一提的是，非歧视原则是在政府采购政策功能之外的非歧视，即保障中国政府采购政策功能正常实现的前提下平等对待国外供应商。

（三）完善政府采购救济制度

如前文所述，中国政府采购救济制度缺乏公平、效率与多元性，主要体现在国内审查程序不合理和受理机构的独立性不强。因此，在中国政府采购法制国际化进程中，应立足国内经济发展需要，以国际政府采购规制渗入效应为主，培育公平、高效和多元化的政府采购救济制度，促进与GPA规制的接轨。

（1）将行政程序和司法救济程序设置为自由选择程序。政府采购主体既是政府采购活动的当事人，又是质疑程序的受理机构，集"运动员"和"裁判员"于一身。政府采购主体的双重身份与 GPA 所规定的设立独立公正的争议受理机构、快速有效处理争议的目标不相符。另外，按照《政府采购法》的规定，经过质疑、投诉等行政程序后方能进入行政诉讼救济方式，投诉人对行政程序的决定不服或者行政程序没有结果方能进入司法救济程序，这种救济制度的设计本意是赋予采购主体自我审查和双方友好协商的权利。然而实际情况是，供应商很难得到平等协商机会，行政或司法救济的期限往往被强制性投诉前置程序所耽搁。美国的政府采购主体可以在质疑、投诉和诉讼等救济方式中自由选择维护自己权益的方式，因为它们在美国救济机制安排中属于并列关系。按照 GPA 的规定，各缔约方负有提供及时、有效、透明的审查程序的义务。借鉴美国的经验，中国政府采购法律制度也可以考虑把行政、司法救济程序设计为并列关系，这样，供应商就能够灵活进行选择，从而提高供应商的权利保障程度。

（2）将政府采购纠纷纳入司法审查，构建相应的司法审查制度。欧美国家的政府采购法制远远走在世界前列。比如，它们不仅规定政府采购机构设立合同申诉委员会来专门受理解决政府采购合同纠纷，而且还允许经过申请后可以对合同申诉委员会的决定开展司法审查。目前，关于政府采购合同的性质存在争论，学术界仍未能达成一致。不过，无论是 GPA 的相关要求，还是那些法制比较完备国家在政府采购领域的立法实践，均表明在行政诉讼范围中纳入政府采购合同案件是进一步完善政府采购法制的必由之路。[①] 其实，《政府采购法实施条例》已经在相关制度的适用范围、适用条件、操作程序等方面进行了详细规定，具备较强操作性。遗憾的是，在质疑主体、事项上，中国法律却仍然沿用原有规定。它们与 GPA 的救济范围规定——"根据本协议直接或者间接取得的收益正在消失或者正在受到损害"存在显著差距。为此，建议我们进一步扩大救济范围，尽快建立系统、有效的司法审查制度。[②]

（3）中国政府采购救济制度需要"超前设计"。随着中国加入 GPA 进程的不断推进，相关谈判已经进入实质性阶段。为此，我们应该提前进入 GPA 缔约方角色，通过分析考量政府采购救济机制方面所应履行的义务，识别现有制度设计中的缺陷，并提前做好弥补，在培育国内政府采购市场的同时，进一步释放政

---

① 吴红宇. 政府采购合同革新的行政法观察 [J]. 云南行政学院学报，2011（5）：99 - 102.

② 李晓辉. 加入 GPA 我国政府采购救济制度的应对研究 [J]. 财税法论丛，2015（2）：249 - 267.

府采购法律制度的溢出效应。与其他贸易救济制度相类似，从 WTO《关于争端解决规则与程序的谅解》开始，GPA 正从最初确立的双层救济模式的争端解决程序逐渐向 WTO 争端解决机制回归。借鉴国际上不同领域贸易争端的国内法制调整经验，以及参与国际贸易救济的相关实践，建议我们加强相关调研，尽快调整有关国内规定，特别是那些可以让渡、并没有涉及政府采购经济主权的政府采购所涉及的国际争端解决程序，同时，准确掌握国际规则要旨，争取在未来可能的政府采购国际争端中保护本国利益。①

（四）完善《政府采购法》关于供应商市场准入制度的规定

供应商市场准入制度是对政府采购中自由裁量权的限制，决定了不同国家供应商公平竞争的起点，如前文所述，针对中国供应商市场准入制度存在的问题，可以从以下几个方面进行完善：第一，细化供应商资格审查标准。供应商财务、技术标准应该与采购对象的限额、技术规格等要求联系，而不是笼统规定，一刀切。第二，优化资格审查流程。《政府采购法实施条例》第二十一条对供应商预审资格进行了详细规定，② 为中国优化供应商资格预审流程指明了方向。为了规避采购人主体审查权和选择权不足的问题，建议建立采购人初审和采购代理机构复审相结合的方式，这样不仅加大了审查力度，为资格审查提供有效的制度保障，而且增加了采购人主体责任意识，有利于后期合同的履行与验收，维护政府采购当事人合法权益提供。第三，借鉴 GPA 有关供应商瑕疵的规定，在中国《政府采购法》中增加该项规定。

（五）协调政府采购相关法律法规之间的冲突

如前文所述，《政府采购法》不仅与《招标投标法》存在冲突，而且与地方政府规章也存在冲突，甚至《政府采购法》内部都存在不一致的地方。为此，建议从以下几个方面协调政府采购相关法律法规之间的冲突。一是按照《政府采购法》第八十九条授权，由国务院尽快制定行政法规，解决非工程类政府采购招投标不适应现行法律的迫切问题，进一步明确该类项目招投标程序；二是将政府采购监管范围扩展至工程项目，推动政府采购招投标工作的规范化发展；三是督促引导各级地方政府尽快修订地方规章，以适应《政府采购法》的要求；四是

---

① 杨冉. 中国政府采购法律制度国际化研究［D］. 北京：对外经济贸易大学，2016：140 - 148.

② 《政府采购法实施条例》第二十一条规定："采购人或者采购代理机构对供应商进行资格预审的，资格预审公告应当在省级以上人民政府财政部门指定的媒体上发布。已进行资格预审的，评审阶段可以不再对供应商资格进行审查。资格预审合格的供应商在评审阶段资格发生变化的，应当通知采购人和采购代理机构。资格预审公告应当包括采购人和采购项目名称、采购需求、对供应商的资格要求以及供应商提交资格预审申请文件的时间和地点。提交资格预审申请文件的时间自公告发布之日起不得少于 5 个工作日。"

集中采购目录和限额标准应由采购人提出，由财政部门统一编制，克服集中采购目录编制的随意性。

三、规范政府采购管理制度

在 GPA 框架下规范政府采购制度调研中，根据表 6-2 中数据计算可知：87.97% 的受访者认为需要加强政府采购管理，增强政府采购信息、程序的透明性；84.96% 的受访者认为规范政府采购制度需要改革现有的政府采购监管体制；82.52% 的受访者认为需要理清采购管理和政府采购机构当事人的权责边界。由此可见，理论界和实务部门在政府采购管理制度的规范认识上具有高度一致性，即在对政府采购管理流程进行规范的同时，将政府采购的权责关系彻底厘清。

表 6-2　　　　　　　GPA 框架下规范政府采购管理制度评价　　　　单位:%

制度	评价				
	完全不同意	不同意	不确定	同意	非常同意
扩大非公开招标方式的比例	3.20	4.70	20.86	39.29	31.95
理清采购管理及相应机构的边界	0.75	3.01	13.72	33.27	49.25
增强政府采购信息、程序的透明性	0.94	3.20	7.89	30.08	57.89
改革政府采购的监督管理体系	0.75	1.50	12.78	32.33	52.63

资料来源：笔者根据调研问卷整理。

（一）设置权责清晰的政府采购管理机构

GPA 缔约方政府采购管理制度建设实践表明：政府采购管理体制建设的重点是制度化和规范化，核心是理顺政府采购的权责关系。因此，政府采购的顶层设计，要以制度化和规范化建设为重点，理顺政府采购的权责关系。本书结合中国政府采购管理体制存在的主要问题，借鉴美国等国家的经验做法，认为比较理想的政府采购机构设置权责体系，具体设置为：第一，立法由部门立法上升为全国人民代表大会立法，即《政府采购法》和《招标投标法》合并，由全国人民代表大会负责《政府采购法》的修订；第二，财政部下设政府采购政策办公室、政府采购预算办公室、政府采购业务办公室、政府采购绩效中心和政府采购监督中心、政府采购合同上诉委员会、政府采购国际事务处理中心，各中心的具体职能如表 6-3 所示。

表 6 - 3　　　　　　　　　政府采购机构设置和权责关系

机构性质	机构名称	机构职能
立法机构	全国人民代表大会	负责修订《政府采购法》
决策机构	政府采购政策办公室	负责政府采购战略、确定政府采购功能、建立政府采购机制
执行机构	政府采购预算办公室	编制预算、制定需求标准，引导、协助和审核采购人需求计划
	以政府采购业务中心为主，允许并规范其他模式的试点探索	参与政策制定、政策执行，负责政府采购人员培训、政府采购职业资格认定，负责《政府采购法》规制的所有政府采购业务等
	政府采购绩效评估中心	根据政府采购政策功能需要、制定绩效评估指标，收集整理政府采购数据，定期发布政府采购绩效评估结果
监督管理机构	政府采购监督中心	制定和颁布政府采购法规条例、制定政策文件、政策督导
	全国人民代表大会、审计署	监督、审计等
争议投诉机构	政府采购合同上诉委员会	受理国内上诉案件处理和裁定合同纠纷
	政府采购国际事务处理中心	负责跨境采购投诉、合同纠纷等

资料来源：笔者自行设计编制。

（二）构建政府采购全链条管理机制

从聚焦采购程序的管理转变到面向采购系统的管理，正是过去全球公共采购管理变化的缩影。特别是，近年来政府采购管理机制已经不再局限于购买交易环节，而是实现了前、后向延伸，囊括了从采购需求管理到采购合同管理的各个环节，形成了全链条管理机制。借鉴新一轮国际政府采购规制修订的经验，可采取的具体措施有如下几个方面，如图 6 - 2 所示。

四、主动参与国际政府采购规制的制定

党的十九大提出，我们要坚持创新、协调、绿色、开放、共享的新发展理念，坚定不移贯彻落实"互利共赢的开放战略"，通过"主动参与和推动经济全球化进程，发展更高层次的开放型经济"，推动形成"全面开放的新格局"。这一高屋建瓴的宏观谋划，毫无疑问也为新时代我国政府采购市场的国际化建设提供了纲领性指导。2018 年 4 月 10 日，习近平主席在博鳌亚洲论坛开幕式上宣布中国将加快加入 WTO《政府采购协议》进程；2019 年 3 月 15 日第十三届全国人民代表大会第二次会议通过《外商投资法》，该法第十六条明文规定外商投资企业依法通过公平竞争参与政府采购活动，《外商投资法》的出台标志着中国迈进

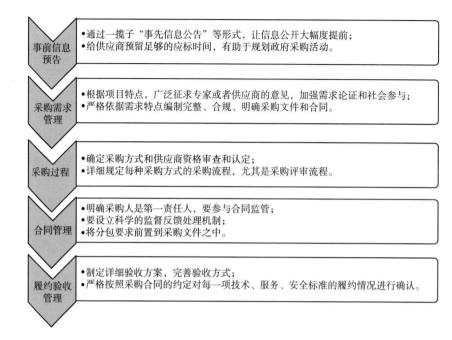

图6-2 全链条政府采购管理流程

资料来源：笔者根据政府采购实践需要自行编制。

了制度型开放。中国—以色列自贸协定谈判就政府采购议题开展多次磋商，这也是中国首次在区域合作中开展政府采购议题的谈判，充分表明中国在国际政府采购市场上，由消极应对向主动融入、由全球规则的适应者向全球规则的制定者转变。作为发展中大国，中国有责任重构国际政府采购规制，争取国际规制的话语权，维护国际利益。

首先，倡议制定发展中国家发展标准。GPA在序言中强调必须考虑发展中国家的发展、贸易、财政等需求，尤其是最不发达国家的。为此，在第5条中对价格优惠、补偿交易、技术合作和门槛价等发展中国家特殊优惠待遇进行了规定见表3-16，但这些优惠待遇需要得到各缔约方的同意，不能在缔约方之间造成歧视。GPA对发展中国家发展条款是道义性，而非强制性条款，享有的优惠待遇完全取决于谈判结果。中国的第6份出价清单开放范围已经与GPA缔约方相当。以美国为首的部分发达国家主张中国以发达国家的身份加入GPA，其根本原因在于国际上并没有形成统一的发展中国家标准，衡量国家经济发展水平的主要指标中最常用的当属国民总收入或国内生产总值。尽管中国GDP连续10年位居世界第二，仅次于美国，但中国人均GDP远远落后于美国、英国等发达国家。而且一个国家的发展不仅应关注经济水平，还应该关注科技、教育、环保、人民的生活质量等方面，发展中国家的发展标准应该是一个综合标准。从综合指标看，中国与发达国家还存在很大的差距。中国作为最大的发展中国家，有义务在国际上倡议制定发展中国家标准，这不仅是加入 GPA 维护国家利益的需要，而且也是维护国际外交秩序的需要。在发展中国家发展标准之下，有关发展的主题均可以申请在 GPA 中保留。

其次，启动 GPA + 的谈判。针对中国目前加入 GPA 谈判的情况以及国际局势的复杂变化，谈判可以多样化、多路径：一方面是继续积极参与 GPA 的谈判；另一方面则是启动 GPA + 谈判，包括：（1）与 GPA 缔约方进行双边谈判并签订双边政府采购协议，譬如，基于中欧自由贸易区谈判框架尽快达成双边协议，然后在此基础上开启多边谈判；（2）积极参与 APEC 有关政府采购议题的谈判，兑现 2020 年向 APEC 成员开放中国政府采购市场；（3）在中国—东盟等自贸区开展自由贸易区框架下政府采购章节的谈判，为中国政府采购市场融入全球化积累经验。

最后，引领"一带一路"政府采购规制的制定。"一带一路"倡议得到多个国家的支持和拥护，由于"一带一路"沿线国家政府采购制度建设参差不齐，中国在国际招投标等政府采购领域遇到了一些国内国际政府采购规制的"瓶颈"，政府采购作为连接政府和市场行为，在"一带一路"倡议中具有穿针引线的作用，由此可见，"一带一路"沿线国家达成双边和多边政府采购共识已提上议事日程，中国—以色列自贸区政府采购议题的磋商就是一个很好的开端。由于"一带一路"沿线国家政府采购领域差异大，很难在短期内建立一个统一的区域性政府采购协议，可以先从双边和多边谈判开始，甚至可以就政府采购中的某一领域达成共识，在双边磋商沟通方面可以借鉴澳大利亚和新西兰等双边政府采购协议，在多边磋商中，可以参考 WTO《政府采购协议》、联合国《公共采购示范法》及《亚洲开发银行贷款采购指南》等国际政府采购规制制定。

第三节　增强政府采购市场风险防范能力

防范市场风险，一方面需要合理界定市场的范围，另一方面需要增强市场主体国际竞争力。根据表 6 - 4 中的数据计算可知，就政府采购市场而言，90.79% 的受访者认为需要提高中国企业国际竞争力，约 83% 受访者坚持综合"对等"开放，谨防"不对等"谈判；79.51% 的受访者赞同谨慎选择国有企业的开放范围，本节将从这几个方面探究如何提高政府采购市场风险防范能力。

表 6-4 　　　　　　GPA 框架下中国采购市场风险防范策略 　　　　　　单位:%

策　略	评　价				
	完全不同意	不同意	不确定	同意	非常同意
谨慎选择国有企业的开放范围	2.07	3.57	14.85	33.65	45.86
充分考虑东、西部地区的差异	0.56	2.44	12.03	35.53	49.44
谨防"不对等"谈判	1.32	2.26	13.53	29.32	53.57
充分利用发展中国家身份展开谈判	1.32	5.45	15.79	25.75	51.69
实行补偿贸易制度	2.07	5.83	22.37	37.97	31.77
提高企业国际竞争力	0.75	2.07	6.39	29.7	61.09

资料来源:根据调研问卷整理。

一、合理调整 GPA 出价清单策略

GPA 谈判出价围绕着采购实体、采购对象、门槛价和例外排除等核心要素展开。自 2007 年底以来,中国已提交了 7 份清单,此次出价首次列入军事部门,增加了 7 个省,出价范围涵盖了除自治区外的全部 26 个省和直辖市,新增了 16 家国有企业和 36 所地方高校。同时,增列了服务项目,调整了例外情形。这份出价是我国加快加入 GPA 谈判进程的重大举措,充分展现了我国扩大开放的形象,表明了我国加入 GPA 的诚意和维护多边贸易体制的决心,但以美国为首的 GPA 缔约方认为中国出价过高,要求中国开放所有的国有企业和所有次中央实体,并调低工程的门槛价。

(一) 国有企业出价策略调整

GPA 对采购实体缺乏明确规定,GPA2012 第 1 条定义对采购实体的解释为:GPA 附录一中的附件 1、附件 2 和附件 3 所涵盖的实体,在第 2 条第 4 款中将采购实体分为中央政府采购实体、次中央政府采购实体和其他实体,对这三种采购实体的具体内容并没有具体的定义,GPA 缔约方在多轮谈判中已经就中央采购实体和次中央采购实体达成共识,但对其他实体每个缔约方的理解都不同,当然也成为 GPA 谈判中各缔约方的热点。就中国而言,国有企业成为各方争论的焦点,GPA 缔约方对中国的国有企业进行全面要价,因此,寻求国有企业出价合理开放范围及合理性将成为中国加入 GPA 新一轮谈判的重点。

1. 借鉴 GPA 缔约方国有企业出价

GPA 缔约方对国有企业开放采用保守策略,仅仅将极少数国有企业列入清单中 (见表 6-5)。开放领域都是关乎民生发展的重要基础设施和公共服务型国有企业,例如来自电力、自来水、港口、电信电话、机场,以及包括铁路、航空、

高速公路在内的公共交通等公共领域国有企业，它们中的绝大多数都是非营利性的，而中国国有企业既有营利性又有非营利性。鉴于 GPA 缔约方的出价经验，为保护本国重要经济命脉和经济安全，中国应对国有企业实施有选择性地开放策略。

表 6 – 5　　　　　　　　　GPA 缔约方国有企业出价情况

缔约方	开放行业	备　注
欧盟	供水、供电、交通、运输、电信、航空	按行业列入开放列表。只在美、日对等开放的前提下才进行对等开放
美国	港口、电力、交通、公共服务	列举 7 个实体
日本	地铁、港口、水资源、运输、航空、电信、畜牧、科研机构	列举 126 个公益性法人和特殊法人
韩国	电力、铁路、金融、煤炭	列举 18 个企业
新加坡	高等教育、科研机构	

资料来源：笔者根据 GPA2012 新一轮出价整理。

2. 以"国家安全"为由保护国有企业

中国已经进入加入 GPA 的实质阶段，在第 6 份出价清单中首次将大学、医院和国有企业等实体列入开放清单。中国当前仍然属于社会主义初级阶段，国有经济在国民经济中具有举足轻重的地位，不少国有大中型企业甚至是国民经济的重要支柱。在制定 GPA 出价清单中，必须平衡好政府采购市场开放与国有经济保护的利益关系。为此，中国应充分利用安全例外、一般例外条款以及发展中国家发展条款维护国有企业的发展和国家经济安全。

（二）以"例外"寻求保留次中央实体的合理性

GPA2012 第 5 条中关于"发展中国家特殊待遇条款"的规定是，在 GPA 谈判过程和协议的执行中，各缔约方必须针对发展中国家和最不发达国家的发展、贸易、财政等需求，以及它们的实际情况予以特别考虑。中国作为最大的发展中国家，地区差异大，不平衡不充分问题突出，贫困仍然是困扰中国的主要问题之一，脱贫攻坚，尤其是少数民族地区脱贫是中国现在和将来一段时间的主要任务之一。扶持不发达地区和少数民族地区是中国法定的政府采购政策功能之一。西藏、青海、广西等 12 个次中央政府既是中国少数民族集中区，又是中国主要贫困地带，占全国总采购规模的近 30%，这 12 个没有列入出价清单，主要是基于中国作为发展中国家的现实和当前的发展状况的考虑，而且是中国作为发展中大国承担国际责任的需要。

联合国可持续发展的首要目标是在 2030 年消除极端贫困。中国对世界减贫的贡献率超过 70%，在全球减贫方面发挥了不可替代的作用。但是，我们必须清醒地认识到，中国要在 2020 年实现现有贫困人口全面脱贫目标，并开展持续性的反贫困治理，所面临的挑战依然艰巨。结合中国国情，以及目前的经济发展阶段，对国内中小企业、贫困地区和少数民族地区的扶持必不可少。因此，在出价清单中把它们列为政府采购的适用例外是合理的，也是必要的。

（三）坚持"综合对等"理念，增加谈判筹码

GPA 遵循"对等"开放原则，强调以"准入换准入"、以"市场换市场"。由于 GPA 缔约方的采购体制、采购权利、市场规模，以及各自在世界贸易格局中的影响力都不尽相同，于是不同成员间的"对等"常常是不一样的。为此，建议中国一方面应认真研究不同成员在出价上的关键保留，并在谈判中紧抓不放，采用针对性更强的出价谈判策略；另一方面利用对等原则内涵的不同理解，坚持"综合对等"理念，寻求自身出价的合理解释。针对发达国家，中国需要确定的"综合对等"原则，而不是出价中名义上的对等。所谓"综合对等"，本质上就是发展中国家待遇的变相运用。具体而言，"综合对等"就是要综合考虑实体类型、采购对象类型、合同金额、通用的门槛金额、GPA 出价占 GDP 的比例、GPA 出价占政府采购市场总量的比例，以及跨国指数等 7 个方面的对等性。"对等"最重要的是实际开放范围的对等。例如，新西兰与其他缔约方不同，它的政府采购主要集中在中央政府实体，并且出价金额在该国政府采购市场总额中占比较高，因此在与新西兰的谈判中，就不能仅仅考虑附件 2 开放实体的对等，这样会导致中国的开放范围会比新西兰的广，出现不对等开放。

二、积极开拓国际政府采购市场

（一）利用促进会系统了解联合国采购规制

为促进企业积极开拓联合国市场，中国于 2006 年由商务部交流中心发起并成立了中国联合国采购促进会（简称"促进会"）。首先，企业可以指派专门人员关注促进会等平台机构的资讯动态，发现和识别机会。比如，促进会网站通常会定期发布联合国采购信息，企业应该重点关注，并与联合国相关官员积极联系，以备做好参与联合国采购招投标的准备。其次，积极参加促进组织的业务培训活动。促进会提供从注册到招标全程辅导和支持服务，并经常举办联合国业务知识讲座以及招投标的培训，企业可以有针对性地选择参加，学习联合国采购的相关规则，提升企业开拓国际公共采购业务能力。最后，利用平台开展论坛、展会等形式多样的公共采购市场推介活动，推介活动不仅能向各国公共采购机构介

绍和宣传中国具有联合国采购资格的企业，而且方便中国企业与各国公共采购主管部门交流与合作。

（二）灵活运用财税政策刺激企业积极参与竞标

中国在联合国注册的供应商不少，2016 年已注册企业达到 4 303 家，在联合国 192 个供应方中排名第三，[①] 但参与采购的企业寥寥无几。其实，但凡注册成功，就意味着有机会接触到联合国采购中的大部分采购订单，因此，政府可以考虑采用一些政策刺激已注册的企业积极应标。首先，可以对参与联合国采购的企业根据采购次数或采购金额在国内享受一定的税收减免，或者直接采用现金补贴的方式扶持和指导企业积极参与联合国采购招投标。其次，参与国际公共采购的企业在国内政府采购中享有优惠，例如在专家评分中，增设一项曾参与国际公共采购的企业在评分中可以加分等。最后，把参与国际公共采购与国内政府采购的政策功能结合起来，例如对参与国际公共采购的企业给予政府采购的技术创新政策支持。

（三）建立公共采购数据库以及时掌握市场动态

建立涵盖公共采购法律法规、采购信息、市场交易以及研究报告等内容的国际公共采购市场数据库，旨在对中国企业出口贸易情况和国际公共采购市场进行统计分析，把握中国企业参与国际公共采购的贸易结构和竞争优势，为中国企业参与国际公共采购市场提供决策依据。具体而言，一是熟悉国际公共采购规制，包括国际上的四大采购规则：联合国《采购示范法》、WTO《政府采购协议》（GPA）、世界银行《采购指南》、欧盟《政府采购公共指令》，尤其加强对 GPA 的研究，提升中国参与国际公共采购规制制定能力；二是深入研究世界各国（尤其是 GPA 缔约方和 OECD）公共采购制度和公共采购政策，为中国开拓国际公共采购市场提供智力保障；三是加强联合国、GPA 主要成员和 OECD 的公共采购市场统计研究，尤其关注中国重要贸易伙伴的公共采购市场情况，分析比较公共采购的贸易结构和竞争优势，为中国开拓国际公共采购市场提供数据支撑。

三、提升本土企业跨国经营能力

分析中国跨国公司在开拓国际政府采购市场发现，中国跨国经营的劣势体现在技术创新能力不足、合规经营管理水平有待提高、产品有质量无品牌知名度等。因此，中国的跨国公司经营需要优化战略布局、增强自主研发能力、提高合规经营水平，构建全球生产经营网络，提升中国跨国公司在全球价值链中的地

---

① 资料来源：联合国采购司数据，http://www.un.org/Depts/ptd/statistics.htm。

位，增强产业话语权。一是增强自主研发能力，获取最尖端前沿的科技主导行业发展，提升企业在全球价值链中的地位，尽快摆脱价值链低端锁定窘况，以在未来的跨国公司竞争中立足。二是选择灵巧多样的国际化运营模式。结合企业文化和经营管理战略，灵活地与外商开展合作经营，可以弥补自身资金不足的同时，引进、利用国外先进技术和管理经验，提高企业在跨国贸易中的竞争力；中小企业可以同大型企业合作，进军全球制造大行列，通过结盟来取得更强有力的竞争优势；可以利用海外华侨的运营渠道，利用特许经营模式，扩大企业品牌的影响力，实施"走出去"战略；中国中小企业的规模普遍较小，应该增强结盟意识，在国际公共采购市场中借助企业集群化，由此而产生具有产业特色的"区域规模经济"，提升中小企业的竞争力。三是培育自己的品牌，打通"中国制造"到"中国出口"的路径。联合国采购20%以上的产品是"中国制造"，只不过是贴了外国的品牌，由第三方销售给联合国，中国仅赚取制造和加工环节微薄的利润。联合国间接采购"中国制造"的产品说明中国产品不论在质量上还是价格上都具有很强的竞争优势，中国完全可以培育自己的品牌，把由"中国制造"的产品直接销售给联合国等国际组织，扩大中国企业的知名度。

四、培育政府采购国际化的专业人才

政府采购已逐渐演变成集政策性、专业性和技术性于一体的综合性工作。政府采购工作不仅涉及编制采购需求计划、采购方式的选择、采购合同的签订与履行，还涉及产品或服务的功能和性能标准，各种各样的技术和技术指标。政府采购市场产品更新换代以及价格瞬息万变，这无疑给采购人员提出了更高的要求。与此同时，政府采购制度在不断完善中，政府采购还承担多样化的政策功能，这要求采购人员及时掌握领会法律法规及政策文件的精神。可见，承担这项工作需要具备政治学、经济学、管理学、法学、心理学、工程学等多学科领域的知识和丰富的实战经验。尤其在政府采购市场开放的条件下，从事政府采购人员还需要具备国际商务能力、国际招标组织能力、国际法务应对能力和国际市场分析能力。如前文所述，目前中国政府采购人才供给与市场对人才的需求相差甚远，本书尝试从以下几个方面提出建议。

（一）专业教育与在职培训相结合

据不完全统计，目前全国开设政府采购本科专业方向的，相对于中国政府采购人才需求而言，实属杯水车薪。高校作为人才培养的摇篮，加强政府采购学科建设、加快人才培养迫在眉睫。鼓励高校开展政府采购专业招生与培养，加强政府采购学科理论研究。一方面鼓励财经类高校申请开设政府采购专业；另一方面还应严格把关。一是高校要基于国际化视角精心规划设计政府采购的专业设置、人才培养方式、专业课程体系。二是高校要有结构合理、相对稳定、高素质的师资队伍。高校可以培养青年教师进修提升，同时可充分利用聘请行业专家请进来兼职教学。三是高校与代理机构、集采中心及机关等用人单位密切合作，建立实践、实习基地，将理论与实践相结合，注意应用性人才培养，全面提升学生专业技能和综合素养。四是高校要注重理论研究与创新，建设一批政府采购研究基地，放眼世界与国际政府采购专业对接，创造一批具有国际影响力的研究成果，为培养具有承担国际政府采购能力的高端人才提供智力支撑。

在扩大专业教育的同时，还应深入开展在职教育。一是政府部门带头增加对政府采购从业人员的人力、财力、物力的投入，通过建章立制的方式将培训从上至下、有条不紊地实施开展。二是将短期学习与中长期培训相结合。刚刚进入政府采购行业的"新兵"，其对政府采购中所涉及的法律、法规、政策、理论掌握较多，但对实际操作程序、规范、技巧了解甚少，因此短期的岗前培训有助于其快速了解行业、进入角色、适应岗位。通过一段时间的岗位实操，部分从业人员会出现职业贫困期，如惯性思维、知识滞后、职业懈怠等，此时通过一个中长期在职教育，解决其在岗期间遇到的各类理论、技术、思想等方面的问题，满足政策新变化及岗位新要求对政府采购人才提出的新要求。目前，从事政府采购培训业务是中建政研教育科技研究院的重要业务之一，建议中国多成立专门的政府采购培训机构，尤其需要开展政府采购法和国际招投标培训业务。

（二）"引进来"和"走出去"相结合的人才培养模式

我们还可以扩大对外交流、加强国际合作。将"引进来"与"走出去"相互结合运用到高校实践当中，积极参与并融入全球招标采购网络。可以与国外政府采购专业相关高校互通有无，通过交换生、留学生等形式进行人才的融合。也可以开展跨国合作交流、开设课程、学术讲座、国际会谈等合作，取他国之长补己之短，学习别人在政府采购上的经验，并结合自身发展实际，不断提高协调创新水平，实现合作共赢。此外，各代理机构、集中采购机构、采购单位及采购管理部门的政府采购人要强化学习国内外先进理念、技术和方法，努力做到学以致用，扎实推进所在单位政府采购事业发展。

（三）政府采购职业规划设计

目前，中国政府采购人员来自财政部门、企业和事业单位，专业性不强，职业规划缺位。在美国，若要从事政府采购工作，必须取得相应的职业资格认证，如注册公共采购官员、专业公共采购员、注册专业后勤师、注册采购管理员、注册专业合同官员等，由此可知，美国根据政府采购工作种类对政府采购职业进行规划。中国可以借鉴美国的经验，建立政府采购招投标师制度、职业评审专家制度、采购监督官制度、政府采购合同等中国特色的采购官制度，同时，建立相应的绩效评价和晋升机制。

第四节　GPA 框架下政府采购政策功能实现策略

确保 GPA 框架下政府采购安全最终体现在政府采购政策功能能否有效实现，由于政策采购政策功能与 GPA 的国民待遇原则和公平竞争原则相悖，而且国际上并没有统一的发展中国家发展标准。从 GPA 出价清单看，中国政府采购政策功能保留并不乐观。因此，政府采购政策功能与 GPA 契合有一定的难度。根据表 6 - 6 数据计算可知：88.16% 的受访者认为需要充分利用发展中国家发展条款，84.58% 的受访者认为需要完善政府采购政策功能体系，近 60% 的受访者认为需要设置隐性贸易壁垒。根据调研数据，结合中国政府采购存在的问题以及实证研究结果，笔者认为，首先，坚持以问题为导向对政府采购政策功能进行顶层设计；其次，颁布政府采购政策功能细则，使政府采购政策功能落地生根；再次，充分利用发展中国家发展条款对政府采购政策功能进行保留；最后，恢复自主创新的政策功能，实现自主创新政策功能与扶持中小企业发展等政策功能的融合。

表 6 - 6　　　　　GPA 框架下实现政府采购政策功能的对策调查　　　　单位:%

策　　略	评　　价				
	完全不同意	不同意	不确定	同意	非常同意
充分利用发展中国家发展条款	0.75	3.76	7.33	32.33	55.83
明确"国货"标准，优先购买国货	3.20	7.71	19.92	27.26	41.92
完善政府采购功能体系	0.56	2.26	12.59	34.02	50.56
设置"价格标准"GPA 隐性壁垒	6.58	13.72	21.8	28.01	29.89

注：把推行绿色政府采购政策功能、扶持中小企业发展和少数民族地区发展三个政策功能合并政府采购政策功能体系，具体评价值为三者均值。

资料来源：笔者根据调研问卷整理。

一、以问题为导向对政府采购政策功能进行顶层设计

完善的政府采购政策功能体系、健全的政府采购功能实现机制是中国在 GPA 框架下争取例外条款和发展中国家优惠待遇的法律保障。在宏观层面，政府采购

作为国家发展战略的支撑制度的定位已经明确，正如于安教授（2019）所言，政府采购不单单是解决某个单位的后勤供给问题，背后往往还蕴含着政府的重大政策设计和关键战略布局。但是，在执行层面，中国政府采购还存在实施细则不到位、政策功能主次不分等问题，因此，本书认为应该在"物有所值"制度理念下，对政府采购政策功能进行系统化顶层设计。

根据对国际形势的研判、基于国内经济社会突出问题动态调整政府采购政策功能，厘清政府采购政策功能内部的关系，探究政策功能实施的机理，寻求与发展中国家发展的契合点，实现与 GPA 的条款的无缝对接。政府采购政策功能不是单一的，而是多维立体的目标体系，从层次关系划分，政府采购政策功能分为原本功能（经济功能）、核心功能和辅助功能（见图 6-3），随着社会经济发展突出问题的变化，这三种政策功能是可以相互转变。伴随着中美贸易摩擦的升级，以"中兴事件"为缩影充分暴露出自主创新能力的不足，自主创新能力不足成为制约中国经济高质量发展、由产业链低端向高端发展的掣肘。因此，自主创新（科技创新）应该成为中国当前甚至将来一段时间中国政府采购政策功能的重中之重，而不是被迫清理。2018 年中美贸易摩擦以来，以美国为首的西方国家对中国科技创新企业进行围堵，对中国一些科技产品实施禁购，此时更需要中国政府采购对科技创新产品进行倾斜。此外，政府采购政策功能及实施细则的制定需要综合考虑国际和区域性政府采购协议，同时还需要与国内法律法规和部门规章的协调。

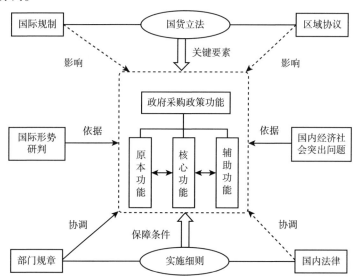

图 6-3　中国政府采购政策功能体系动态变化

二、完善政府采购政策功能实施细则

实施细则是政府采购政策功能有效发挥作用的保障，否则政策功能仅仅停留在法律层面。它不仅可以弥补制度缺陷和不足，还可以为运行部门或实际操作者预留必要的操作空间。为了打赢脱贫攻坚战，财政部和国务院联合发布《关于运用政府采购政策支持脱贫攻坚的通知》，规定各预算单位同等条件下应优先采购贫困地区农副产品。这是中国利用政府采购扶持不发达地区的重要举措，在此基础上，出台《政府采购扶持少数民族发展实施细则》，重点扶持少数民族地区特色产业；此外，根据《残疾人就业条例》出台《企业支持残疾人就业实施细则》，规定企业支持残疾人就业的合同预留比例，支持残疾人就业企业的融资优惠等措施。当然，这些实施细则的落地离不开政府采购政策功能实施效果评价指标。

三、设置"国货标准"等隐性贸易壁垒

政府采购政策功能实施的关键要素是国货立法，尤其在开放的市场条件下，国货认定与标准是实施政府采购促进自主创新、扶持中小企业发展、帮扶少数民族地区和贫困地区发展等政策功能的基础。没有国货标准，GPA框架下政府采购政策功能实现如同空中楼阁。美国为了严格执行政府采购国货政策，《购买美国产品法案》将"国货"定义为在美国进行开采和生长，未经过制造的物品原料和供应品，或者根据情况大部分使用美国开采、生长或制造的物品。随后《联邦采购条例》对国货又作出了详细的规定：在美国混合生产或者制造的产品以及在美国混合生产或制造的制成物品。"国货"的决定因素是制造以及开采的过程地点，而并非承包商的国籍。① 借鉴美国国货的定义，可以考虑将国货定义为产品在中国制造或开采，而且50%以上的成本归因中国的物件。此外，可以基于节约理论设置"价格标准"。比如，对某些产品不进行国别或区域限制的前提下设置合适的价格区间——在该价格区间内，国内产品仍然具有盈利空间，但与国外产品相比又具有价格优势。这样的操作既不违背国际条约，又可以达到扶持国内企业和产品的实效。

四、恢复实施技术创新政策功能

2006年，中国政府开始考虑使用政府采购激励技术创新工具，但2011年迫

① 白志远.政府采购政策功能研究［M］.武汉：武汉大学出版社，2016：114.

于加入 GPA 谈判的压力，又取消了相关规定。科技创新的政府采购激励制度未能全面实施就匆匆退场。政府采购作为自主创新产品重要的实验场地，应成为重要的激励工具。尤其在中美贸易摩擦、高科技产品出口受阻的环境下，政府在短期内不应完全取消政府采购激励工具，应及时调整政府采购激励策略。建议考虑实现政府采购自主创新政策功能与其他政策功能的融合。将其融合到扶持贫困地区、中小企业发展、少数民族地区、残疾人就业、妇女拥有的企业、绿色环保产品的购买等政策中，这些产品大部分都是技术创新产品，可以通过设置产品技术参数设置隐性壁垒，加大对中小型高新技术企业的支持。

结　　语

2018 年，中国政府采购总规模为 35 861.4 亿元，占到了 GDP 的 4%、全国财政支出的 10.5%。在发达国家，政府采购总规模通常会达到 GDP 的 10% ~ 15%、财政支出的 30%。规模庞大的政府采购对一国经济的意义显而易见，因此，政府采购制度自诞生起就一直被作为一种非关税贸易壁垒用于保护国内经济。大部分国家常常以经济社会发展和国家安全为由，利用政府采购实现既定的政策目标。中国也初步建立了包涵支持可持续发展、扶持中小企业等内容的政府采购政策功能体系。作为财政支出的重要组成部分，政府采购及其安全的重要性不断凸显，引起了越来越广泛的关注。

WTO《政府采购协议》是 WTO 管辖的一项诸边贸易协议，由各缔约方自愿签署，承诺对等开放各自的政府采购市场，以实现政府采购市场的国际化和自由化。加入 GPA 是中国履行 WTO 时的承诺。自 2007 年 12 月 28 日向 WTO 提交加入 GPA 申请书以来，中国已经提交了 7 份出价清单，谈判进入到实质性阶段。习近平主席在博鳌亚洲论坛 2018 年年会开幕式上更是向世界庄严宣告"加快加入世界贸易组织 GPA 进程"。加入 GPA 对中国而言将是一把"双刃剑"，在为中国企业进入国际政府采购市场提供入场券的同时，也意味着会面临政府采购信息泄密、政府采购市场被瓜分和政府采购功能削弱等安全威胁。伴随着加入 GPA 进程的加快，亟待深入研究加入 GPA 对中国政府采购安全的影响，探究有效应对之策。

综合现有文献来看，政府采购安全问题已经引起了学者们的关注，但是研究范围略显单一，且缺乏系统性。比如，有些学者（沃晨亮，2014）提到了政府采购安全，但仅仅限于政府采购信息安全的研究；有些学者虽然关注到了中国政府采购制度与 GPA 规制的差异、开放市场条件下市场风险和产业安全问题、GPA 会限制实现政府采购政策功能的自由裁量权，但是并未对政府采购安全进行明确定义，更没有阐释政府采购安全的维度，也鲜有学者研究政府采购安全的影响因素，并基于系统思维构建政府采购安全维护举措。

本书以习近平总书记提出的"总体国家安全观"为指导，遵循"理论阐释—实证检验—对策探索"的基本思路，利用"GPA 框架下中国政府采购安全运行"的自行调研数据、全国层面、省级层面及产业层面的宏观统计数据、WTO 官方网站数据、OECD 国民账户数据、中企联和企业家协会发布的《中国100 大跨国公司》数据、联合国世界知识产权组织数据，以及中国政府采购网站发布的资料等，综合运用文献分析法、法律文本比较法、调研访谈法、案例分析法、多元回归分析、联立方程模型等方法，尝试对政府采购安全的内涵、政府采购安全的维度、安全的影响因素等内容进行探索性研究，并基于此构建 GPA 框架下中国政府采购安全保障体系。

一、主要结论

本书的主要结论如下：

（1）界定了政府采购安全的内涵，阐释了政府采购安全构成及内在逻辑。在缕析安全和政府采购概念的基础上，探索性地把政府采购安全界定为"在政府采购市场开放的条件下，政府采购主体在实施政府采购行为的过程中能够有效消除和化解潜在风险、抵抗外来冲击，以确保政府采购功能目标能够不受侵害，并得以最大程度实现的客观状态"。政府采购安全的本质是对政府采购相关主体利益的维护，相关利益的多维诉求属性决定了政府采购安全必须是一个涵盖多维目标的体系结构，在综合归纳现有研究的基础上，把政府采购安全细分为政府采购制度安全、市场安全和政策功能安全，并对这种细分进行了理论阐释。

（2）构建了政府采购安全评价指标体系，并运用该指标对 GPA 框架下中国政府采购安全冲击程度进行了刻画，还分析了冲击形成的原因。政府采购安全评价在加入 GPA 前和加入 GPA 后是不一样的，加入 GPA 前是对政府采购面临安全冲击的预测性评价，而加入 GPA 后是对政府采购安全度的监测。在加入 GPA 前，政府采购制度安全主要通过国内政府采购制度与 GPA 规制在核心条款上的差异甚至是冲突进行刻画；政府采购市场安全从名义开放程度、"本土偏好"程度和国际竞争力 3 个二级指标和 10 个三级指标进行衡量；政府采购功能安全主要是通过 GPA 规制的政策空间与中国出价清单中政府采购政策功能的排除来刻画。据此对加入 GPA 前政府采购面临的安全冲击进行预测性评价发现，中国政府采购制度与 GPA 在价值目标、基本原则、适应范围、采购方式和救济制度等方面存在很大的差异；政府采购名义开放程度高、"本土偏好"程度低、产业国际竞争力尤其是服务业国际竞争力与 GPA 缔约方相差甚远。造成上述安全冲击的原因主要在于：中国政府采购制度与 GPA 存在差距、市场开放机会不均等、政府采购政策功能发挥空间受限、政府采购专业人才匮乏，以及中国的国货意识淡薄等。针对加入 GPA 后政府采购安全度的监测，本书构建了一套指标体系，包括 3 个二级指标和"国外供应商投诉率"等在内的 13 个三级指标，并根据专家评定基于 AHP 法对各指标进行赋权。

（3）探索性构建了政府采购安全影响因素理论模型，并利用微观调研数据进行了实证检验。在梳理、归纳国内外现有研究成果的基础上，阐述了政府采购制度安全、市场安全和功能安全影响因素，以及三种安全内在的逻辑关系，创新性构建了政府采购安全影响因素模型。囿于数据的限制，本书利用自行调研的微观数据，构建多元回归和联立方程模型，对政府采购安全的影响因素、机制及政府采购安全各维度的交互影响进行实证分析。研究发现：①完善政府采购法律法规、明晰的政府采购主体责任、健全的供应商约束机制和规范的政府采购流程，有利于提高政府采购制度安全度。②企业国际竞争力、政府采购电子化水平、政府采购政策功能体系、中国自主创新能力，以及掌握 GPA 缔约方政府采购情况的详细程度，对政府采购市场安全具有正向影响。③政府采购功能目标、实施细则、政策功能的责任部门设置及政策功能绩效评价体系，均对政府采购政策功能安全产生明显正向影响。④政府采购市场安全与制度安全、制度安全与功能安全、市场安全和政策功能安全均存在双向联动关系，除了政策功能安全对市场安全存在负向影响外，其他均为正向影响。⑤三种安全的交互影响关系在不同区域差异明显；东、中、西部三个区域制度安全与政策功能安全存在双向正影响，但中部地区的影响要大于东西部地区；东、中、西部三个区域市场安全对政策功能安全有正向影响，均不显著；西部地区政策功能安全对市场安全存在正向影响，而东、中部地区政策功能安全对市场安全存在负向影响。⑥针对是否列入 GPA 出价清单而言，列入 GPA 出价清单对制度安全、市场安全和功能安全三者调节效应大于未列入 GPA 出价清单的地区。

（4）构建集制度、市场和功能"三位一体"的政府采购安全保障体系。以习近平"总体国家安全观"为指导，针对加入 GPA 中国政府采购面临的安全冲击，结合政府采购安全影响因素的实证结论，在借鉴 GPA 缔约方先进经验的基础上，为了实现政府采购安全总目标，建议：在制度层面，需要树立"物有所值"的政府采购制度目标理念，完善政府采购法律法规，规范政府采购管理流程，争取参与国际采购规制制定的话语权；在市场层面，需要调整出价策略，谨慎国有企业出价范围，积极参与国际政府采购市场竞争，积累国际采购经验，提升企业跨国经营能力；在政策功能层面，坚持以问题为导向调整政策功能，完善政府采购实施细则，恢复政府采购技术创新政策功能。除此之外，政府采购安全保障还离不开国际化的政府采购专业人才。

二、研究展望

针对本书存在的不足，契合政府采购的发展趋势，有以下几个领域值得深入探讨：

（一）中国政府采购制度深化改革研究

2018 年习近平总书记主持召开的中央全面深化改革委员会第五次会议通过了《深化政府采购制度改革方案》，这是新中国成立以来第一次在如此高层级讨论政府采购制度建设和改革的问题。中国政府采购制度深化改革不仅需要立足于中国政府采购领域存在的突出问题；还需要把握好政府采购的发展趋势：采购与供应链数字化、人工智能、供应链流程中紧密的协同合作、更聚焦于风险管理与供应韧性、知识工作全球化、循环经济与供应链、穿戴装置、软件即服务使用于供应链、提升供应链可见度、顾客区隔等；同时，还要考虑与国际政府采购规制契合的问题。

（二）中国政府采购市场开放的效应研究

中国承诺 2020 年向 OECD 和 APEC 成员对等开放政府采购市场，中国加入GPA 谈判也进入了实质性阶段，政府采购市场大门即将打开。开放政府采购市场的效应如何？这是值得学术界深入研究的课题。政府采购市场开放效应除了与准入门槛有关外，还是否与全球政府采购治理、国际合作有关？开放后政府采购安全度如何？为了研究这些问题，需要中国在政府采购建立比较完善的政府采购企业层面交易的微观数据库。

（三）"一带一路"区域性政府采购国际治理研究

党的十九大提出要推动形成"全面开放的新格局"。这一高屋建瓴的宏观规划，毫无疑问也为新时代我国政府采购市场的国际化建设提供了纲领性指导。中国"一带一路"倡议得到多个国家的支持和拥护，由于"一带一路"沿线国家政府采购制度建设参差不齐，中国在国际招投标等政府采购领域遇到了一些国内国际政府采购规制的"瓶颈"。政府采购作为连接政府和市场行为，在"一带一路"倡议中具有穿针引线的作用，由此可见，"一带一路"沿线国家达成双边和多边政府采购共识已提上议事日程，"一带一路"政府采购国际治理问题成为中国国际合作重要研究领域。

附　　录

GPA 框架下中国政府采购安全运行机制调研问卷

尊敬的女士/先生：

您好！我们是 GPA 研究课题组的调研人员，正在进行 GPA（WTO《政府采购协议》）框架下中国政府采购安全运行机制专题调研，希望通过这份问卷了解您对当前中国加入 GPA 的看法。有关数据仅供课题组做统计分析，所有信息都将保密，恳请您根据贵单位的实际情况和个人的真实感受，回答以下问题。您的鼎力支持是此项研究成功的关键！由衷感谢您的真诚合作！

填写说明：请在题目括号内选择您认为最合适的答案，无特别说明的问题均为单选。

第一部分　问卷正文

A 部分　GPA 框架下中国政府采购面临的机遇

一、加入 WTO《政府采购协议》（简称 GPA），中国将面临的发展机遇有哪些？（在选项中对应的数字上画〇即可，其中 5 至 1 分别表示完全同意、同意、不一定、不同意、完全不同意。）

1. 降低政府采购成本　　　　　　　　完全同意　5　4　3　2　1　完全不同意

2. 完善政府采购制度　　　　　　　　完全同意　5　4　3　2　1　完全不同意

3. 提高透明度，遏制政府采购腐败　　完全同意　5　4　3　2　1　完全不同意

4. 开拓国际政府采购市场　　　　　　完全同意　5　4　3　2　1　完全不同意

5. 提高国内政府采购市场的竞争程度　完全同意　5　4　3　2　1　完全不同意

6. 促进国内政府采购管理水平的提升　完全同意　5　4　3　2　1　完全不同意

7. 其他＿＿＿＿＿＿＿＿＿＿＿＿　　完全同意　5　4　3　2　1　完全不同意

B 部分　GPA 框架下中国政府采购面临的安全冲击

二、加入 GPA 中国政府采购将面临哪些风险冲击？

1. 对中国政府采购制度的冲击	完全同意　5　4　3　2　1　完全不同意
2. 对中国政府采购市场的冲击	完全同意　5　4　3　2　1　完全不同意
3. 对中国政府采购功能的冲击	完全同意　5　4　3　2　1　完全不同意
4. 其他_____	完全同意　5　4　3　2　1　完全不同意

三、加入 GPA 对中国政府采购制度的冲击主要体现在以下哪些方面？

1. 立法目标的冲击	完全同意　5　4　3　2　1　完全不同意
2. 基本原则的冲击	完全同意　5　4　3　2　1　完全不同意
3. 最低限额的冲击	完全同意　5　4　3　2　1　完全不同意
4. 适用范围的冲击	完全同意　5　4　3　2　1　完全不同意
5. 采购方式的冲击	完全同意　5　4　3　2　1　完全不同意
6. 招投标程序的冲击	完全同意　5　4　3　2　1　完全不同意
7. 质疑程序的冲击	完全同意　5　4　3　2　1　完全不同意
8. 救济制度方面的冲击	完全同意　5　4　3　2　1　完全不同意
9. 其他_____	完全同意　5　4　3　2　1　完全不同意

四、加入 GPA 对中国政府采购市场的冲击主要体现在以下哪些方面？

1. 缺乏竞争力的企业失去原有市场份额	完全同意　5　4　3　2　1　完全不同意
2. 导致国际贸易逆差	完全同意　5　4　3　2　1　完全不同意
3. 国家信息安全面临挑战	完全同意　5　4　3　2　1　完全不同意
4. 冲击政府采购市场定价机制	完全同意　5　4　3　2　1　完全不同意
5. 其他_____	完全同意　5　4　3　2　1　完全不同意

五、加入 GPA 会对下列政府采购功能产生何种程度的风险冲击？
（其中 5 至 1 分别表示冲击很大、有冲击、不确定、没有冲击、完全没有冲击）

1. 节约财政资金	冲击很大　5　4　3　2　1　完全没有冲击
2. 规范政府行为，促进廉政建设	冲击很大　5　4　3　2　1　完全没有冲击
3. 经济总量调控	冲击很大　5　4　3　2　1　完全没有冲击
4. 促进区域平衡发展	冲击很大　5　4　3　2　1　完全没有冲击
5. 扶持中小企业，保护幼稚产业	冲击很大　5　4　3　2　1　完全没有冲击

6. 节能环保   冲击很大　5　4　3　2　1　完全没有冲击

7. 民族地区经济稳定   冲击很大　5　4　3　2　1　完全没有冲击

8. 支持创新   冲击很大　5　4　3　2　1　完全没有冲击

9. 其他＿＿＿＿＿＿＿＿＿＿ 冲击很大　5　4　3　2　1　完全没有冲击

　　六、GPA 框架下中国政府采购面临风险冲击的原因有哪些?

1. 中国政府采购法律制度不完善   完全同意　5　4　3　2　1　完全不同意

2. 中国政府采购市场不成熟   完全同意　5　4　3　2　1　完全不同意

3. 中国政府采购功能没有有效发挥 完全同意　5　4　3　2　1　完全不同意

4. 其他＿＿＿＿＿＿＿＿＿＿ 完全同意　5　4　3　2　1　完全不同意

　　七、您认为影响中国目前面临的制度冲击因素有哪些?

1. 政府采购法与招标法冲突   完全同意　5　4　3　2　1　完全不同意

2. 缺乏对评审专家的责任约定   完全同意　5　4　3　2　1　完全不同意

3. 缺乏对供应商的约束和评价机制 完全同意　5　4　3　2　1　完全不同意

4. 责任主体不明晰   完全同意　5　4　3　2　1　完全不同意

5. 重程序，轻结果   完全同意　5　4　3　2　1　完全不同意

6. 其他＿＿＿＿＿＿＿＿＿＿ 完全同意　5　4　3　2　1　完全不同意

　　八、您认为影响中国目前政府采购面临市场冲击的因素有哪些?

1. 政府采购规模偏小、范围偏窄   完全同意　5　4　3　2　1　完全不同意

2. 企业国际竞争力比较弱   完全同意　5　4　3　2　1　完全不同意

3. 中国跨国化指数低   完全同意　5　4　3　2　1　完全不同意

4. 中国国际公共采购参与度低   完全同意　5　4　3　2　1　完全不同意

5. 政府采购电子化水平不高   完全同意　5　4　3　2　1　完全不同意

6. 采购不透明，暗箱操作多   完全同意　5　4　3　2　1　完全不同意

7. 无法有效地发挥政策功能   完全同意　5　4　3　2　1　完全不同意

8. 中国自主创新能力不足   完全同意　5　4　3　2　1　完全不同意

9. 对 GPA 相关缔约方的情况掌握不够 完全同意　5　4　3　2　1　完全不同意

10. 其他＿＿＿＿＿＿＿＿＿＿ 完全同意　5　4　3　2　1　完全不同意

　　九、您认为影响中国政府采购面临政策功能冲击的因素有哪些?

1. 政府采购功能目标不够清晰   完全同意　5　4　3　2　1　完全不同意

2. 缺乏实现功能目标的有效操作细则 完全同意　5　4　3　2　1　完全不同意

3. 公开招标方式阻碍政策功能的实现　完全同意　5　4　3　2　1　完全不同意

4. 政策功能的责任不明确　完全同意　5　4　3　2　1　完全不同意

5. 政府采购结构和规模限制了功能的发挥　完全同意　5　4　3　2　1　完全不同意

6. 承担政策功能的责任部门不明确　完全同意　5　4　3　2　1　完全不同意

7. 缺乏政府采购功能的评价体系　完全同意　5　4　3　2　1　完全不同意

8. 其他_____　完全同意　5　4　3　2　1　完全不同意

C 部分　GPA 框架下维护政府采购安全的措施

十、您认为在 GPA 框架下如何完善中国的政府采购法律制度？

1. 立法宗旨中明确政府采购功能导向　完全同意　5　4　3　2　1　完全不同意

2. 在《政府采购法》中增加非歧视原则　完全同意　5　4　3　2　1　完全不同意

3. 重新界定政府采购的适应范围　完全同意　5　4　3　2　1　完全不同意

4. 扩大非公开招标方式的比例　完全同意　5　4　3　2　1　完全不同意

5. 完善政府采购救济机制　完全同意　5　4　3　2　1　完全不同意

6. 理清采购管理及相应机构的边界　完全同意　5　4　3　2　1　完全不同意

7. 增强政府采购信息、程序的透明性　完全同意　5　4　3　2　1　完全不同意

8. 改革政府采购的监督管理体系　完全同意　5　4　3　2　1　完全不同意

9. 其他_____　完全同意　5　4　3　2　1　完全不同意

十一、您认为中国可以采用的政府采购市场开放策略有哪些？

1. 谨慎选择国有企业的开放范围　完全同意　5　4　3　2　1　完全不同意

2. 充分考虑东、西部地区的差异　完全同意　5　4　3　2　1　完全不同意

3. 对少数民族地区实施优惠　完全同意　5　4　3　2　1　完全不同意

4. 谨防"不对等"谈判　完全同意　5　4　3　2　1　完全不同意

5. 充分利用发展中国家身份展开谈判　完全同意　5　4　3　2　1　完全不同意

6. 其他_____　完全同意　5　4　3　2　1　完全不同意

十二、您认为在 GPA 框架下如何更加有效地实现中国政府采购的政策功能？

1. 充分利用发展中国家发展条款　完全同意　5　4　3　2　1　完全不同意

2. 明确"国货"标准，优先购买国货　完全同意　5　4　3　2　1　完全不同意

3. 实行补偿贸易制度　完全同意　5　4　3　2　1　完全不同意

4. 推动政府绿色采购　完全同意　5　4　3　2　1　完全不同意

5. 设置"价格标准"GPA 隐性壁垒　　　　完全同意　5　4　3　2　1　完全不同意

6. 制定中小企业优惠政策　　　　　　　完全同意　5　4　3　2　1　完全不同意

7. 制定政府采购功能绩效评价指标体系　完全同意　5　4　3　2　1　完全不同意

8. 提高企业国际竞争力　　　　　　　　完全同意　5　4　3　2　1　完全不同意

9. 其他＿＿＿＿＿＿＿＿＿＿＿＿　　　完全同意　5　4　3　2　1　完全不同意

D 部分　政府采购政策功能及实施效果

十三、您认为政府采购应该具备哪些功能？

1. 节约财政资金　　　　　　　　　　　完全同意　5　4　3　2　1　完全不同意

2. 规范政府行为，促进廉政建设　　　　完全同意　5　4　3　2　1　完全不同意

3. 经济总量调控　　　　　　　　　　　完全同意　5　4　3　2　1　完全不同意

4. 促进区域平衡发展　　　　　　　　　完全同意　5　4　3　2　1　完全不同意

5. 扶持中小企业，保护幼稚产业　　　　完全同意　5　4　3　2　1　完全不同意

6. 绿色政府采购　　　　　　　　　　　完全同意　5　4　3　2　1　完全不同意

7. 支持创新　　　　　　　　　　　　　完全同意　5　4　3　2　1　完全不同意

8. 其他＿＿＿＿＿＿＿＿＿＿＿＿　　　完全同意　5　4　3　2　1　完全不同意

十四、您认为中国政府采购较好地实现了哪些功能？

（选项中，5 至 1 分别表示非常好、好、一般、不好、非常不好。）

1. 节约财政资金　　　　　　　　　　　非常好　5　4　3　2　1　非常不好

2. 规范政府行为，促进廉政建设　　　　非常好　5　4　3　2　1　非常不好

3. 经济总量调控　　　　　　　　　　　非常好　5　4　3　2　1　非常不好

4. 促进区域平衡发展　　　　　　　　　非常好　5　4　3　2　1　非常不好

5. 扶持中小企业，保护幼稚产业　　　　非常好　5　4　3　2　1　非常不好

6. 节能环保　　　　　　　　　　　　　非常好　5　4　3　2　1　非常不好

7. 支持创新　　　　　　　　　　　　　非常好　5　4　3　2　1　非常不好

8. 其他＿＿＿＿＿＿＿＿＿＿＿＿　　　非常好　5　4　3　2　1　非常不好

十五、您认为中小企业参与政府采购主要存在哪些障碍？

1. 批量集中采购门槛高　　　　　　　　完全同意　5　4　3　2　1　完全不同意

2. 中小企业一般缺乏资源　　　　　　　完全同意　5　4　3　2　1　完全不同意

3. 中小企业产品质量得不到保障　　　　完全同意　5　4　3　2　1　完全不同意

4. 中小企业售后服务跟不上　　　　　　完全同意　5　4　3　2　1　完全不同意

5. 公开招标方式，中小企业很难中标　　完全同意　5　4　3　2　1　完全不同意

6. 缺乏可操作的配套措施　　完全同意　5　4　3　2　1　完全不同意

7. 其他＿＿＿＿＿＿＿＿＿＿　　完全同意　5　4　3　2　1　完全不同意

十六、您认为政府采购环保节能产品主要面临哪些障碍？

1. 环保节能产品价格较高，预算不支持　完全同意　5　4　3　2　1　完全不同意

2. 国家优先采购政策约束力不强　　完全同意　5　4　3　2　1　完全不同意

3. 公开招标方式不利于节能环保产品　　完全同意　5　4　3　2　1　完全不同意

4. 节能环保产品采购清单更新不及时　　完全同意　5　4　3　2　1　完全不同意

5. 节能环保产品多以次充好，实际效果
并不佳　　完全同意　5　4　3　2　1　完全不同意

6. 节能环保产品标准混乱、评标困难　　完全同意　5　4　3　2　1　完全不同意

7. 其他＿＿＿＿＿＿＿＿＿＿　　完全同意　5　4　3　2　1　完全不同意

十七、您认为政府采购在支持国内创新方面主要存在哪些障碍？

1. 政采制度体系对支持创新的导向不足　完全同意　5　4　3　2　1　完全不同意

2. 政府制度注重采购程序而非合同管理，
使得创新产品参与难　　完全同意　5　4　3　2　1　完全不同意

3. GPA 等国际规制要求公平竞争的压力　完全同意　5　4　3　2　1　完全不同意

4. 创新产品质量不可靠　　完全同意　5　4　3　2　1　完全不同意

5. 公开招标方式不利于创新产品参与　　完全同意　5　4　3　2　1　完全不同意

6. 其他＿＿＿＿＿＿＿＿＿＿　　完全同意　5　4　3　2　1　完全不同意

十八、您对 GPA 框架下中国政府采购安全运行机制还有哪些意见与建议：

＿＿＿＿＿＿＿＿＿＿＿＿＿＿＿＿＿＿＿＿＿＿＿＿＿＿＿＿＿＿＿＿

第二部分　个人资料

一、请提供简单的个人资料

1. 您的性别：

○男　　　　　　○女

2. 您的文化程度：

○初中及以下　　○高中　　　　○大专　　　　○本科

○硕士　　　　○博士

3. 您的最高职称（专业技术等级）或职业技能等级：

○高级　　　　　　○中级　　　　　　○初级　　　　　　○无

4. 您所在的单位/组织：

○公共资源交易监管、服务机构　　　○公共资源交易中心

○政府采购中心　　　　　　　　　　○解放军军队物资采购部门

○公共采购分会的会员单位　　　　　○国有企业采购部门

○高等院校采购部门　　　　　　　　○公共采购领域的供应商

○科研机构　　　　　　　　　　　　○其他

5. 您所在的地区①：

○北京	○天津	○上海	○重庆
○河北	○山西	○辽宁	○吉林
○黑龙江	○江苏	○浙江	○安徽
○福建	○江西	○山东	○河南
○湖北	○湖南	○广东	○海南
○四川	○贵州	○云南	○陕西
○甘肃	○青海	○内蒙古	○广西
○西藏	○宁夏	○新疆	

---

① 该调研仅面向中国大陆地区，不含我国香港、澳门和台湾地区。

参 考 文 献

［1］艾冰，陈晓红．政府采购与自主创新的关系［J］．管理世界，2008
（3）：169 – 170.

［2］艾冰．欧美国家政府采购促进自主创新的经验与启示［J］．宏观经济
研究，2012（1）：13 – 20.

［3］艾冰．政府采购促进自主创新的关系及效果研究［D］．长沙：中南大
学，2009.

［4］白彦锋，徐晟．中国政府采购促进自主创新的角色分析［J］．首都经
济贸易大学学报，2012，14（2）：18 – 23.

［5］白志远，王平．论我国加入 GPA 过程中的困境［J］．财政研究，2013
（8）：36 – 38.

［6］白志远．当前政府采购信息披露中的问题及原因探讨［J］．财政与发
展，2007（2）：30 – 33.

［7］白志远．政府采购政策功能研究［M］．武汉：武汉大学出版社，2016.

［8］蔡春红．《政府采购法》中的立法技术瑕疵［J］．法学，2004（2）：
28 – 33.

［9］蔡坚．政府采购支出对我国宏观经济影响的实证分析［J］．工业技术
经济，2010（12）：98 – 102.

［10］曹富国，何景成．政府采购管理国际规范与实务［M］．北京：企业管
理出版社，1998.

［11］曹富国．中国加入 WTO 政府采购协定谈判中的中小企业问题［J］．国
家行政学院学报，2014（1）：46 – 50.

［12］曹秋菊．经济开放条件下中国产业安全问题研究［D］．长沙：湖南大
学，2007.

［13］曹润林．政府采购需求管理［D］．武汉：中南财经政法大学，2014.

［14］常超，王铁山，王昭．政府采购促进企业自主创新的经验借鉴［J］．
经济纵横，2008（8）：100 – 103.

[15] 常明. 政府采购电子化的信息安全风险与对策 [J]. 中国信息安全, 2013 (6)：61.

[16] 陈维峰, 李春好, 赵裕平等. 促进我国"互联网 + 政府采购"发展的管理机制与管控流程构建 [J]. 中国行政管理, 2018 (5)：48 - 53.

[17] 陈向阳, 谢争艳. GPA 契机下我国政府采购法律制度的完善 [J]. 探求, 2016 (3)：54 - 62.

[18] 陈向阳. 加入 GPA 对我国的双重影响及策略研究 [J]. 甘肃政法学院学报, 2013 (5)：118 - 125.

[19] 诚凌. 政府采购：警惕"买"进来的信息安全威胁 [J]. 中国信息安全, 2013 (6) 28 - 31.

[20] 程红琳, 梁爽. 政府采购难堵政府信息安全漏洞 [N]. 中国政府采购报, 2013 - 07 - 12 (1).

[21] 崔光耀. 政府采购下的信息安全 [J]. 信息安全与通信保密, 2004 (12)：17 - 19.

[22] 崔书昆. 国外政府采购涉及信息安全问题的一些思考 [J]. 中国信息安全, 2013 (6)：40 - 41.

[23] 道格拉斯·C. 诺思. 制度、制度变迁与经济绩效（第一版）[M]. 上海：格致出版社, 2008.

[24] 邓利华. 加入 GPA 后开放湖北政府采购市场的利弊及对策 [J]. 湖北社会科学, 2010 (9)：68 - 71.

[25] 邓婉君, 张换兆. 对《政府采购协议》下中国保护本国产业和支持本土创新的建议 [J]. 中国科技论坛, 2012 (4)：25 - 29.

[26] 邓毅. 政府采购公共政策目标和传导机制研究——兼谈支持自主创新的政府采购政策 [J]. 财政研究, 2007 (9)：51 - 53.

[27] 丁芳. GPA 框架下完善我国政府采购制度的建议 [J]. 财政研究, 2012 (11)：43 - 45.

[28] 方令. 西部地方政府融入全球化的策略选择：从一个法律框架观照 [J]. 改革, 2010 (6)：131 - 134.

[29] 方清涛. 中国国家信息安全与策略研究 [D]. 河北师范大学, 2009.

[30] 冯静颖, 丁红丹, 李心佩. 中兴事件原因分析及带给中国企业的启示 [J]. 当代石油石化, 2018 (9)：8 - 12.

[31] 高伟凯. 贸易自由化的国家利益原则 [J]. 国际贸易, 2007 (3)：41 - 46.

[32] 龚小军．"中兴事件"对我国企业自主创新能力建设的启示［J］．石油科技论坛，2018（4）：49 – 54.

[33] 郭成龙．复杂形势下推进我国 GPA 谈判的要点［J］．中国政府采购，2018（7）：18 – 22.

[34] 郭连成．经济全球化与转轨国家财政金融安全相关性研究［J］．国外社会科学，2010（6）：71 – 79.

[35] 郭庆旺，赵志耘．公共经济学［M］．北京：高等教育出版社，2006：157.

[36] 哈维·S. 罗森，特德·盖亚．财政学（第八版）［M］．北京：中国人民大学出版社，2008.

[37] 韩常青，蔡坚．加入 GPA 对我国产业安全影响的实证分析［J］．国际贸易问题，2010（12）：20 – 27.

[38] 韩凤芹，周斌．发挥政府采购功能作用，促进高技术产业发展［J］．中国财政，2010（21）：64 – 66.

[39] 韩晓萃．加强政府采购改革的几点思考［J］．会计师，2018（9）：40 – 41.

[40] 洪梅，申丽静，陈良华．政府采购促进自主创新的国际经验借鉴与启示［J］．现代管理科学，2007（4）：23 – 24.

[41] 侯祚勇．坚持自主科技创新 牢牢掌握核心技术——美国制裁中兴公司事件的启示［J］．科技与创新，2018（17）：17 – 19.

[42] 胡军．国际采购理论与实务（第一版）［M］．北京：中国物资出版社，2008.

[43] 胡兰玲．政府采购制度创制研究［D］．天津：南开大学，2013.

[44] 胡梅，程亚萍．刍论 GPA 框架下我国政府采购法之修订与完善［J］．海南大学学报（人文社会科学版），2015（4）：44 – 50.

[45] 胡伟，程亚萍．论网上政府采购安全的法律保障［J］．安徽大学学报（哲学社会科学版），2007（5）：62 – 66.

[46] 黄河．西方政府采购政策的功能定位及其启示［J］．南京师大学报（社会科学版），2006（6）：63 – 67.

[47] 纪宝成，刘元春．对我国产业安全若干问题的看法［J］．经济理论与经济管理，2006（9）：5 – 11.

[48] 佳昕．我国政府采购法律制度与 GPA 的差异及法律调整［J］．中国政府采购，2012（10）：70 – 72.

[49] 贾根良.“中兴事件”对中国加入 WTO《政府采购协定》敲响了警钟 [J]. 学习与探索, 2018 (8): 113 – 121.

[50] 贾根良. 警惕自主创新战略重蹈洋务运动的覆辙 [J]. 天津商业大学学报, 2014 (1): 3 – 8.

[51] 贾根良. 新李斯特主义经济学在中国 [M]. 北京: 中国人民大学出版社, 2015: 128.

[52] 贾根良. 转变对外经济发展方式的实质及政策建议 [J]. 社会科学辑刊, 2012 (1): 120 – 123.

[53] 贾康, 王桂娟. 中国加入《政府采购协议》(GPA) 的挑战与策略 [M]. 上海: 立信会计出版社, 2015.

[54] 姜爱华. 我国加入 GPA 的开放与保护策略选择——借鉴典型国家和地区的经验 [J]. 地方财政研究, 2012 (12): 4 – 10.

[55] 姜爱华. 中国政府采购制度改革: 成就、挑战与对策 [J]. 地方财政研究, 2018 (4): 62 – 67.

[56] 鞠丽平. 习近平总体国家安全观探析 [J]. 山东社会科学, 2018 (9): 17 – 22.

[57] 卡尔. 多伊奇. 国际关系分析 [M]. 北京: 世界知识出版社, 1992: 283.

[58] 寇丽梅. 中国政府采购信息产品的几点思考——由联想“安全门”事件随想 [J]. 农业科研经济管理, 2007 (4): 45.

[59] 雷家骕. 国家经济安全: 理论与分析方法 (第一版) [M]. 北京: 清华大学出版社, 2011.

[60] 冷昕.“金砖五国”信息产业国际竞争力比较研究 [D]. 长春: 吉林大学, 2014.

[61] 黎明, 涂成波, 宋丽华. 浅析维护政府采购信息安全 [J]. 经济研究导刊, 2011 (10): 227, 234.

[62] 李国杰.“中兴事件”给科技工作的启示 [J]. 科技导报, 2018 (13): 1.

[63] 李国强, 袁东明. 中国政府采购制度与运行机制研究 [M]. 北京: 中国发展出版社, 2014.

[64] 李国强. 政府采购理论与实践研究 [D]. 长春: 吉林大学, 2004.

[65] 李孟刚. 产业安全理论研究 (第三版) [M]. 北京: 经济科学出版社, 2012: 16.

［66］李旻．GPA视角下我国政府采购法律制度的完善［J］．招标与投标，2019（5）：4-7．

［67］李少军．国际安全警示录［M］．北京：金城出版社，1997：27．

［68］李慰．GPA新变化及对我国政府采购发展的建议［J］．中国经贸导刊，2014（1）：36-38．

［69］李希义，邓天佐．利用政府采购支持我国中小企业快速发展的政策研究——基于美国政府的经验分析［J］．中国科技论坛，2012（11）：122-126．

［70］李晓辉．加入GPA我国政府采购救济制度的应对研究［J］．财税法论丛，2015（2）：249-261．

［71］李亚亚，吕汉阳．加入GPA完善国有企业采购制度探究［J］．中国政府采购，2018（7）：29-32．

［72］李瑛．多极化时代的安全观：从国家安全到世界安全［J］．世界经济与政治，1998（5）：42．

［73］林晶．政府采购市场开放性的国际比较与政策建议［J］．中国政府采购，2007（2）：99-103．

［74］刘慧，羌建新．全球金融危机形势下的政府采购与公共市场研究——应对全球金融危机．政府采购与公共市场改革论文集［M］．北京：中国经济出版社，2010．

［75］刘慧．当前我国政府采购中的信息安全问题——国际关系学院党委书记刘慧［J］．中国信息安全，2013（6）：32-36．

［76］刘慧．国家安全蓝皮书：中国国家安全研究报告（2014）（第一版）［M］．北京：社会科学文献出版社，2014．

［77］刘建琼．开放政府采购市场的理论与实践［J］．开放导报，2012（4）：79-81．

［78］刘建琼．中国政府采购市场开放的现状与趋势（第二版）［M］．北京：中国出版集团，2013．

［79］刘军民．英国政府采购制度简析与启示［J］．财政研究，2013（3）：69-74．

［80］刘清恩．基于技术经济分析视角的中国政府采购效益研究［D］．长春：吉林大学，2007．

［81］刘锐．完善政府采购法律制度，应对WTO《政府采购协定》［J］．行政法学研究，2011（2）：25-29，70．

［82］刘尚希，武靖州．财政改革四十年的基本动力与多维观察——基于公

共风险的逻辑 [J]. 经济纵横, 2018 (11): 66 - 78.

[83] 刘尚希, 杨铁山. 政府采购制度: 市场经济条件下加强财政支出管理的中心环节 [J]. 财政研究, 1998 (4): 30 - 34.

[84] 刘小川, 唐东会. 中国政府采购政策研究 [M]. 北京: 人民出版社, 2009: 90.

[85] 刘雪斌, 颜华保. 基于产业链角度探析我国的产业安全 [J]. 南昌大学学报 (人文社会科学版), 2007 (6): 71 - 74.

[86] 路晓非. 政府绿色采购研究 [D]. 武汉: 武汉理工大学, 2008.

[87] 吕汉阳, 韩佳庆. 国际组织框架下政府采购市场开放解析 [J]. 经济, 2013 (1): 180 - 181.

[88] 吕汉阳, 肖寒. 韩国: 加入 GPA 后如何开拓海外采购市场 [J]. 经济, 2013 (7): 170 - 171.

[89] 吕汉阳. 中国加入 WTO《政府采购协议》谈判的战略思考 [J]. 招标与投标, 2013 (2): 51 - 53.

[90] 马海涛, 姜爱华. 我国政府采购制度研究 [M]. 北京: 北京大学出版社, 2007: 8 - 21.

[91] 马海涛, 王东伟. 国内政府采购政策功能效应研究: 综述与展望 [J]. 经济与管理评论, 2014 (3): 53 - 59.

[92] 马海涛, 徐焕东, 李燕, 等. 政府采购管理 [M]. 北京: 经济科学出版社, 2003: 14.

[93] 马建会. 加入 WTO 后影响我国产业安全的八大因素 [J]. 亚太经济, 2002 (4): 61 - 63.

[94] 马理, 吴金光. 政府采购与企业自主创新 [M]. 北京: 经济管理出版社, 2012.

[95] 马晓雪. WTO《政府采购协议》框架下中国政府采购市场开放策略研究 [D]. 大连: 东北财经大学, 2015.

[96] 迈克尔·波特. 国家竞争优势 [M]. 北京: 中信出版社, 2012: 114.

[97] 孟宪宇, 牛霏霏. 探讨 GPA 框架下调整我国政府采购管理制度的建议 [J]. 中国卫生标准管理, 2017 (27): 27 - 29.

[98] 孟晔. 从 GPA 视角透视我国政府采购法律改革 [J]. 上海对外经贸大学学报, 2015 (2): 20 - 28.

[99] 孟晔. 论 WTO《政府采购协议》的修改及其对中国的影响 [J]. 世界贸易组织动态与研究, 2007 (7): 6 - 10.

［100］孟晔 . 我国加入 WTO《政府采购协议》信息安全研究［J］. 中国财政，2014（12）：58 – 59.

［101］孟晔 . 政府采购领域的对外开放与保护——我国加入 GPA 信息安全防范措施研究［J］. 中国信息安全，2013（6）：46 – 49.

［102］倪光南 . 倪光南：政府采购与信息安全间的关系［J］. 中国招标，2006（54）：8.

［103］倪鑫煜 . 公共采购体制中的"次级政策"——兼论 GPA 例外规则［J］. 时代法学，2012（3）：80 – 86.

［104］潘高峰，陈露 . GPA 视角下的我国政府采购法律制度现状考察［J］. 喀什师范学院学报，2014（1）：26 – 31.

［105］庞世辉，王燕梅 .《政府采购协议》对我国产业和市场发展的影响——以北京市为例［J］. 城市问题，2012（2）：93 – 96.

［106］裴庚 . 公共财政框架下的政府采购问题研究［D］. 北京：财政部财政科学研究所，2011.

［107］彭鸿广，骆建文 . 生命周期成本：政府采购自主创新产品的新视角［J］. 科学学与科学技术管理，2008（8）：131 – 133.

［108］彭鸿广 . 政府技术采购中的创新激励机制研究［D］. 上海：上海交通大学，2012.

［109］齐书良 . 发展经济学［M］. 北京：高等教育出版社，2007：255.

［110］邱彦昌 ."中兴事件"启示录［J］. 大社会，2018（6）：14 – 17.

［111］史丁莎，屠新泉 . 区域贸易自由化下我国政府采购开放研究［J］. 宏观经济管理，2016（5）：77 – 79，87.

［112］史际春，邓峰 . 经济法总论［M］. 北京：法律出版社，1998：34.

［113］宋河发，穆荣平，任中保 . 促进自主创新的政府采购政策与实施细则关联性研究［J］. 科学学研究，2011（2）：291 – 299.

［114］宋丽雅，王满仓 . 政府采购（第一版）［M］. 西安：西安交通大学出版社，2007.

［115］宋雅琴 . 中国加入 WTO《政府采购协议》问题研究：站在国家的角度重新审视国际制度［M］. 北京：经济科学出版社，2011.

［116］唐东会 . 政府采购促进自主创新的机理探析［J］. 地方财政研究，2008（5）：36 – 40.

［117］佟瑞鹏 . 常用安全评价方法及其应用（第一版）［M］. 北京：中国劳动社会保障出版社，2011.

[118] 屠新泉,史丁莎.确定政府采购制度的边界是中国加入 GPA 谈判的关键 [J].中国政府采购,2014 (3):30-31.

[119] 屠新泉.日本参与《政府采购协议》的经验与启示 [J].国际经济合作,2009 (10):67-71.

[120] 王爱君.中国政府采购市场开放策略研究 [J].财政研究,2011 (11):28-32.

[121] 王从虎.公共采购腐败治理问题研究 (第一版) [M].北京:中国方正出版社,2013.

[122] 王金秀,汪博兴,吴胜泽.论中国政府采购的政策功能及其实施途径 [J].中国政府采购,2006 (2):18-24.

[123] 王丽萍,李创.国际贸易理论与实务 [M].北京:清华大学出版社,2011.

[124] 王连山.关于我国财政安全和财政风险的研究 [M].大连:东北财经大学出版社,2005.

[125] 王谦,上官鸣.政府采购相关政策探讨 [J].行政事业资产与财务,2018 (2):10-11.

[126] 王胜辉.政府采购评审专家工作指南 [M].北京:中国工信出版社,2019:17.

[127] 王铁山,冯宗宪.政府采购对产品自主创新的激励机制研究 [J].科学学与科学技术管理,2008 (8):126-130.

[128] 王文庚.政府采购政策功能研究 [D].北京:财政部财政科学研究所,2012.

[129] 王逸舟.论综合安全 [J].世界经济与政治,1998 (4):5.

[130] 王鹰.论安全的概念 [J].湖北警官学院学报,2003 (1):53.

[131] 威廉·冯·洪堡.论国家的作用 [M].林荣远,冯兴元译.北京:中国社会科学出版社,1998:112.

[132] 温俊萍.经济全球化进程中发展中国家经济安全研究:发展经济学的视角 [M].上海:华东师范大学,2006.

[133] 文炳洲,陈琛.自主创新、进口替代与产业安全——兼论中兴事件的教训 [J].财经理论研究,2019 (1):66-75.

[134] 沃晨亮.对政府采购安全问题的思考 [J].中国政府采购,2014 (1):75-78.

[135] 吴家清.论宪法价值发生的人性基础 [J].广东财经大学学报,2001

（1）：83-89.

［136］吴俊培. 我国公共财政风险评估及其防范对策研究［M］. 北京：经济科学出版社，2018.

［137］吴明隆. 问卷统计分析实务——SPSS 操作与应用［M］. 重庆：重庆大学出版社，2018：237.

［138］吴英娜. 国家贸易安全评价体系构建［J］. 商业时代，2008（7）：29-30.

［139］吴玉萍. 国内产业安全研究新进展及展望［J］. 经济研究导刊，2010（15）：189-190.

［140］习近平. 习近平谈治国理政［M］. 北京：外文出版社，2014：201.

［141］肖北庚.WTO《政府采购协定》及我国因应研究［M］. 北京：知识产权出版社，2010：149.

［142］肖北庚. 论《政府采购协定》在缔约国适用的基础与我国加入时谈判对策［J］. 河北法学，2008（5）：61-66.

［143］肖北庚. 美国政府采购限制措施探析［J］. 暨南学报（哲学社会科学版），2014（3）：10-18.

［144］肖北庚. 我国政府采购法制之根本症结及其改造［J］. 环球法律评论，2010（3）：30-38.

［145］肖北庚. 政府采购的概念分析［J］. 河北法学，2004（7）：13-15.

［146］肖建华. 政府采购（第二版）［M］. 大连：东北财经大学出版社，2016.

［147］肖志宏，杨倩雯. 美国联邦政府采购的信息安全保障机制及其启示［J］. 北京电子科技学院学报，2009（3）：14-22.

［148］徐炎，丰诗朵. 美国政府采购信息安全法律制度及其借鉴［J］. 法商研究，2013（5）：136-143.

［149］许瑶瑶. 美俄法的国家信息安全保护及其启示［J］. 新视野，2014（3）：125-128.

［150］亚当·斯密. 国民财富的性质与原因的研究（上卷）［M］. 北京：商务出版社，2005.

［151］闫世刚. 我国政府采购市场开放性评价实证分析［J］. 工业技术经济，2010（2）：21-23.

［152］杨灿明，白志远. 完善政府采购制度研究（第一版）［M］. 北京：经济科学出版社，2009.

［153］杨灿明，李景友. 政府采购问题研究［M］. 北京：经济科学出版

社，2004.

[154] 杨虎涛，贾蕴琦. 产业协同、高端保护与短周期迁回——中兴事件的新李斯特主义解读 [J]. 人文杂志，2018（9）：40-47.

[155] 杨冉. 中国政府采购法律制度国际化研究 [D]. 北京：对外经济贸易大学，2016：140-148.

[156] 佚名. 中华人民共和国国家安全法 [M]. 北京：中国法制出版社，2015：3.

[157] 尹彦，张晓瑞，冯永琴. 政府采购对外开放与社会政策功能之间的关系研究 [J]. 标准科学，2015（3）：25-30.

[158] 尤传明. 全球化视域中中国经济安全问题研究 [D]. 武汉：武汉大学，2013.

[159] 于安. 加入《政府采购协定》对我国国内制度的影响 [J]. 法学，2005（6）：29-35.

[160] 于安. 我国政府采购法的几个问题 [J]. 法商研究，2003（4）：76-79.

[161] 袁红英. 加入 GPA 对产业发展的影响：来自 GPA 参加方的证据 [J]. 东岳论丛，2017（9）：150-157.

[162] 袁红英. 加入 GPA 对我国产业发展影响的博弈分析 [J]. 东岳论丛，2012（4）：129-135.

[163] 约翰·穆勒. 政治经济学原理及其在社会哲学上的若干应用 [M]. 胡企林，朱泱译. 北京：商务印书馆，1991：122-124.

[164] 张峰. 中国政府采购制度：绩效与腐败研究 [D]. 武汉：中南财经政法大学，2016.

[165] 张家瑾. 中国政府采购市场开放研究 [D]. 北京：对外经济贸易大学，2007.

[166] 张睿君. 中国加入 WTO《政府采购协议》谈判的国家利益分析 [J]. 上海对外经贸大学学报，2017（5）：14-24.

[167] 张堂云，白志远. GPA 规制下中国产业安全测度、比较与提升 [J]. 地方财政研究，2017（6）：75-81，88.

[168] 张堂云，曹润林. GPA 缔约国政府采购政策功能实践与启示——基于 OECD 调研数据的考察 [J]. 中国政府采购，2019（3）：75-80.

[169] 张堂云，黄卉. GPA 规制下中国企业国际公共采购市场的拓展——以联合国市场为例 [J]. 中国政府采购，2017（8）：77-80.

[170] 张堂云．GPA 规制下中国政府采购安全体系构建 [J]．学术论坛，2016，39（7）：28 –31.

[171] 张天勖．GPA 框架下的我国地方政府采购制度研究 [D]．长春：吉林大学，2011.

[172] 张维迎．博弈论与信息经济学 [M]．上海：上海三联书店，2005.

[173] 张小瑜．加入 WTO《政府采购协定》——中国政府采购市场的对外开放 [J]．国际贸易，2007（6）：44 –47.

[174] 张晓瑞，尹彦，冯永琴．典型 GPA 缔约方政府采购市场开放度研究 [J]．标准科学，2017（6）：22 –27.

[175] 章辉．政府采购风险及其控制 [M]．北京：中国财政经济出版社，2009.

[176] 章辉．中国政府采购市场开放风险与防范 [M]．上海：上海三联书店，2014.

[177] 赵婵，赵丽莉．我国政府采购法之价值目标结构剖析 [J]．信息网络安全，2010（5）：4 –6.

[178] 赵秀丽．国家创新体系视角下的国有企业自主创新研究 [D]．济南：山东大学，2013.

[179] 赵勇，史丁莎．我国加入 GPA 的机遇与挑战 [J]．国际商务（对外经济贸易大学学报），2014（3）：72 –81.

[180] 赵勇．关注涉密项目政府采购中的信息安全 [J]．中国信息安全，2013（6）：44 –47.

[181] 周顺明．政府采购法律法规 [M]．武汉：湖北人民出版社，2012：245.

[182] 周威远．我国政府采购监督机制的问题与对策研究 [D]．长沙：湖南大学，2011.

[183] 周庄．关于我国加入 GPA 后政府采购开放性风险预警的基本设想 [J]．财贸经济，2011（11）：39 –43.

[184] 朱春奎，李燕．创新促进型政府采购理论述评公共行政评论 [J]．2014（4）：153 –186.

[185] 朱建民．我国产业安全评价指标体系的再构建与实证研究 [J]．科研管理，2013（7）：146 –153.

[186] 祝尔坚．从 2012 版 GPA 文本论政府采购发展走势 [J]．工程研究 –跨学科视野中的工程，2013（3）：288 –294.

[187] 邹昊. 政府采购体系建设研究（第一版）[M]. 北京: 清华大学出版社, 2011.

[188] A. Premchand, Public Expenditure Management [M]. International Monetary Fund, 1993: 23.

[189] Aaditya Mattoo. The Government Procurement Agreement: Implications of Economic Theory [J]. The World Economy, 1996, 19 (6): 695 – 720.

[190] Acemoglu D. Why Do New Technologies Complement Skills? Directed Technical Change And Wage Inequality [J]. The Quarterly Journal of Economics, 1998, 113 (4): 1055 – 1089.

[191] Anderson, Robert D.; Müller, Anna Caroline (2017): The revised WTO Agreement on Government Procurement (GPA): Key design features and significance for global trade and development, WTO Staff Working Paper, No. ERSD – 2017 – 04, World Trade Organization (WTO), Geneva, http: //dx. doi. org/ 10. 30875/188535e1 – en.

[192] Anthony F. Investigating the implementation of SME-friendly policy in public procurement [J]. Policy Studies, 2018, 1 – 22.

[193] Arnold Wolfers. National Security as an Ambiguous Symbol, in Theory and Practice of Inter-national Relations [M]. ed., Mclellan, Olson & Sonder-mann, Drentice-Hall, Inc., 1960: 189.

[194] Arrowsmith S. Government procurement in the WTO [J]. The Hague: Kluwer Law International. 2003.

[195] Arrowsmith S. Public Procurement Regulation in Africa [J]. Cambridge University Press, 2013, (8 – 9): 202 – 207.

[196] Aschhoff, Bigrit. Innovation on demand—Can Public Procurement Drive Market Success of Innovations [J]. Research Policy, 2009, 38 (8): 1235 – 1247.

[197] Baden D., Harwood I A., Woodward D G. The effects of procurement policies on "downstream" corporate social responsibility activity: Content-analytic insights into the views and actions of SME owner-managers [J]. International Small Business Journal, 2011, 29: 259 – 277.

[198] Bardhan P. Corruption and Development: A Review of Issues [J]. Journal of Economic Literature, 1997, 35 (3): 1320 – 1346.

[199] Barro R J. Output Effects of Government Purchases [J]. Journal of Political Economy, 1981, 89.

［200］Baumol W J. Notes on the Theory of Government Procurement ［J］. Economica, 1947, 14 (53): 1 – 18.

［201］Benchekroun H. , Chaudhuri A R. Trade Liberalization and the Profitability of Mergers: a Global Analysis ［J］. Review of International Economics, 2006, 14 (5): 941 – 957.

［202］Bernard Hoekman. International Cooperation on Public Procurement Regulation ［J］. EUI RSCAS Working Papers, 2015: 43.

［203］Bernard Hoekman. Reducing Home Bias in Public Procurement: Trade Agreements and Good Governance ［J］. Global Governance, 2018, 24: 249 – 265.

［204］Bernard Hoekman. Using International Institutions to Improve Public Procurement ［J］. Oxford Journals, 1998, 13 (2): 249 – 269.

［205］Bleda M. , del Río P. The market failure and the systemic failure rationales in technological innovation systems ［J］. Research Policy, 2013, 42 (5): 1039 – 1052.

［206］Blind K. , Jakob Pohlisch, Rainville A. Innovation and standardization as drivers of companies' success in public procurement: an empirical analysis ［J］. The Journal of Technology Transfer, 2019, 1 – 30.

［207］Borrás, Susana, Edquist C. The choice of innovation policy instruments ［J］. Technological Forecasting and Social Change, 2013, 80 (8): 1513 – 1522.

［208］Branco F. Favoring Domestic Firms in Procurement Contracts ［J］. Journal of International Economics, 1994, 37: 65 – 80.

［209］Brander J. , Krugman P. A "reciprocal dumping" model of international trade ［J］. Journal of International Economics, 1983, 15: 313 – 334.

［210］Bratt C. , Hallstedt S. , Robèrt K H. , et al. Assessment of eco-labelling criteria development from a strategic sustainability perspective ［J］. Journal of Cleaner Production, 2011, 19 (14): 1631 – 1638.

［211］Breton A, Salmon P. Are discriminatory procurement policies motivated by protectionism? ［J］. Kyklos, 1996, 49 (1): 47 – 68.

［212］Brian J. Baldus, Lindle Hatton. U. S. chief procurement officers' perspectives on public procurement ［J］. Journal of Purchasing and Supply Management, https://doi. org/10. 1016/j. pursup. 2019. 05. 003.

［213］Brülhart M. , Trionfetti F. Public expenditure, international specialisation and agglomeration ［J］. European Economic Review, 2004, 48 (4): 851 – 881.

[214] Budak J. , Rajh E. The Public Procurement System: A Business Sector Perspective [J]. Working Papers, 2014.

[215] Bulbul Sen. Public Procurement Reform for Ease in Doing Business [J]. The Indian Journal of Public Administration, 2019, 65 (1): 45 - 52.

[216] Buzzell R D. Market functions and market evolution [J]. Journal of Marketing, 1999, 63: 61 - 63.

[217] Caldwell N. , Walker H. , Harland C. , et al. Promoting competitive markets: The role of public procurement [J]. Journal of Purchasing and Supply Management, 2005, 11 (5 - 6): 242 - 251.

[218] Chen H, Whalley J. The WTO Government Procurement Agreement and Its Impacts on Trade [J]. Nber Working Papers, 2011, 10 (7): 454 - 455.

[219] Chibani A. , et al. Dynamic optimisation for highly agile supply chains in e-procurement context [J]. International Journal of Production Research, 2018, 56 (17): 5904 - 5929.

[220] Christopher Bovis. EC Public Procurement Law [M]. England: Addison Wesley Longman, 1997: 112.

[221] Christopher H. Bovis. Financing Services of General Interest in the EU: How do Public Procurement and State Aids Interact to Demarcate between Market Forces and Protection [J]. European Law Journal, 2005, 11 (1): 79 - 109.

[222] Christopher H. Bovis. Public procurement in the EU: Jurisprudence and Conceptual Directions [J]. Common Market Law Review, 2012, 49 (1): 247 - 289.

[223] Christopher H. Bovis. The challenges of public procurement reform in the single market of the European Union [J]. ERA Forum, 2013, 14 (1): 35 - 57.

[224] Cristina Muñoz-Garcia, Jose Vila. Value creation in the international public procurement market: In search of springbok firms [J]. Journal of Business Research, 2019, 101: 516 - 521.

[225] Dalpe, Robert, DeBresson, et al. The public sector as first user of innovations [J]. Research Policy, 1992, 21 (3) .

[226] De Leonardis, Francesco. Green Public Procurement: From Recommendation to Obligation [J]. International Journal of Public Administration, 2011, 34 (1/2): 110 - 113.

[227] Deases A J. Developing Countries: Increasing Transparency And Other Methods Of Eliminating Corruption In The Public Procurement Process [J]. Public

Contract Law Journal, 2005, 34 (3): 553 –572.

[228] Donald, W. , Donbler. Purchasing and Supply Management [M]. The McGraw-Hill Companies, INC, 1986: 63.

[229] Edler J. Demand Oriented Innovation Policy [M]. R Smits, Kuhlmann, P Shapira. In The Theory and Practice of Innovation Policy an International Research Handbook. Cheltenham: Edward Elgar, 2010: 177 –208.

[230] Edler J. , Georghiou L. Public procurement and innovation—Resurrecting the demand side [J]. Research Policy, 2007, 36 (7): 949 –963.

[231] Edler J. , Yeow J. Connecting demand and supply: The role of intermediation in public procurement of innovation [J]. Research Policy, 2016, 45 (2): 414 –426.

[232] Edquist C. The Swedish National Innovation Council: Innovation policy governance to replace linearity with holism [J]. Papers in Innovation Studies, 2016.

[233] Edquist C. , Hammarqvist P, Hommen L. Public technology procurement in Sweden: The X2000 high speed train [M] // Edquist C. , Hommen L. , Tsipouri L. Public Technology Procurement and Innovation. Dordrecht: Kluwer Academic Publishers, 2000: 79 –98.

[234] Edquist C. , Hommen L. Systems of Innovation: Theory And Policy for The Demand Side [J]. Technology in Society, 1999, 21: 63.

[235] Edquist C. , Zabala-Iturriagagoitia J M. Public Procurement for Innovation as mission-oriented innovation policy [J]. Research Policy, 2012, 41 (10): 1757 –1769.

[236] Erridge A. Public procurement, public value and the Northern Ireland unemployment pilot project [J]. Public Administration, 2007, 85: 1023 –1043.

[237] Evenett S J. , Hoekman B M. Government procurement: market access, transparency, and multilateral trade rules [J]. European Journal of Political Economy, 2005, 21 (1): 163 –183.

[238] Evenett S. J. Hoekman. Public Procurement, Innovation and Policy [M]. Springer Berlin Heidelberg Press, 2014: 13 –34.

[239] Evenett, Simon J. , Hoekman. Bernard M. Government procurement: market access, transparency, and multilateral trade rules [J]. European Journal of Political Economy, 2005, 21 (1): 163 –183.

[240] Fadic M. Government Procurement and the Growth of Small Firms [J].

Mpra Paper, 2018.

[241] Federico Trionfetti. Public procurement, market integration, and income inequalities [J]. Review of international economics, 2001, 9 (1): 29 –41.

[242] Fernandez S., Malatesta D., Smith C R. Race, Gender, and Government Contracting: Different Explanations or New Prospects for Theory? [J]. Public Administration Review, 2013, 73 (1): 109 – 120.

[243] Ferraz C., F. Finan, and D. Szerman. Procuring firm growth: The effects of government purchases on firm dynamics [J]. PUC-Rio, Department of Economics Discussion Papers, 2015.

[244] Ferraz C., Finan F., Szerman D. Procuring Firm Growth: The Effects of Government Purchases on Firm Dynamics [J]. Textos Para Discussão, 2014.

[245] Flanagan K, Uyarra E, Laranja M. Reconceptualising the "policy mix" for innovation [J]. Research Policy, 2011, 40 (5): 702 –713.

[246] Flynn A., Davis P. Theory in public procurement research [J]. Journal of Public Procurement, 2014, 14 (2): 139 –180.

[247] Francesco Testa et al. What factors influence the uptake of GPP (green public procurement) practices? New evidence from an Italian Survey [J]. Ecological Economics, 2012, 82: 88 – 96.

[248] Fronk J V. International Agreements on Trade in Government Procurement: Formation and Effect [D]. Washington: Georgetown University, 2015.

[249] Fujiwara K, Long N V. Welfare Effects of Reducing Home Bias in Government Procurements: A Dynamic Contest Model [J]. Review of Development Economics, 2012, 16 (1): 137 –147.

[250] Gaudet, Gerard and Rams Kanouni. Trade Liberalization and the Profitability of Domestic Mergers [J]. Review of International Economics, 2004, 12: 353 –361.

[251] Gee, sally. A role for public procurement in system innovation: the transformation of the Greater Manchester (UK) waste system [J]. Technology Analysis & Strategic Management, 2013, 25 (10): 1175 –1188.

[252] Georghiou L., Edler J., Uyarra E., Yeow J. Policy instruments for public procurement of innovation: Choice, design and assessment [J]. Technological Forecasting and Social Change, 2014, 86: 1 – 12.

[253] Geroski P A. Procurement policy as a tool of industrial policy [J]. Inter-

national Review of Applied Economics, 1990, 4 (2): 182 – 198.

[254] Gilpin R. Global Political Economy: Understanding the International Economic Order [J]. Journal of Politics, 2003, 65 (1): 264 – 265.

[255] Goldman E, Jörg Rocholl, So J. Politically Connected Boards of Directors and The Allocation of Procurement Contracts [J]. Review of Finance, 2013, 17 (5): 1617 – 1648.

[256] Gourdon J., Messent J. How government procurement measures can affect trade [J]. OECD Trade Policy Papers, 2017, 199: 1 – 41.

[257] Graham Bannock and Alan Peacock. Governments and Small Business [M]. Paul Chapman Publishing Ltd, 1989: 61.

[258] Grossman, G. and E. Helpman. Protection for Sale [J]. American Economic Review, 1994, 84: 833 – 850.

[259] Gunther E., Scheibe L. The hurdles analysis as an instrument for improving environmental value chain management [J]. Progress in Industrial Ecology An International Journal, 2005, 2 (1): 107 – 131.

[260] Guzhva Igor. The WTO Agreement on government procurement as a tool for Ukraine's integration into the global value chains [J]. International Journal of Innovative Technologies in Economy, 2015 (1): 55 – 60.

[261] Haass R N. What to Do with American Primacy [J]. Foreign Affairs, 1999, 78 (5): 37 – 49.

[262] Harland C., Telgen J., Callender G. International research study of public procurement [M] //C. Harland G., Nassimbeni, E. Schneller (Eds.). The SAGE handbook of strategic supply management. London: Sage, 2013: 374 – 401.

[263] Harland C., Telgen J., Callender G., Grimm R., Patrucco A. Implementing Government Policy In Supply Chains: An International Coproduction Study Of Public Procurement [J]. Journal of Supply Chain Management, 2019, 55 (2): 6 – 25.

[264] Harry Robert Page. Public Purchasing and Material Management [M]. Mass. D. C. Heath & Company, 1998: 39 – 45.

[265] Haugbølle K., Pihl D., Gottlieb S C.. Competitive Dialogue: Driving Innovation Through Procurement? [J]. Procedia Economics and Finance, 2015, 21: 555 – 562.

[266] Hebous S. and T. Zimmermann. Can government demand stimulate private

investment? [J]. IMF Working Papers, 2016.

[267] Helpman Elhanan, Krugman Paul. Market Structure and Foreign Trade [J]. American Economic Review, 1985, 67: 297 - 308.

[268] Herold E. Fearon, Donald W Donbler and Kenneth H Killen. The Purchasing Handbook [M]. 5th ed, McGraw-Hill Inc. , New York, 1993: 7.

[269] Hillberry R, Hummels D L. Explaining Home Bias in Consumption: The Role of Intermediate Input Trade [J]. Nber Working Papers, 2002.

[270] Hoekman B. Multilateral Disciplines on Government Procurement: What's In It For Developing Countries? [J]. Cepr Discussion Papers, 1996.

[271] Hoekman Bernard M. , Petros C. Mavroidis. Law and Policy in Public Purchasing [M]. Ann Arbor: University of Michigan Press, 1997. Iowa City: The University of Iowa, 2006.

[272] Izsak K. , J. Edler. Trends and Challenges in Demand-Side Innovation Policies in Europe [M]. Manchester: Technopolis Group, 2011.

[273] J. H. Baily. Purchasing and Supply Management [M]. The McGwar-Hill Companies, INC, 1986: 7.

[274] J. Chicot, M. Matt. Public procurement of innovation: A review of rationales, designs, and contributions to grand challenges [J]. Science and Public Policy, 2018, 45: 480 - 492.

[275] Jones M L. GATT-MTN System and the European Community as International Frameworks for the Regulation of Economic Activity: The Removal of Barriers to Trade in Government Procurement [J]. Journal of International Law & Trade, 1984, 8 (1): 53 - 121.

[276] Junqi Liu, Jinjie Xue, Lu Yang, Benshan Shi. Enhancing green public procurement practices in local governments: Chinese evidence based on a new research framework [J]. Journal of Cleaner Production, 2019, 211: 842 - 854.

[277] Karjalainen K. , Kemppainen K. The involvement of small-and medium-sized enterprises in public procurement: Impact of resource perceptions, electronic systems and enterprise size [J]. Journal of Purchasing and Supply Management, 2008, 14 (4): 230 - 240.

[278] Kattel R, Lember V. Public procurement as an industrial policy tool: An option for developing countries? [J]. 2010, 10 (3): 368 - 404.

[279] Ketchen D J. , Hult G T M. Bridging organization theory and supply chain

management: The case of best value supply chains [J]. Journal of Operations Management, 2007, 25 (2): 573 - 580.

[280] Khi V. Thai, Rich Grimm. Government Procurement: Past and Current Developments [J]. Journal of Public Budgeting, 2000, 2: 231 - 247.

[281] Khi V. Thai. Public procurement re-examined [J]. Journal of Public Procurement, 2001, 1 (1): 9 - 50.

[282] Khorana S. , Subramanian S. Potential Accession to the WTO Government Procurement Agreement: A Case-Study on India [J]. Journal of International Economic Law, 2012, 15 (1): 287 - 309.

[283] Khorana, S. and A. Shingal, "Barriers to Government Procurement in the European Union," in Strategies and Preparedness for Trade and Globalization in India, Geneva: UNCTAD, 2008.

[284] Krugman P. R. Increasing returns, monopolistic competition, and international trade [J]. Journal of International Economics, 1979, 9 (4): 0 - 479.

[285] Lember V. , Kalvet T. , Kattel R. Urban competitiveness and public procurement for innovation [J]. Urban Studies, 2011, 48: 1373 - 1395.

[286] Lember V. , Kattel R. , Kalvet T. Public Procurement and Innovation: Theory and Practice [M] // Public Procurement, Innovation and Policy. London: Springer, 2014: 13 - 35.

[287] Long N. V. , Staehler F. A Contest Model of Liberalizing Government Procurements [J]. European Journal of Political Economy, 2009, 25 (4): 479 - 488.

[288] Long N. V. , Vousden N. The Effects of Trade Liberalization On Cost-Reducing Horizontal Mergers [J]. Review of International Economics, 1995, 3 (2): 141 - 155.

[289] Longabc N. V. A Contest Model of Liberalizing Government Procurements [J]. European Journal of Political Economy, 2009, 25 (4): 479 - 488.

[290] María del Carmen Sánchez-Carreira, María Concepción Peñate-Valentín, Pedro Varela-Vázquez. Public Procurement of Innovation and Regional Development in Peripheral areas [J]. Innovation: The European Journal of Social Science Research, 2019, 32 (1): 119 - 147.

[291] Marius Brülhart, Trionfetti F. Public Expenditure, International Ppecialisation and Agglomeration [J]. European Economic Review, 2004, 48 (4): 851 - 881.

[292] Marius Brülhart, Trionfetti F. Industrial Specialisation and Public Procure-

ment: Theory and Empirical Evidence [J]. Journal of Economic Integration, 1998, 16 (1): 106 – 127.

[293] Martijn G. Rietbergen, Kornelis Blok. Assessing the Potential Impact of the CO_2 Performance Ladder on the Reduction of Carbon Dioxide Emissions in the Netherlands [J]. Journal of Cleaner Production, 2013, 52: 33 – 45.

[294] Martin J F. The EU Public Procurement Rules: A Critical Analysis [M]. Oxford: Clarendon Press, 1996: 1.

[295] Martin S. The theory of contestable markets [M/OL]. 2000: 1 – 46. [2019 – 08 – 09]. http://www. krannert. purdue. edu/faculty/smartin/aie2/contestbk. pdf.

[296] Mattoo, A. The Government Procurement Agreement: Implications of Economic Theory [J]. The World Economy, 1996, 19: 695 – 720.

[297] Mcafee R. P., Mcmillan J. Government Procurement and International Trade [J]. Journal of International Economics, 1989, 26 (3 – 4): 291 – 308.

[298] Mccrudden C. Using public procurement to achieve social outcomes [J]. Natural Resources Forum, 2010, 28 (4): 257 – 267.

[299] Mele C., Pels J., Storbacka K. A holistic market conceptualization [J]. Journal of the Academy of Marketing Science, 2015, 43 (1): 100 – 114.

[300] Melitz M. J. The Impact of Trade on Intra-Industry Reallocations and Aggregate Industry Productivity [J]. Econometrica, 2003, 71 (6): 1695 – 1725.

[301] Mercedes B., Julien C. The role of public procurement in the formation of markets for innovation [J/OL]. Journal of Business Research [2018 – 12 – 02]. https://doi. org/10. 1016/j. jbusres. 2018. 11. 032.

[302] Miitran, Daniela. Improving Access of Sames to the Public Procurement Markets [J]. Internal Auditing & Risk Management, 2013, 8 (2): 257 – 264.

[303] Miyagiwa K. Oligopoly and Discriminatory Government Procurement Policy [J]. American Economic Review, 1991, 81 (5): 1320 – 1328.

[304] Obwegeser N., Müller, Sune Dueholm. Innovation and public procurement: Terminology, concepts, and applications [J]. Technovation, 2018, (74 – 75): 1 – 17.

[305] OECD, 2013. Implementing the OECD Principles for Integrity in Public Procurement: Progress since 2008, OECD Public Governance Review.

[306] OECD, 2015. Government at a Glance 2015 [EB/OL]. (2019 – 03 –

02）http：//dx. doi. org/10. 1787/gov_glance – 2015 – en.

［307］ OECD. 2011. Demand-side Innovation Policy. Paris：OECD.

［308］ OECD. Government at a Glance 2017 ［EB/OL］. （2019 – 03 – 02）ht-tps：//doi. org/10. 1787/gov_glance – 2017 – en.

［309］ Oka S，Wakiyama H，Kunimoto H，et al. Development of Kanban Oper-ations Supporting System for Parts Procurement ［J］. Toyota Technical Review，1996，45（2）：165.

［310］ Oniki H. Comparative dynamics （sensitivity analysis） in optimal control theory ［J］. Journal of Economic Theory，1973，6（3）：265 – 283.

［311］ P. J. H. Baily. Purchasing and Supply Management ［M］. Chapman and Hall Ltd. ，1978：6.

［312］ Palmberg，Christopher. The sources of innovations-looking beyond techno-logical opportunities ［J］. Economics of Innovation and New Technology，2004，13（2）：183 – 197.

［313］ Palmujoki，Antti. Green Public Procuremen：Analysis on the Use of En-vironmental Criteria in Contracts ［J］. Review of European Community & International Environmental Law，2010，19（2）：250 – 262.

［314］ Parikka-Alhola K. Promoting environmentally sound furniture by green public procurement ［J］. Ecological Economics，2008，68（1 – 2）：472 – 485.

［315］ Ping W. Coverage of the WTO's Agreement on Government Procurement：Challenges of Integrating China and other Countries with a Large State Sector into the Global Trading System ［J］. Journal of International Economic Law，2007，10（4）：887 – 920.

［316］ Polychronakis Y. E. ，Syntetos A. A. 'Soft' supplier management related issues：an empirical investigation ［J］. International Journal of Production Economics，2007，106（2）：431 – 449.

［317］ Preuss L. On the contribution of public procurement to entrepreneurship and small business policy ［J］. Entrepreneurship & Regional Development，2011，23：787 – 814.

［318］ R. Preston McAfee，John McMillan. Government procurement and interna-tional trade ［J］. Journal of International Economics，1989，26（3 – 4）：291 – 308.

［319］ Rasheed H. S. Capital Access Barriers to Government Procurement Per-formance：Moderating Effects of Ethnicity，Gender and Education ［J］. Social Science

Electronic Publishing, 2009, 9: 109.

[320] Richard Pospisil, Philipp Kunz, Ondrej Krocil. The Impact Of Public Procurement Law To The System Of Public Finance [J]. Global Economic Observer, 2019, 7 (1): 127 – 137.

[321] Robert Dalpé. Effects of government procurement on industrial innovation [J]. Technology in Society, 1994, 16 (1): 65 – 83.

[322] Rolfstam M. Public procurement as an innovation policy tool: The role of institutions [J]. Science and Public Policy, 2009, 36 (5): 349 – 360.

[323] Rolfstam M, Phillips W, Bakker E. Public procurement of innovations, diffusion and endogenous institutions [J]. International Journal of Public Sector Management, 2011, 24 (5): 452 – 468.

[324] Rothwell R. Creating a regional innovation-oriented infrastructure: The role of public procurement [J]. Annals of Public and Cooperative Economics, 1984, 55 (2): 159 – 172.

[325] Rothwell R. Technology-Based Small Firms and Regional Innovation Potential: The Role of Public Procurement [J]. Journal of Public Policy, 1984, 4 (4): 307 – 332.

[326] Russell Forbes. Governmental Purchasing [M]. New York: Happer& Brothers Publishers, 1929: 23.

[327] Ruttan, V. W. Is War Necessary for Economic Growth? Military Procurement and Technology Development [M]. New York: Oxford University Press, 2006.

[328] S Woolcock. Policy Diffusion in Public Procurement: The Role of Free Trade Agreements [J]. International Negotiation, 2013, 18 (1): 153 – 173.

[329] Santoni M. Discriminatory Procurement Policy with Cash Limits [J]. Open Economies Review, 2002, 13 (1): 27 – 45.

[330] Schefer K N, Woldesenbet M G. The Revised Agreement on Government Procurement and Corruption [J] Journal of World Trade, 2013, 47 (5): 1129 – 1161.

[331] Schoeffler L E. The American Recovery and Reinvestment Act of 2009 [J]. Oklahoma State Medical Association, 2009, 102 (3): 80 – 81.

[332] Schooner S L, Yukins C R. Public Procurement: Focus on People, Value for Money and Systemic Integrity, Not Protectionism [J]. Social Science Electronic Publishing, 2009: 87 – 92.

[333] Shingal, Anirudh. Econometric Analyses of Home Bias in Government

Procurement [J]. Review of International Economics, 2015, 23 (1): 188 –219.

[334] Shingal, Anirudh. Services procurement under the WTO's Agreement on Government Procurement: whither market access? [J]. World Trade Review, 2011, 10 (4): 527 –549.

[335] Simon Evenett and Anirudh Shingal. Monitoring Implementation: Japan and the WTO Agreement on Government Procurement [M]. London: Palgrave Macmillan, 2006: 369 –393.

[336] Ssennoga F. Examining discriminatory procurement practices in developing countries [J]. Journal of Public Procurement, 2006, 6 (3): 218 –249.

[337] Stobo, Gerry. Canada-United States Agreement on Government Procurement: A Canadian Perspective [J]. The Procurement Lawyer, 2010, 45 (4): 23 –28.

[338] Stobo, Gerry. Procurement without borders [J]. Summit, 2005, (1 – 2): 14.

[339] Storsjö I T., Kachali H. Public procurement for innovation and civil preparedness: A policy-practice gap [J]. International Journal of Public Sector Management, 2017, 30 (4): 342 –356.

[340] Stuart F., Hairnets. Purchasing, Principles and Applications [M]. Printice Hall, 1986: 4.

[341] Sue Arrowsmith, John Linare Lliand Don Wallace. Regulating of Public Procurement: National and International Perspectives [M]. The Hague: Kluwer Law International, 2000: 7.

[342] Sue Arrowsmith. Towards a Multilateral Agreement on Transparency in Government Procurement [J]. International and Comparative Law Quarterly, 1998, 47 (4): 793 –816.

[343] Testa F., Iraldo F., Frey M., et al. What factors influence the uptake of GPP (green public procurement) practices? New evidence from an Italian survey [J]. Ecological Economics, 2012, 82: 88 –96.

[344] Tether, I. J. Government Procurement and Operations [M]. Cambridge: Ballinger Publishing, 1977.

[345] Thai K. V., Grimm R. Government procurement: past and current developments [J]. Journal of Public Budgeting, Accounting & Financial Management, 2000, 12 (2): 231 –247.

[346] Trionfetti F. Discriminatory Public Procurement and International Trade [J]. The World Economy, 2000, 23 (1): 57 – 76.

[347] Trionfetti F. Public Procurement, Market Integration, and Income Inequalities [J]. Review of International Economics, 2001, 9 (1): 29 – 41.

[348] Tullock, Gordon. Efficient Rent Seeking [M] // James M., Buchanan, Robert Tollison and Gordon Tullock (eds). Toward a Theory of the Rent-seeking Society. College Station: Texas A&M University Press, 1980: 97 – 112.

[349] Umakrishnan Kollamparambil. The Amended Government Procurement Agreement: Challenges And Opportunities For South Africa [J]. Law Democracy & Development, 2014, 18: 202 – 223.

[350] UNCTAD. Competition Policy and Public Procurement: Intergovernmental Group of Experts on Competition Law and Policy [C]. Geneva: UNCTAD 2012.

[351] Uyarra E, Flanagan K. Understanding the innovation impacts of publicprocurement [J]. European Planning Studies, 2010, 18: 123 – 143.

[352] Uyarra E., Edler J., Garcia-Estevez J., et al. Barriers to innovation through public procurement: A supplier perspective [J]. Technovation, 2014, 34 (10): 631 – 645.

[353] Vargo S. L., Koskela-Huotari K., Baron S., et al. A systems perspective on markets-Toward a research agenda [J]. Journal of Business Research, 2017, 79: 260 – 268.

[354] Vecchiato R., Roveda C. Foresight for public procurement and regional innovation policy: The case of Lombardy [J]. Research Policy, 2014, 43: 438 – 450.

[355] Vermeulen H. Demand-side innovation policies in Flanders [J]. Demand-side Innovation Policies, 2011, Volume 2011: 115 – 121.

[356] Weiss L., Thurbon E. The business of buying American: Public procurement as trade strategy in the USA [J]. Review of International Political Economy, 2006, 13 (5): 701 – 724.

[357] Wilding R., Chicksand D., Watson G., et al. Theoretical perspectives in purchasing and supply chain management: an analysis of the literature [J]. Supply Chain Management: An International Journal, 2012, 17 (4): 454 – 472.

[358] Wolfgang Weiß. WTO Procurement Rules: In Particular the Government Procurement Agreement (GPA) and Services of General Interest [J]. Services of General Interest Beyond the Single Market, 2015: 49 – 76.

［359］ World Bank. Benchmarking public procurement. Assessing public procure-
ment regulatory systems in 180 economies ［EB/OL］. （2017） ［2019 - 02 - 28］. ht-
tp：//52. 215. 31. 240/wp-content/uploads/2017/03/Benchmarking-Public-Procure-
ment - 2017. pdf.

［360］ Yannis Caloghirou, Aimilia Protogerou, Panagiotis Panagiotopoulos. Pub-
lic procurement for innovation：A novel eGovernment services scheme in Greek local
authorities ［J］. Technological Forecasting & Social Change, 2016, 103：1 - 10.

［361］ Zvaigzdin, Indre. Protecting the Environment through Public Procure-
ment：Lithuania's Case ［J］. Issues of Business & Law, 2012, 4：48 - 58.

后　记

　　这本专著是在本人博士学位论文的研究基础上，进一步修改完善、深化研究而成。本书的出版也算是对我那段难忘求学岁月的最好纪念。

　　回首读博士那段岁月，百般滋味涌上心头，实在是一言难尽。"颠沛坎坷首何堪，韶华十年逐梦欢"。这是我在 2014 年 7 月 26 日为勉励自己写下的句子。我记得那时正在为博士学位论文开题焦头烂额、寝食难安，何"欢"之有？只不过是在字里行间强颜欢笑，努力地为自己寻找些许昂扬的力量。人到中年，带着孩子、背着责任去读书，真的很苦。

　　当然了，值得庆幸的是，纵然千难万难，我终于走过了那段岁月。这得益于师友亲人这些年不离不弃的鼎力支持。

　　首先，向导师杨灿明教授致以由衷的敬意和谢意。本书的出版直接得益于恩师的教诲。杨老师学术造诣深厚，治学严谨，为人谦和，平易近人，润物无声。不仅在学术研究上给予了我莫大的帮助，而且在为人处世方面给予了我莫大的启迪，让我终身受益。没有恩师的谆谆教诲，我是断然无法完成博士学位论文的，也自然不会有这本书的出版。

　　其次，感谢在博士学位论文写作过程中给予我莫大帮助和启发的老师和同门兄弟姐妹。感谢白景明教授、陈志勇教授、庞凤喜教授、刘京焕教授、李祥云教授、孙群力教授、甘行琼教授、王金秀教授、田彬彬副教授、鲁元平副教授在开题和预答辩时给予的宝贵意见；感谢白志远师姐、谢鹏博士、蓝相杰师兄、詹新宇老师、赵颖师兄、曹润林师兄、张文剑老师、张熙英老师、刘丁蓉师姐、文旗师姐在学习过程中对我的学术启发和鼎力相助！

　　在读博士期间，我还有幸聆听了许多老师的教诲，分别是吴俊培教授、胡洪曙教授、许建国教授、叶青教授、侯石安教授、李波教授、郭月梅教授、薛刚教授、梅建明教授、金荣学教授、李占风教授、张虎教授、丁际刚副教授、李珊珊副教授、韦乐副教授，等等。他们的博学、睿智、求实和超前的眼光让我受益匪浅，激励我不断进步。

　　此外，还要真心感谢财税学院的杨柳老师、袁媛老师、张雅南老师等，各位老师周到热情、细致贴心的教学服务与管理，给我们创造了良好的科研学习环境。尤其是杨柳老师家人般的鼓舞与帮助，增添了我的勇气和信心，今生没齿难忘。

感谢我的同窗学友的陪伴和鼓励。他们是刘安长博士、李永海博士、韩健博士、王丽博士、贺鹏皓博士、周成刚博士、王小平博士、蒋军成博士、管彦庆博士、王金兰博士、宋尚恒博士、陈海林博士、韩永彩博士、王一竹博士、郭梅香博士、周芳丽博士、朱泓锟博士……他们为我的写作提供了很多中肯的建议和雪中送炭式的帮助。

感谢梧州学院可亲可敬的领导和同事：杨奔校长在我报考博士的时候欣然推荐；商学院的雷飞、杨西春、赵虹、龙文秋、黄雪宁、李苏卉、龙堂耀、李思莹等领导老师给予我亲友般的关心和照顾；人事处的朱宇乾、罗元首等领导老师也通过各种形式给予大力帮助和支持。名单很长，无法枚举，一一铭记于心。

感谢中国物流与采购联合会、中国政府采购研究所、中国政府采购杂志社、中建政研集团、广东财经大学、兰州大学、广西金融与经济研究院等单位或研究机构为我提供的调研便利，感谢全国各地为我提供调研方便的政府采购领域的同仁朋友。

经济科学出版为本书的出版提供了特别重要的支持，在此表示衷心感谢。

最后，感谢我的家人，你们是我的精神支撑，是我克服重重困难的动力之源。

当然了，政府采购理论博大精深，实践性又强，而本书还只是在政府采购安全领域的初步探索，一定存在不少纰漏，恳请各位专家学者多多批评指正。

是以为记。

张堂云

2020 年 6 月 8 日